手机诞生记

马丁·库珀回忆录

[美] 马丁·库珀（Martin Cooper）/ 著

郭铭 吴晓岚 / 译

北京

图书在版编目（CIP）数据

手机诞生记：马丁·库珀回忆录 /（美）马丁·库
珀（Martin Cooper）著；郭铭，吴晓岚译. -- 北京：
人民邮电出版社，2022.5（2023.12重印）
ISBN 978-7-115-57797-9

Ⅰ. ①手… Ⅱ. ①马… ②郭… ③吴… Ⅲ. ①马丁·
库珀—回忆录 Ⅳ. ①K837.126.16

中国版本图书馆CIP数据核字(2022)第042473号

版权声明

◆ 著　　　　[美] 马丁·库珀（Martin Cooper）
　 译　　　　郭　铭　吴晓岚
　 责任编辑　李　强
　 责任印制　马振武
◆ 人民邮电出版社出版发行　　北京市丰台区成寿寺路 11 号
　 邮编　100164　　电子邮件　315@ptpress.com.cn
　 网址　https://www.ptpress.com.cn
　 北京虎彩文化传播有限公司印刷
◆ 开本：720×960　1/16
　 印张：18　　　　　　　　　　2022 年 5 月第 1 版
　 字数：179 千字　　　　　　　2023 年 12 月北京第 2 次印刷
　 著作权合同登记号　图字：01-2021-0642 号

定价：99.80 元
读者服务热线：(010)81055493　印装质量热线：(010)81055316
反盗版热线：(010)81055315
广告经营许可证：京东市监广登字 20170147 号

内容提要

　　本书讲述的是关于人类历史上最重要的发明之一——手机的故事。手机的出现彻底改变了人类的交流方式，人们不再受缆线所限，在任何时间、任何地点都可以与其他人联系，手机还带动了一些新兴行业的出现和发展。然而，关于手机诞生的真实故事还没有人讲述过。本书聚焦于一场控制人类交流方式的角逐，涉及政府监管机构、警察、技术突破、失败、石英，还有一匹马，故事的中心则是手机之父马丁·库珀（Martin Cooper）。在书中他描述了自己早年的生活如何影响了手机的发明，还包含了很多关于创新、战略和管理的内容，同时他介绍了个人对移动通信未来的展望。

　　本书适合企业家、领导者、决策者，以及信息通信领域的从业者阅读，同样也适合对谦逊和幽默的领导方式感兴趣和对手机感兴趣的读者阅读，更适合有梦想、希望创造未来的读者阅读。

“在我们心目中，每一位朋友都是一个世界，一个在他们到来之前不曾存在的世界。唯有通过此生的相会，一个新的世界才得以诞生。”

——阿纳伊斯·宁（Anaïs Nin）

“起初他们根本不明白，不过很快沙吉便开始起疑，他觉得奥兹玛现在对派对感兴趣了，于是他从口袋里掏出一个小玩意儿，放在耳边。奥兹玛从自己那张魔法图中看到了这一幕，于是立刻从旁边的桌子上拿起一个类似的小玩意儿放到自己耳边。两台机器记录了同样微弱的声音振动，形成了无线电话，这是巫师的发明。因此，即便相隔千里，人们也完全可以在没有接线的情况下轻松地进行交谈。”

——《绿野仙踪系列：奥兹国的滴答人》（*The Tik-Tok of Oz*），

弗兰克·鲍姆（Frank Baum，1914 年）

| 献　词 |

献给无线通信的第一夫人

我心中唯一的女神

阿琳·哈里斯（Arlene Harris）

致　谢

　　我在一生中遇到过无数人，与其中很多人成了朋友——在我身上融合了他们的智慧和观点，这是他们的回声，也是他们观点的再现。他们每个人都为我的生命之画增添了一抹色彩，我只需要一些意志和耐心加以精炼。我希望这本书能如实反映他们为我的生活带来的价值。那我要怎么感谢他们呢？

　　写书不仅仅是堆积一些想法，这个过程不容易。书要有可读性，如果这本书是通俗易懂的，那么要归功于下面这些人的贡献，他们都是在曲折而漫长的写作过程中支持我的友人。我肯定也漏掉了某些朋友吧，如果真的漏掉了，那只能归咎于我糟糕的记性（尽管我的妻子说，我的记忆力一直都不好），也请原谅我吧（我忘了她今年的生日，阿琳还没原谅我，不过她确实有权这么做）。

　　在过去的 40 年里，阿琳·哈里斯（Arlene Harris）是我生命中的启明星、我的伴侣、我的爱人。她通读了这本书中的每一个字，有些部分读了很多遍；更重要的是，她用宝贵的技术知识和超强的记忆力为我提供了许多深刻见解。

　　戴恩·斯坦格勒（Dane Stangler）重新组织了本书的第一部分，并研究、完善了第二部分的大部分内容。他耐心、专注、勤奋，是最理想的合作者。我们目前在一些重要的新问题上还有合作。珍妮特·博尔佐（Jeanette Borzo）做了大量的研究和采访，其中多数内容都已经在书中涵盖。她努力把我变成一个作家，虽然没有成功，但是教会了我很多东西。

如果没有我的好朋友苏伦·杜提亚（Suren Dutia）和迈克·班南（Mike Bannan）的不断鼓励、建议和精神上的支持，我可能早就半途而废了。我还要感谢布赖恩·奥尔曼（Brian Alman），作为咨询师，他的专业知识不仅使这本书更加完善，还使我生活的其他方面得到了改善。

我很感谢玛格丽特·卡尔森·西特伦（Margaret Carlson Citron）、苏珊娜·库珀（Suzanne Cooper）和史蒂夫·库珀（Steve Cooper）为我编辑了书中的很多章节，他们的意见非常宝贵。我还要感谢杰出的专业编辑米娜·塞缪尔斯（Mina Samuels），她从我想说的内容中提炼出精髓，同时删除了分散读者注意力的冗余内容。

我职业生涯里最重要的成就不只是参与了DynaTAC（第一部手机）便携式电话的开发，还包括我在摩托罗拉的工作成功地促成了电信行业的一场革命。摩托罗拉的领导人为此承担了巨大的风险，他们为蜂窝网络和陆地移动通信产业做出了重大贡献。虽然我着重在书中表达了这个观点，但在这里我还想要再次强调一下。

鲍勃·加尔文（Bob Galvin）是一个伟大的人。我从未听过他大声训斥别人（尽管有一次搭他的专机时我猛吞花生米，被他提醒别弄脏地毯，我当时觉得好尴尬），但他的正直、他对团队提出的高标准，都是毋庸置疑的。鲍勃把公司的命运押在竞争激烈的个人通信系统这一愿景上，结果他赢了。能与他共事是一种荣幸，尤其是在他晚年我还能和他成为朋友。

比尔·韦斯（Bill Weisz）是我的导师和榜样，他的管理技巧堪称传奇。我至今不明白他怎么能容忍我时而孩子气的行为，虽然为了成为他团队中合格的一员，我已经尽量抑制了自己淘气的天性。他教会了我很多东西。

约翰·米切尔（John Mitchell）是我的导师，也是我在摩托罗拉职业生涯的最大支持者。约翰才华横溢，能从任何复杂的问题中提取精华，又能巧妙地剔除糟粕。我希望我在书中成功地描述了他的这种才能。正是由于约翰的才能，便携式通信的重要性才得以体现，这也成了我的信条，我的口头禅是"人是移动的"，约翰很早就悟到了这一点。

那些创造了 DynaTAC 便携式电话和支持系统的团队成员，值得我们大力赞扬。他们在短短 3 个月内创造出便携式电话，这是一项历史和技术的奇迹。其中，唐·林德（Don Linder）是毋庸置疑的带头人。他不仅领导了这项工作，还发明了手机的关键部件。唐把我想象中的个人手持式电话变成了现实的产品。这一现实的产品受到决策者的关注，后来由此诞生了一个完整的产业。鲁迪·克罗洛普（Rudy Krolopp）在 DynaTAC 的工业外观设计创作中起到了重要作用。他的设计技巧、乐观天性、不断鼓励是项目成功必不可少的要素。肯·拉森（Ken Larson）的工作值得肯定，他为 DynaTAC 便携式电话创建了概念模型。唐和他的团队所在的应用研究部门是由我的同事兼朋友罗伊·理查森（Roy Richardson）领导的，他颇有远见地把唐培养成领袖人物。

为 DynaTAC 便携式电话做出贡献的工程师还包括查尔斯·N. 林克（Charles N. Lynk）、艾伯特·J. 莱蒂奇（Albert J. Leitich）、迈克尔·霍马（Michael Homa）、詹姆斯·J. 米库尔斯基（James J. Mikulski）、罗纳德·切斯拉克（Ronald Cieslak）、威廉·杜姆克（William Dumke）、理查德·W. 德龙苏特（Richard W. Dronsuth）、约翰·H. 桑斯特（John H. Sangster）、布鲁斯·伊斯特蒙（Bruce Eastmond）、理查德·阿德霍克（Richard Adlhoch）、詹姆斯·杜兰特（James Durante）、阿尔·戴维森（Al Davidson）、戴维·冈恩（David Gunn）、梅纳德·麦盖伊（Maynard McGhay）、威廉·拉普希斯（William Rapshys）、默尔·吉尔摩（Merle

Gilmore）、吉恩·霍奇斯（Gene Hodges）、乔治·奥帕斯（George Opas）、罗伯特·韦格纳（Robert Wegner）、罗伯特·保罗（Robert Paul）、丹尼尔·布朗（Daniel Brown）。

摩托罗拉驻华盛顿办事处说服美国联邦通信委员会（FCC）采纳有利于竞争的政策，从而促成了手机大获成功。他们的工作和我们的发明同等重要。特拉维斯·马歇尔（Travis Marshall）维护了良好的政治环境，伦·科尔斯基（Len Kolsky）是一位杰出的战略家和作家，他和我合写了摩托罗拉的大量FCC文件。没有他们的智慧和影响力，我们是不可能成功的。

我的好朋友罗伯·麦克道尔（Rob McDowell）是杰出的律师，他之前也是联邦通信委员会委员，他曾把我戏称为"大名鼎鼎的无名氏"，其实，他才是应该得到这个称呼的人。他在联邦通信委员会的演讲和著作鼓舞人心，开创了先河。

Rosetta Books 出版社的团队在本书的出版过程中发挥了重要作用。他们让我认识到出版业的复杂性，示范了该如何专业地管理这些复杂的环节。感谢 Rosetta Books 的出版商阿瑟·克莱巴诺夫（Arthur Klebanoff），还有阿瑟手下的布赖恩·斯库尔尼克（Brian Skulnik）和米歇尔·韦延伯格（Michelle Weyenberg）。

琳达·切斯特（Linda Chester）是我的文学经纪人。虽然我经历了开端不顺、交稿延迟的重重困难，但几年来她一直对我不离不弃。我非常感谢她宝贵的建议和坚定的支持。我很珍视她的专业精神和友谊。

我还要感谢我的父母，如果没有他们，这本书中任何一件小事都不可能发生。在书里我对他们毫不吝啬赞美之词，但请允许我补充一点，他们绝对是我的楷模，是最可爱的人。

我还要感谢我的亲朋好友们。我总是说书马上就要出版了，但又迟迟不见影子，他们从未停止对我的鼓励。我爱他们。

我还要感谢我的儿子斯科特·库珀（Scott Cooper）、儿媳海迪（Haydee），还有孙女马娅（Maya）和亚历山德拉（Alexandra）；我的女儿丽莎·阿弗里克（Lisa Africk）、女婿迈克（Mike）、外孙安德鲁（Andrew）和外孙媳杰米（Jaimie），外孙女特蕾西（Tracy）和外孙女婿布赖恩·穆索尔夫（Bryan Musolf），还有他们的女儿布鲁克林（Brooklyn）（说明一下，她是我的曾孙女）。已故的芭芭拉·托比·库珀（Barbara Toby Cooper）是斯科特（Scott）和丽莎（Lisa）的母亲，她很了不起，在我投身事业的时候，她管理、支撑了整个家庭，我很抱歉当年对他们重视不够。

我的老朋友乔安·戈贝尔（JoAnn Goebel）、她的女儿妮科尔·麦克纳马拉（Nicole McNamara）、她的丈夫菲利普（Phillip）和他们的儿子齐安（Cian）用爱和快乐照亮了我的生活。

安妮（Anni）和亚瑟·利佩尔（Arthur Lipper）永远坚定地支持我，随时提供帮助。

斯托克（Stokelds）一家——内奥米（Naomi）和奥利弗（Oliver），他们的女儿索菲亚（Sofia）和儿子塞巴斯蒂安（Sebastian）给我的生活带来了欢乐。塞巴斯蒂安说我是他的导师，但我从他身上学到的比我教给他的更多。

对于那些我无意中忽略的朋友，请原谅我，你知道，这是无意的。

我是世界上最幸运的人！

译者序

　　这本书讲述的是一个关于手机的故事。作者马丁·库珀是移动通信的先驱和现代手机的发明者，被誉为"手机之父"。40多年前，怀着对未来无线通信的美好愿景，他构想并带领团队发明了摩托罗拉DynaTAC便携式电话，它是现今全球几十亿部手机的"老祖宗"。库珀还提出了频谱容量定律，即无线电波承载通信流量的能力大约每两年半就会翻一番，该定律被人们称为"库珀定律"。

　　我是学无线电技术出身，库珀在我心目中一直是教科书般的存在。翻译本书给了我了解库珀先生和本行业这段重要历史的契机。本书讲述了库珀的出生、成长经历及第一部手机的发明过程。此外，作者还风趣地分享了他多年来在发明、创新、管理和团队激励等方面的宝贵经验，甚至还有他对人生意义的理解。所以，本书不仅是他的回忆，还有他对未来的预测、展望。

　　作者有很多独特的观点。比如，现在很多人认为无线通信行业发展的高峰期已经过去了，库珀却认为目前人类在使用和发挥手机的潜力方面还处于发展的初期，手机的潜力还远未被发掘出来。又比如，与人们通常的看法不同，库珀认为无线频谱资源并不稀缺，缺的是对已有频谱有效利用的技术。他认为，无线通信最重要的目标是以实惠的价格提供无所不在的覆盖，使贫困地区的人们也能获得无线连接，而缩短下载电影的时间是次要的。库珀预测，未来的健康医疗将会利用手机和传感器每时每刻对人体进行监测，并根据每个人的基本情况和基因状况做出健康判断，以实现早期诊断。库珀还认为，如果将手机与人工智能技术相结合，未来将有可能出现人机结合的混合体，即 2.0 版乃至 3.0 版的新人类。这是一个十分大胆的设想。

这本书的问世可谓恰逢其时，结合现在社会上方兴未艾的 5G 热潮以及对未来无线通信的憧憬探讨，这本书具有很高的参考价值。

翻译并非是我的专业，要翻译好这样一本自传对我来说是一个挑战。幸运的是浙江大学外语学院的吴晓岚老师同意和我一起完成这项工作，使书的质量得到保障。我们在书中对专业词汇的翻译基本尊重作者的原文内容，并未按自己的理解做过多更改。

希望读者喜欢这本书，并通过阅读有所收获。

郭铭

2021 年 5 月于杭州

前　言

就在我即将完成本书的手稿时，新型冠状病毒肺炎疫情开始在全球肆虐。待书出版时，很可能第一波疫情已经过去了，个人和社会都将努力恢复正常，或者找到一种新的常态。

在疫情初期，随着经济和社交限制等各种封锁措施的实施，人们对手机的使用已经发生了明显的变化。就在我写下这句话的同一天，《纽约时报》发表了标题为《老式电话的回归》的文章。

威瑞森（Verizon）通信公司的用户在一周时间内平均每天用手机拨打 8 亿个电话，是母亲节那天通话量的两倍多。同样，根据 AT&T 的报道，"在疫情期间，手机的通话数量上升了 35%"。此外，这些电话的平均通话时间也比疫情前延长了 33%。

人们被困在家里，无法与他人面对面地交流，于是他们纷纷拿起了电话。"我们渴望听到人类的声音。"我的朋友，美国联邦通信委员会的专员杰茜卡·罗森沃塞尔（Jessica Rosenworcel）这样告诉《泰晤士报》。

我对此并不感到惊讶。能听到对方的声音是一件非常亲切的事情，电子邮件和短信无法做到这一点。（在当时的一周里，短信的发送量也增加了 1/3，仅美国威瑞森通信公司的用户每天发送的短信就超过 90 亿条。无疑，其中一些短信是和打电话同步增加的。）

这则新闻报道真正打动我的地方，是手机通话数量的暴增。固定电话（或称有线电话）的用户数量长期以来一直在下降，和 2000 年相比，目前已经减少了 9000 万户。这标志着手机已经完全占了上风：人们之间的通话数量大大增加了，但不是使用固定电话——固定电话曾是 100 多年来通信行业的传统技术，现在已然成了落后的标识。疫情期间，人类与手机的关系将迎来一场永久性的变革。比如，有数以百万计的人在使用手机进行视频通话：由于见不到面、无法拥抱孩子们，祖父母们就通过 Houseparty 这款群聊视频 App 与他们聊天、玩游戏；朋友们在 FaceTime 和 Skype 上在线共度快乐时光；以前不愿使用远程办公工具的雇主们则发现 Zoom 和 Teams 等悄然成为企业运营的基本工具。

为了控制新型冠状病毒的传播，人们对隐私方面的担忧给安全考虑让了位。就在我写本书之前，苹果和谷歌公司宣布要合作开发联系人追踪软件。当你读到这些文字时，你的手机也许就能告诉你，你是否接触过感染新型冠状病毒的病人。可以肯定的是，即使现在声明某些做法是暂时的或仅用于疫情期间，但是所有这类措施都会或多或少给社会带来永久性的影响。

新型冠状病毒的流行还将加快手机用于医疗保健的步伐。远程医疗在疫情期间蓬勃发展，现在很多医疗访问都是通过手机进行的。用于监测关键生命体征和潜在疾病症状的手机功能也会更广泛地被人们接受。

各学校及企业都在积攒远程操作的经验。在线学习和远程学习近年来稳步发展，这次疫情更是大大加速了这一进程。至于家长和学生对线上学习、校园生活的接受程度如何，目前还不得而知。不过，疫情期间的集中经验将加速远程课堂、虚拟会议等很多方面的改进。每个人都在学习如何改进工作，工作质量无疑有了稳步的提升。

我们还将看到各种永久性的改变。纸质名片将会消失，取而代之的是通过手机之间近场通信进行信息交换的虚拟名片。无钞票社会也将成为现实：人们早就知道钞票是细菌和病毒的传播源，只要在手机里存储了信用卡信息，付款时仅需在仪器前轻松一扫即可，面对如此方便的支付方式，还会有多少人主动选择使用一张 20 美元的钞票，又有多少商家会喜欢钞票呢？

更为关键的是，新型冠状病毒流行和由此产生的社会变革凸显了我在本书中反复强调的两个观点。首先，人是移动的；其次，人与人之间的相互联系与地点无关。在我看来，这两点是和人类生理需求同等重要的生存基础。病毒引起的封控和社交距离强化了其真实性。首先，疫情剥夺了我们以前认为理所当然的移动性。其次，它提醒我们，人类需要彼此相依相伴，如果我们不能面对面坐在一起，那能打个电话无疑就是最美好的事情了。

引　言

电闪雷鸣打断了我的遐想。

今天是 2013 年 4 月 3 日，距离我在纽约市的一条大街上拨通人类历史上的首个手机电话已经过去 40 年了。此刻，在一张破旧的书桌前，我正坐在一把摇摇晃晃的旧椅子上，凝视着窗外一座不起眼的小山。这里是古列尔莫·马可尼（Guglielmo Marconi）当年的实验室，位于意大利博洛尼亚西南部的一个小镇上。在脑海中，我正和 120 年前的马可尼聊天。我问："马可尼先生，您怎么会想到可以从这个房间向塞莱斯蒂尼山的另一侧发送无线信号呢？"

此时，椅子、窗户和小山似乎比刚才看上去更醒目了。

"你并不是第一个提出这个问题的人，"我想象马可尼这样回答，"多年来，我一直梦想着能远距离发射电磁波。我知道地球是圆的，山脉和各种建筑物会把发射器和接收器分隔开来。我想知道电磁波是否可以穿过或绕过这些物体传播。"

瞧，马可尼也纯粹是被好奇心所驱使。

"实验非常简单，"他继续说，"我的助手们站在塞莱斯蒂尼山的另一侧，他们拿着检波器[1]和来复枪。如果检波器测到我从工作室发出的信号，我的助

---

1. 检波器（coherer）是一种原始的无线电波接收器。

手之一，也是我的哥哥就会鸣枪示意。实际上他真的开枪了！"

塞莱斯蒂尼山上空的闪电打断了我在想象中与马可尼的对话。我眨眨眼，环顾四周：自己此刻正坐在马可尼位于格里芬别墅（Villa Griffone）的实验室里，旁边有30多个人，有当地政府官员、技术主管和朋友。格里芬别墅是马可尼童年时的家，现在成为马可尼博物馆（Museo Marconi）。我女儿丽莎·库珀（Lisa Cooper）就在一旁，还有马可尼的女儿埃莱特拉·马可尼（Elettra Marconi）公主。她的父亲马可尼是第一批成功实现了远距离发送无线信号的科学家之一，后来甚至让电波跨越了大西洋，他是把无线通信变成现实的伟大先驱。

我与伟大的无线电先驱马可尼的
女儿埃莱特拉·马可尼公主在一起

埃莱特拉后来告诉我，她父亲用发明赚来的钱购置了豪华游艇，她的名字正来源于这艘游艇。"埃莱特拉号"装备齐全，有船首对船尾的无线对讲机、测向仪和雷达天线。她的父亲对新发明的雷达感到非常自豪，还曾经让她的母亲用床单遮住驾驶室的窗户，这样他可以演示仅依靠雷达驾船就能通过危险海域了。

我被要求坐在马可尼曾经坐过的椅子上，接受以他的名字命名的奖项。"马可尼奖"每年会颁发给那些推动信息和通信技术进步的创新者。获奖者中有万维网（World Wide Web）创始人和谷歌（Google）公司的共同创始人蒂姆·伯纳斯－李（Tim Berners-Lee），以及被称为"互联网之父"的温特·瑟夫（Vint Cerf），他在1973年开发了TCP/IP，[2]那一年我们恰好在摩托罗拉研发出第一部手机。顺便提一句，出现在本书开头，来自弗兰克·鲍姆（Frank Baum）著的《绿野仙踪系列：奥兹国的滴答人》的美妙文摘便是温特发给我的。温特还附了一张便条，上面写道："那个魔法师就是马丁·库珀！"我觉得他有点过奖了。我虽然设想了第一部手持式蜂窝电话，也有不少人视我为"预言家"，但事实上没有一个"预言家"能独立完成工作。一路走来，我得到过很多人的支持，包括长期担任摩托罗拉首席执行官的鲍勃·加尔文（Bob Galvin），他在2011年（他去世的同一年）获得了马可尼基金会的终身成就奖。

我坐在古列尔莫·马可尼的办公桌前
（19世纪90年代，马可尼就是在这里完成了早期的无线通信实验）

---

2. 10年后的1983年，也就是手机正式商用化的同一年，国家科学基金会决定在新兴的互联网中采用TCP/IP。

我很是好奇，我一向自知是既没有渊博学识又缺乏丰富经验的，怎么会最终和这些了不起的人物成为同事呢？但是，此时的我宁愿坐在这张椅子上，眺望窗外，想象自己正在与马可尼进行着深入的探讨。我知道这话听上去有点儿不自量力，但我就是觉得我们两人之间有不少共同点。我们的成功在很大程度上都依赖于不错的运气、敢于造梦，以及坚持不懈。

一位意大利记者问道："库珀博士，发明手机的过程中有无数挑战，您能否讲讲这些困难，您是如何克服它们的呢？"

一想到 1972 年年末的几个月和 1973 年年初，我就感到脊背上传来阵阵刺痛。

"我只是发明者之一，"我澄清道，"我确实构想了世界上第一部手持式蜂窝电话，但我们有一个技术娴熟、精力充沛的团队，是整个团队共同完成开发的。此外，还有数以千计的管理人员、工程师和营销人员共同创造了今天这个价值万亿美元的产业。"[3]

人们纷纷举起手机开始拍照。看到这儿我偷偷地乐了。在一些国家，我可能被尊称为"手机之父"，但我其实也没想到会有这么一天——手机甚至会有内置摄像头，更不用说还整合了功能强大的计算、互联网接入、Wi-Fi、蓝牙功能和大量的传感器。

***

很多人恐怕已经忘了，或许还有人根本就不知道，在 20 世纪 70 年代以前，人们打电话只能通过贝尔系统（Bell System）。贝尔系统是由美国电话电报公司（AT&T）及一些关联机构、贝尔实验室（Bell Labs）和西方电气公司（Western

---

3. 我还向记者澄清，虽然我拥有名誉博士头衔，但我的最高学位是硕士学位，所以严格来说，我不是"库珀博士"。

Electric）构成的，它在政府的监管下垄断了电信业务，又被称为"贝尔妈妈（Ma Bell）"，这个名字可以反映该公司当时在通信行业中占有绝对的主导地位。

在 20 世纪 60 年代到 70 年代，我一直身处和美国电话电报公司的斗争中，这斗争事关美国人未来将如何通信。斗争的核心便是无线电话，也就是我用来做第一次公开通话的手持式便携蜂窝电话。

手机的发明和商业化应用在美国和其他一些国家触发了一场创业的热潮。我也身在其中，我职业生涯的大部分时间都在开发便携的无线通信系统。在摩托罗拉做了 30 年的公司雇员后，我成为了一名创业者。我和包括我妻子阿琳·哈里斯在内的众多合作伙伴一起创立了 Cellular Business System、Cellular Pay Phone、SOS Wireless、GreatCall 和 ArrayComm 等公司。

本书讲述的是手机研发的故事，但这不是历史文献，也不是自传。更确切地说，这在一定程度上是一本回忆录，是基于我对改变人们通信方式的一些事件的回忆。它讲述了一个梦想家如何构思手机，促成了手机的诞生，以及手机如何改变了社会。一路走来，我也学到了关于商业、创新、战略和很多其他领域的知识。我会在书中分享其中的一些故事。

最重要的是，这本书是关于未来的。虽然嵌入现代手机中的科技力量是惊人的，但人类适应这种技术的能力仍处于初级阶段。手机在解决社会问题（包括贫困和疾病）方面只发挥了其很小一部分潜力。手机所带来的连接功能大大提高了生产力，有助于缩小贫富差距。我觉得贫富差距是世界上大多数冲突的根源。

第一部手机是在短短 90 多天的时间里完成设计和组装的。然而，它的发明过程所需的技术原理和知识是基于 20 多年来在便携式无线通信方面的大量工作积累。在后面 40 年的职业生涯中，我发现自己不断扩展和应用着这些原理，直至今日，我仍然在不断学习。

和其他人一样，在职业生涯中我也犯过很多错误。我试图从那些错误中吸取教训以避免重蹈覆辙。我也试着淡忘那些错误带来的不快，反复重温我曾经享受过的几次成功——毕竟，我也是一个普通人。

总而言之，我希望这个故事能像马可尼的故事曾经激励我那样激励其他人。在美国，人们甚至没把马可尼当作最伟大的无线电技术发明者［美国人更认可尼古拉·特斯拉（Nikola Tesla）］。马可尼甚至也不是传统意义上的科学家。一些科班出身的人看不起他，称他是"热心的业余电力专业的学生"。马可尼乐于尝试通过空气发送电信号，是因为他有远见卓识。

***

在 19 世纪 90 年代，当马可尼凝视着窗外的塞莱斯蒂尼山时，心中肯定在疑惑山是否会阻挡莫尔斯电码，他敲出莫尔斯电码的黄铜木质接收器今天还保留在博物馆的桌子上。不过当听到他哥哥的枪声时，他知道自己成功了。

这个成功大大激发了马可尼做进一步实验的勇气，他通过越来越远的距离发送无线信号。到 1901 年，他已经能够向大西洋彼岸发送无线电波了。1909 年，他被授予诺贝尔物理学奖，这是科学界的最高荣誉。然而，获得这项奖励并不是马可尼的最高成就。他还是一位了不起的企业家，他看到了无线通信在重塑人们之间的联系和沟通方式方面的巨大潜力。他更感兴趣的是如何使无线通信实用化和商用化。的确，靠着这些奖项和公众的追捧，他的事业蒸蒸日上，但他的热情和痴迷在于如何使无线通信实用化，从而造福社会。他的愿景及创立的公司成为这个行业的基础。他创立的无线电报及信号（Wireless Telegraph & Signal）有限责任公司后来发展为一家全球著名的通信公司。

他的愿景在 1912 年泰坦尼克号沉没时经受住了检验。如果不是因为船上有马可尼的两名电报员发送了远距离 SOS（国际莫尔斯电码救难信号），船上完全可能无人生还。他们发出的信号召唤了救援人员，拯救了 700 多条生命。

当我凝望着塞莱斯蒂尼山时，我想象自己可以画出一条发展线，时间跨度从 20 世纪马可尼的早期实验和商业成功，到眼下我在他的实验室里拿着手机拍摄照片。这条线并不是笔直的，在很多时候，尤其是受到垄断企业的威胁时，它都偏离了方向。

颁发"马可尼奖"的马可尼基金会只认可那些改变人们生活和创造了新产业的"模范性"和"有重大科学意义"的贡献。对于我这个多年致力于拓展便携式无线通信的电气工程师来说，这个得奖时刻既是谦卑的，又是梦幻的。这个奖于我本人是合适的：我这辈子的大部分时间都在梦想如何用不同的方式去做各种事。12 岁时，我梦想有一条横贯大陆的隧道，隧道里可以用磁悬浮技术通过真空驱动火车；我还想象人们能够在芝加哥和洛杉矶之间高速而安全地穿梭；我梦想着人类能实现海底生活、乘坐深空火箭和飞船。

这些脱离现实的梦想大大激发了我的想象力。因为梦想，我对事物背后的运作原理充满好奇，而且我决心亲自去了解、学习，而不是仅仅停留在头脑中的一知半解。所以，小时候我制作过飞机模型；稍大一点，我喜欢拆解凯旋雄鹿牌（Triumph Stag）敞篷车，而其他人可能会把它当作史上最不可靠的破车而丢弃；再后来在海军军官训练班时，遇到暴风雨我会悄悄爬上甲板，帮助水手们拖曳系泊缆绳，因为我不想躲在船舱里想象外面发生了什么，我必须去亲身经历。

我还想象出一种新的通信装置，它可以免受电话线束缚。因为在过去的一百年里，如果想与远方的亲友联系，你就不得不待在家里或办公室里打电话。

如今，正是这个梦想让我有幸坐在马可尼当年坐过的椅子上。

在当今社会，没人认为手持式便携蜂窝电话是革命性的发明，毕竟，人人都有了手机。然而，我觉得这场革命才刚刚拉开序幕。便携式电话行业仍处于初级阶段，我们才刚刚开始了解人机联系的重要价值。

***

便携性是人类生活的首要条件。人们无论在何时何地都要沟通交流，世界因此得以改变。

第一款真正意义上的便携式电话是为了实现不限地点的交流，这并不是一个单项发明。开发手机是团队集体努力的结果。我工作了近 30 年的摩托罗拉公司有着强大的创新和激励的传统，手机发明的基石就是公司的传统。发明绝不是一个人坐在苹果树下等着灵感从天而降。科技的突破只会生长在适宜的土壤里，在那里，常态是不满足于现状、团结协作、迎难而上；在那里，人们尊重客观事实，回避政治因素。正是这些元素定义了摩托罗拉这家企业。

摩托罗拉团队重聚，他们开发了世界上第一款手持式便携蜂窝电话——
DynaTAC（摄于 2007 年 10 月）

　　"大胆探索！不惧失败！"这是摩托罗拉创始人保罗·加尔文（Paul Galvin）的忠告。保罗和他的儿子鲍勃·加尔文（Bob Galvin）营造的工作氛围使我们对通信方式能无止境地求善求美。我们从来都不满足于现状，我们把失败看作发展过程的一部分。我和我的同事们能看到一个由无线电波带来的更加美好的世界，并尽我们最大努力去实现这一愿景。我将永远记住鲍勃、比尔·韦斯（Bill Weisz）和约翰·米切尔（John Mitchell），他们每个人都是我的榜样。如果没有他们的激励及对我的弱点的包容（比如没有纪律性、没有深思熟虑和充分的准备就贸然行动的性格），我是难以获得这些成就的。

　　我有一个关于通信装置的奇思妙想，它在摩托罗拉这片肥沃的土壤里苗壮生长。我如火的激情正好与奇异的梦想完美匹配。要知道，我们的对手不仅是 20 世纪最强大的机构之一的"贝尔妈妈"，还有周围持有怀疑态度的很多人。

　　"事后诸葛亮"或许让很多想法看起来很简单，比如今天大家每天都用的手机似乎就该长这个模样。然而，在 20 世纪 70 年代和 80 年代，任何思维正常的人都"知道"手持式便携电话没有市场。

　　从他们的怀疑中我得出的结论是，并不是每个人都知道如何造梦。我经常梦见未来，我常常认为自己生活在未来。对我来说，未来总是比过去更有吸引力、更激动人心，尤其是手机这件事。自第一个商用蜂窝系统问世以来的 40 多年里，移动电话对人类的影响不可估量。

　　但是真正的乐趣来自于更多的梦想，梦想着手机会给我们未来的生活带来持续的变革。它使我们开始思考如何关爱自己、如何相互合作、如何进行学习，等等，它也为许多国家减贫、扶贫做出了贡献。然而，这个过程才刚刚开始。手机还将重塑医疗保健行业，将使教育潜移默化，将有助于消除贫困。

但是，如果没有更多的造梦者，没有更多的机构允许造梦者去尝试、失败和再尝试，或者，如果没有促进竞争和有效管理无线频谱的政策，这些梦想也无法实现。

我希望这本书和我的故事能激励你接受这些挑战：你的梦想是什么，你将如何利用手机，或者更广义的各种无线和便携通信手段来造福更多的人？

目 录

第二部分

第一部分

第1章

跳出沟渠的新移民
和企业家

01

1919 年，苏俄内战及外国武装干涉期间，哥萨克自卫军骑兵穿越乌克兰的帕沃洛奇村（Pavoloch），随意屠杀当地百姓。危急关头，一个 14 岁的女孩纵身跳入一条沟渠，幸运地躲过了哥萨克白匪的刺刀。

然而这只是一支先遣队：更多的哥萨克白匪正在路上，他们一路肆意掠夺，杀伤、强奸村民。

女孩赶紧跑回家去通知家人。她的父亲内森·巴索夫斯基（Nathan Bassovsky）当即决定离开家乡。巴索夫斯基准备了一辆马车，并叫上邻居和朋友们一起逃亡。他们把所有家当都搬上马车就赶紧上路了。

车队花了几个月的时间穿越欧洲大陆。一路上，他们卖掉了马匹和马车，改乘火车前往比利时的安特卫普。在那里，他们遇到成千上万的同路人。当地的比利时人为这些

巴索夫斯基家族

逃难者修建了一些临时生活设施，他们可以在那里短暂停留，洗澡、换衣服，然后离开欧洲。

巴索夫斯基和他的长子莫里斯（Morris）先于其他家人离开欧洲，前往加拿大的温尼伯（Winnipeg）。1921 年，那个小女孩明德尔（Mindel）和她的两个姐妹——伯蒂（Birdie）和罗丝（Rose），以及另外两个兄弟——麦克斯（Max）和弗兰克（Frank），登上了前往哈利法克斯（Halifax）的 SS 卡罗尼亚号客船（SS Caronia）。当时有数百万人逃离欧洲前往加拿大和其他一些国家，这 5 个小孩就在其中。

加拿大国家铁路局的文件显示，明德尔于 1921 年 8 月 13 日抵达加拿大。

在海关，她申报身上带有 50 美元现金，这是进入加拿大所需的最低金额，目的地则是去温尼伯寻找她的父亲。在入境表中有一行要填写"在原居住国的近亲"，她写的是"无"。明德尔所有的直系亲属都离开了乌克兰。

明德尔·巴索夫斯基 1921 年进入加拿大时的入境文件

明德尔就是我的母亲，从小我就对她的毅力和敏锐有深刻印象。到 20 世纪 20 年代中期，明德尔认识并嫁给了我的父亲奥舍·库珀曼（Osher Kuperman），他后来改名为阿瑟·库珀（Arthur Cooper）。我父亲来自乌克兰的斯克维拉（Skvyra），他乘坐 SS 安东尼娅号客轮（SS Antonia）于 1921 年——与我母亲同年抵达加拿大。他的加拿大入境卡上写着他前往加拿大的目的是"与表亲团聚"。后来，我母亲改名为玛丽（Mary）。

SS 安东尼娅号客轮（我父亲于 1921 年从安特卫普前往哈利法克斯时乘坐的船）
（图片来源：斯蒂夫·库珀）

20 世纪 20 年代末，我的父母再次移民，这次的目的地是芝加哥（Chicago）。我就是 1928 年在那里出生的。过了不久，他们又回到了温尼伯，我弟弟于 1932 年出生在温尼伯。

为了能经济独立，我的父母做的第一次尝试是购买芝加哥的一家洗衣店。由于这桩生意投资巨大，因此他们想要考察一番，看看是否值得投资。店主先让他们在洗衣店工作一周感受一下。他们发现，生

我的外祖父母

意似乎挺不错的。于是，他们便拿出积蓄，买下了这家店铺。

可悲的是，这是一场骗局，用了"托儿"冒充！店主用假生意打动我父母，引诱他们上钩。在我父母正式开门营业的当天早上，曾经源源不断的客流消失了。显然，在我的父母考察的那一周，前任店主安排自己家族的成员冒充了客户。这桩失败的生意迫使我的父母收拾起他们在芝加哥所有的家当——

包括他们年幼的儿子，再次返回温尼伯。

在温尼伯，我的父母在雷德伍德（Redwood）和查尔斯（Charles）之间的大街附近买下并经营了一家不起眼的小杂货店。店铺在一栋平层木屋里，我们一家人就住在店铺后面的房间里。房间后面的小院子里有一棵树，我六七岁时曾把木板钉在树枝上建了一座小"树屋"。

店铺原本是一间单人房，里面摆满了货架。对我来说，最难忘的莫过于玉米片了。我记得它们大盒大盒地叠放在高大的货架上。不过，那些盒子堆得太高了，也太靠近天花板上的烟囱，那里有给店铺加热的煤炉排出的火焰。终于有一天，发生了火灾，万幸的是，没有人受伤，店铺也没有被烧毁。不过，后来很长一段时间我们每天早餐都吃烤焦了的玉米片。

我对温尼伯的童年记忆很多都与冰雪有关。冬天结冰时，我们就在街上溜冰。我们对面的邻居把水浇在他们的后院，建了一个溜冰场，于是附近的孩子都去那里溜冰，可以一直玩到春天来临。送奶工也会把马车改装成雪橇。在春天到来，冰雪融化之前，很难看得到路面。

1937 年，就在杂货店发生火灾后，我们全家搬到了安大略省的威廉堡（Fort William，这个地方后来属于雷湾（Thunder Bay）。在那里，我父母又开了一家杂货店。那时的我是个手不释

这是我（竟然是卷发）

卷的书虫，学校的球队根本看不上我。在威廉堡待了一年后，杂货店的生意再次失败，我们又搬回了温尼伯。不过这次只停留了很短的时间，我的父母就计划着搬回芝加哥。

1937 年，我的父亲跳上一列货运火车偷渡到美国。尽管我很想跟他一起走，但这不现实。我和母亲、弟弟威尔去了安大略省的尼亚加拉（Niagara）。我们在镇上最便宜的旅馆住了一夜，第二天早上，我们步行穿过边境的一座桥进入美国。当边境官问我们此行的目的时，我母亲的回答是："去美国购物。"不过，4 年后我们才结束了那次"购物之旅"。

事实上，我的父母和兄弟算是"非法"移民，而我因为出生在美国，所以是美国公民。后来，我的侄子史蒂夫（Steve）翻阅以前的家庭记录时，发现了一张美国边境入境卡，上面显示我的父母和弟弟在 1943 年再次入境美国，这次是合法的。在芝加哥的一个慈善组织的协助下，他们于 1945 年正式加入美国国籍成为美国公民。

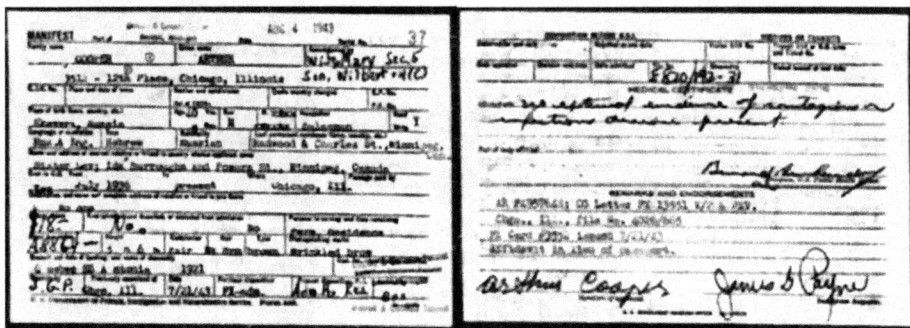

我的父亲 1943 年进入美国时的边境入境卡（图片来源：斯蒂夫·库珀）

我们一家人在芝加哥西边找了一套便宜的公寓，在那里居住了大约 5 年。我的父亲在一家箱包制造厂找到了一份工作。我的母亲则凭着她生意人的本能，寻找着可以充分利用她销售技能的商机。我还记得有一次陪她在密歇根大道（Michigan Avenue）的旅馆里向一位女士推销内衣，现在回忆起来我依然感到尴尬。

我的母亲居然探索出了分期付款的销售方法。她就像是一台发电机，走路都是风风火火的，因此这份推销工作倒是非常适合她。她每天坐公共汽车去一个很远的社区，胳膊下夹着一块地毯，挨家挨户地敲门推销。买家每周只需要支付50美分，我的母亲每周回去收款，并同时推销另一件新的家居用品。那些卖家具、服装和家居用品的批发商给像母亲这样的自主推销商一定的信用额度，这些自主推销商们又将信贷转手给到他们的客户。我想，如果那时就有互联网，她很可能会创立"亚马逊"！这样我很可能就是一个富二代，一辈子都不用上班啦。

我的父亲后来也加入了她的生意。箱包厂的工作是他第一次也是最后一次为别人打工。我的父母都是今天我们所说的连环创业者。事实上，在我的母亲和她的5个兄弟姐妹家庭中，只有罗斯阿姨的丈夫为别人打工——虽然从没人提起过，但哈利在我们家族中确实是个例外。

我的母亲有着难以抗拒的个性魅力，是上门销售的高手；而我的父亲讨厌这事儿。于是，母亲负责发展新客户，而父亲则负责维护和深挖旧客户。他以独特的平和方式和幽默感，也成为一名成功的推销员。就这样，他俩支撑了我们家庭的生活。再后来，他们赚到了足够的钱购买了汽车，又将客户群拓展到了郊区。他们对待客户亲如家人，客户会参加我们家族的婚礼和庆祝活动，我们也会参加客户的家庭活动。

我当时十几岁，觉得母亲的个性有点儿太热情，因为她总是主动和陌生人闲聊。后来，我发现自己的性格如出一辙，我也会主动和陌生人攀谈，广交朋友。我知道她一定是把她那颗爱心传给了我。像她一样，我也不会慢悠悠走路；像她一样，我一直在推销东西，只不过，我推销的是点子和梦想。

***

虽然我们家不算富裕，但在经济大萧条时期我们倒没有挨过饿。我和弟弟有好几年时间挤在一张床上，我们甚至在床上还画了一条分界线。后来父母的生意经营得不错，还买了电视机和一辆崭新的普利茅斯轿车。

在印象中，我从小就对搞清事物的工作原理有着浓厚的兴趣。我相信，终有一天我会成为一名工程师。在温尼伯时，我还只有 5 岁，在杂货店门前开裂的混凝土人行道上，我看到一些大男孩用放大镜聚焦太阳光来点燃一张纸。后来，我花了几个小时想复制这个实验，尽管用上了可乐瓶底和玻璃片，还从店铺里拿来火柴加热玻璃，但最终还是没能成功。

在芝加哥梅波尔大道（Maypole Avenue）公寓的地下室里，我用兼职赚到的钱建了一间暗室，成为一名相当不错的摄影师。我请求房东让我在屋顶上安装电视天线，但他拒绝了，因为他根本不知道天线是什么东西，他害怕任何现代化的东西。不过，后来我还是偷偷装上了天线，而房东竟没有察觉。

我对工作原理的痴迷使我爱上了汽车。我尝试着把机械拆开，再把它们组装起来，以便了解其工作原理。和许多童年及青少年时期的伙伴一样，我可以准确地说出每个车型的各种细节，以及它们多年来有些什么改变。不过，直到 1952 年我才买了第一辆属于自己的车。那是一辆1949 年生产的漂亮的帕卡德（Packard）敞篷轿车，它的白色轮胎与那闪闪发

我和那辆漂亮但不靠谱的 1949 年生产的帕卡德轿车的合影

光的黑色车身形成鲜明的对比。这算不上是一辆特别好的车，因为自动变速箱从来就没有正常工作过，它的悬挂系统也十分糟糕，路面稍有颠簸车身就晃得厉害。不过，这辆敞篷车把我的单身汉地位提升到了前所未有的高度。

但正是因为汽车有种种缺陷，才让我有机会去了解它们。在二十世纪四五十年代，大多数的汽车都十分不靠谱。但是，最大的缺陷其实在我自己身上：我根本无法抗拒一辆漂亮汽车的魅力，因此就有了很多机会去培养自己的修车技能。我开始尝试着做一些细节上的改动，比如调整化油器上的恒温弹簧，至少从理论上讲，它可以充当自动阻风门。多年来，我购买了可以说是史上最不靠谱的汽车系列，这其中包括凯旋赛车（Triumph Stag）、XKE 捷豹（Jaguar XKE）和几辆 XKS 捷豹（Jaguar XKSes），我也由此增长了在汽车修理方面的专业知识。英国人制造了不少世界上最漂亮但是最不可靠的汽车。我被它们的外观迷住了，林林总总的缺陷给了我拆解它们的好机会，也使我更好地了解它们的工作原理。

在芝加哥，我从五年级开始上学，后来去读克莱恩技术高中（Crane Technical High School）。读了几年后，我才意识到克莱恩其实是一所技校。每学期，除了常规的文、理科课程外，我们还进各种车间进行实习，最初是木工车间，然后是锻造、铸造、印刷、金工和电器车间，最后才毕业。我在这些车间里树立起了自信心，这也支撑了我后来自己创业的勇气。

***

尽管家境一般，但我对上大学这件事从未怀疑过。1946 年，伊利诺伊理工学院（The Illinois Institute of Technology，IIT）的学费是每学期 128 美元，这大约相当于现在的 1700 美元。1946 年 1 月高中毕业后，我就住在家里，每天走读去伊利诺伊理工学院上课。

我从未考虑过读 IIT 以外的任何学校，事实证明它确实非常适合我。在那里，我加入了一个"兄弟会"和两个荣誉团体，还有一个亲密的朋友圈。学校的重点放在严肃实用的工程教育上。学校布置的家庭作业很难，教师的教学水平很高，学校也很少组织聚会活动。我们的教学就在第二次世界大战时留下的经过改造的地堡和活动房中进行。我很庆幸自己能在那里求学，从那时起就一直对母校心存感激。

尽管如此，我还是觉得自己成了父母的经济负担，于是我试着找其他方法来资助自己完成学业。其中一个方法是参加美国海军，他们可以支付我的学费、书费和杂费，条件是未来 3 年每年参加 2 个月的夏季海上巡航，并承诺毕业后在海军服役 3 年。我欣然抓住这个机遇，也减轻了父母的经济负担。

后来证明，这是一个很棒的交易，我从中的获益远远超出了金钱方面。海军服役的经历帮助我成长，教会了我领导力、责任心及与人相处之道。

夏季的海上巡航简直棒极了。我乘坐过各种海军舰艇，包括"拳师"号航空母舰（USS Boxer，我在"拳师"号上第一次体验了乘坐螺旋桨飞机），还有"海伦娜"号重型巡洋舰（USS Helena），我还参观了关塔那摩湾（Guantánamo Bay）和巴拿马运河（the Panama Canal）等地。我的任务还包括在伊利诺伊州沃基根（Waukegan）的海军训练站参加培训。

我在"海伦娜"号上服役的某个夜晚，当时舰艇正行驶在太平洋上，大家在船尾甲板上看电影《绿头发的男孩》（*The Boy with Green Hair*）[1]，我突然觉得肚子特别疼，于是向船上的医务室走去。随着疼痛的加剧，我后来不得不爬

---

1. 这部电影是对宽容的赞歌，主演是现在已被遗忘的像帕特·奥布莱恩（Pat O'Brien）和迪恩·斯托克韦尔（Dean Stockwell）那样的演员。

着前行，最后那 100 英尺（1 英尺 ≈ 30.48 厘米）路仿佛有几英里（1 英里 ≈ 1609.34 米）远。值班的药剂师给了我一张床，在那里我似乎躺了几个小时，终于等来了值班医生。他告诉我，我得的是阑尾炎，必须立即手术。在准备手术时药剂师悄悄跟我透露医生是一个酒鬼，不过让我不用太担心，因为他已经吃了药物来稳定双手，以便进行手术！为了在手术期间尽量减少舰体的摇晃，整个舰队改变了行进路线，变成迎着风前进。由于我只接受了局部麻醉，因此为了让自己平静，我一边和手术人员说着笑话，一边观看着天花板上镜子里正在进行的手术。幸运的是，手术十分成功，我一周后就恢复了正常的值勤。

"海伦娜"号重型巡洋舰，我在美国海军最早服役的舰艇之一
（图片来源：Wikimedia Commons）

海军中真正有发展前途的职业是飞行员和潜艇军官。我清楚地知道，自己有时会左右不分，这一点对于驾驶时速 500 英里的飞机而言将是一个严重障碍，于是我选择成为一名潜艇军官。位于康涅狄格州新伦敦（New London）的海军潜艇学校录取了我。那边的教学方式是课堂学习和动手练习相结合。在模拟的鱼雷发射室里，我们先学习发射鱼雷的整个流程，随后由水手具体演示。这个过程要求我们按一定的顺序进行一系列的操作：阀门、按钮和操纵杆。

到了第一次演习的时候，我们一群人挤进了房间。训练官随机点名，于是大家一边等着，一边在努力背诵发射鱼雷的精确顺序：拉起杠杆和按下按钮。我们在练习这些步骤的同时还必须念念有词。等正式开始时，第一位同学漏了一步便把演习搞砸了，下一位同学又搞错了顺序，而第三位同学则忘了念口诀。气氛顿时变得越来越紧张了。

"库珀，紧急情况！"我听到训练官喊道，"立即发射鱼雷——不用念口诀！"。

马丁·库珀，美国海军，1952 年

就像机器人一样，我不假思索就立即行动，因为思考会让我变慢。我的动作令人眼花缭乱：以最高的效率和正确的顺序，我准确地拉动杠杆并调整阀门，"砰"的一声关上发射管的门——上锁——然后敲击了开火的按钮，就像给演习加上 3 个大大的感叹号。我看到训练官在本子上做了记号。他说："干得好，库珀。"其实我压根儿记不起刚才自己做了什么。

竞争带来的压力在演习那天以至于后来的整个训练中帮了我，即使我没成为全校 89 名军官中最优秀的学员，但在鱼雷演习中我的"出色表现"得到了认可，使我在潜艇军官学员中排第 4 名。

这可不是什么空泛的荣誉，1952 年毕业时它给了我首次任务地点的选择权。夏威夷听起来很棒，于是我挑选了驻扎在珍珠港的最后几艘非核动力潜艇之一的"刺尾鱼"号潜艇（USS Tang）。在接下来的 18 个月里，我成为一名潜水高手，同时是威基基海滩酒吧的常客。

"刺尾鱼"号潜艇，潜艇军官训练学校毕业后我在上面服役
（图片来源：Wikimedia Commons）

我觉得做潜艇执行军官是比较令人愉快的。我们通常花上几个星期在海上进行战备演习，然后又花上几个星期上岸对潜艇进行维护。我对潜艇上紧凑狭小的空间倒是没有什么恐惧，我当时正认真考虑是否把海军作为我的职业。海军训练使我们能快速思考，快速决策，并专注于把事情做好。培训的重点是当置身于紧急而混乱的情况时，我们要迅速评估状况并解决眼前的问题。这种快速灵巧的训练使我在离开海军后受益匪浅。

我最终的决定是离开檀香山，我也厌倦了那里的酒吧和酒店秀场，我还想念在芝加哥的女朋友哈丽特（Harriet），我们从大学时就开始约会了。有几个星期，我坐在那里反复权衡，痛苦地思考，甚至列了一长串清单来分析利弊。最后，我决定辞去海军的职位，去和哈丽特结婚。

就在递交辞呈的第二天，我却收到了哈丽特的分手信。在潜艇上的一年半里，我们一直保持书信往来，但是她说她已经等够了。

20年后，我又遇到了哈丽特，这才弄明白，原来写分手信的是她的父母。他们认为我年纪太大，不适合他们的女儿。不管怎么说，我列利弊清单算是白忙了一场。

第 *2* 章

从电传打字机到晶体管

02

在短暂沉溺于失去哈丽特的悲伤之后，我又重拾孩提时代的梦想：成为一名工程师，发明能够改变世界的东西。我很想去贝尔实验室工作，它是AT&T 公司下属的大型研究机构[1]。当时的贝尔实验室是商业创新研究的领导者，不过它只垂青于高学历的人才，显然我的学历不高。但后来 AT&T 公司对我的职业生涯影响巨大，不过是作为客户和竞争对手。

我的第二选择——阿默研究基金会（Armour Research Foundation），是我的母校伊利诺伊理工学院的一个分部，可它也拒绝了我的申请。不过让我感到开心的是，多年后，我成为伊利诺伊理工学院的受托人（Trustee），而 IIT 则拥有这家研究机构。

最后，我接受了电传打字机公司（Teletype）的工作，公司位于芝加哥郊外的斯科基（Skokie）。

20 世纪 50 年代，我所在的公司是电传打字机的主要制造商。电传打字机是一种介于电动打字机和早期电子邮件之间的东西，它可以通过电报或电话线路发送输入的信息。现在已经很少用到电传打字机了，只有在机场等地方的"TTY"标牌下才能看到它们，不过现在用的是电子化的电传打字机。我在这家公司工作时，电传打字机里除了驱动电动机之外，其他部件完全是机械化的。

当时，我受聘为研究工程师，但我在公司的第一项任务是在实验室里做测试，每天一架架电传打字机咔嚓咔嚓地响个不停。如果一台打字机出了故障，我就得把它拆开，找出故障的根源，我还得把坏掉的零件换掉，然后重新组装好。神奇的是，每次我重新组装后，总会留下一两个多余的零件。这

---

1. 在这本书中，我遵循惯例，交替使用 AT&T 和贝尔系统两个名称来描述整个公司，贝尔实验室和西部电气是 AT&T 公司的子公司。

似乎也没什么大不了的,打字机照样能正常工作。我也曾对我的凯旋雄鹿牌轿车干过同样的事。也许就是这个原因,6 个星期后,我就提前被提拔为电子研究员。

这次提拔说明管理层已经认识到,虽然公司在机械打印机领域的领导地位十分稳固,但是,未来电子设备很可能会在公司发挥更大作用。所以他们成立了电子研究部门,也就是我所在的地方。我天真地以为,这是我帮助公司创造未来新电子产品的大好时机。结果证明,管理层只是口头上说说而已。这个新的电子研究团队只有为数不多的几个工程师,而且,他们被公司庞大的机械打印机业务边缘化。

我的主管克利夫·塞德勒(Cliff Seidler)让我开发一种新方法来封装一个称为电传多路复用器(Teletype Multiplexer)的新设备。这种设备把来自若干台电传打字机的信号组合在一起,通过一根导线将信号传输到远方,然后将信号分配给另一端的若干台电传打字机。最初的多路复用器是在金属底盘上制造的,通过焊接把零件连接在一起。

为了将公司推向电子化的未来,我为多路复用器设计了一块印制电路板。这其实是一块塑料板,上面蚀刻的铜线连接着安装在孔里的电气部件。印制电路板比金属板性能更可靠、价格更便宜,在生产时也不容易出错。我费劲地完成电路设计后,却遇到了一个难题:我选择的制造厂家没人能生产出一块有用的电路板,尽管他们事先答应得好好的。我精心设计的电路板根本无法工作。今天,大多数的现代电子设备会用到某种形式的印制电路板。虽然我为公司设计的电路板最后没有投产,但它是第一批民用印制电路板之一。

电传打字机公司属于西方电气公司(Western Electric)所有,而西方电气公司又是 AT&T 的子公司。当时,AT&T 在世界通信行业占有统治地位,也是当时世界上举足轻重的公司。所以，在某种意义上，正如我离开海军后希望的那样，我确实在为 AT&T 工作。然而，电传打字机公司的工作和我原先期望的贝尔实验室的工作大不一样。贝尔实验室是 AT&T 帝国王冠上的明珠，它在基础研究和应用研究的许多领域都开创了先河。电传打字机在公司的地位却很低，而且深受管理层目光短浅之苦。它的管理层虽然能感知到未来是电子化的时代，但不知道如何带领公司实现目标。

在电子学方面的短暂工作经历使我想成为一名电气工程师。但我刚刚起步的事业在电传打字机公司撞了墙。这家公司生产着优秀的机械产品，却没有能力转向电子产品。于是，当一名招聘人员邀请我去摩托罗拉公司的应用研究部门面试时，我欣然接受了。毕竟，这对我毫无害处。

***

1954 年 11 月的一个大风天，在芝加哥奥古斯塔大道（Augusta Boulevard）摩托罗拉总部大楼里，我站在一块黑板前紧张得汗流浃背。摩托罗拉公司面试我的两位高管都是博士毕业。比尔·费尔斯通（Bill Firestone）是研发部的副总裁，乔纳·科恩（Jona Cohn）是应用研究部的负责人。他们让我推导模拟信号的奈奎斯特－香农（Nyquist-Shannon）采样定理。

我完全不知道奈尼奎斯特或香农是谁，对采样也只有一个模糊的概念。但比尔和乔纳耐心地引导我完成了整个推导过程，并给我上了第一堂通信理论课。他们在考验我，但同时，他们也想让我明白，摩托罗拉的工作很能挑战大脑。

他们的目的达到了。在电传打字机公司工作还不满一年，我便接受了摩托罗拉的邀请，成为应用研究领域的高级开发工程师，每周薪水 115 美元（约相当于今天的 1140 美元）——这比我在电传打字机公司每周 97 美元的薪水高一点。但我接受这份工作并不是为了钱，我就是不想再在那儿干了[2]。摩托罗拉还象征性地付给我 1 美元现金，以拥有我在职期间的任何发明的专利权。现在看来这是个低薪岗位，但这是我做过的最好的一笔交易。我将有幸与一群专业人士共事，他们有卓越的管理能力，还有强大的市场地位为支撑。

从电传打字机公司过渡到摩托罗拉不亚于一次文化冲击。在上一家公司，我和 100 多位工程师坐在一个房间里工作，每天的午餐和下班铃声会准时响起，一切按部就班。在摩托罗拉，我们几个人共用一间小办公室，办公室就在实验室的旁边。傍晚时的热烈讨论有时会让我们忘记时间。我很少在晚上七点以前到家，但仍然斗志昂扬。我在 1955 年和芭芭拉·沙纳（Barbara Shaner）结婚了，多年来她一直在背后默默支持着我的工作。同年，我开始在 IIT 攻读电气工程和数学硕士课程（夜校），并于 1957 年完成学业。毕业后，我还在 IIT 当了几年的教师。

应用研究部门位于摩托罗拉总部大楼的二楼，这是一幢老得摇摇欲坠的建筑。盛夏之时，屋顶的沥青会融化后滴到我们的脑袋上。这里的工作条件和 IIT 的教室可以相提并论，而且，同 IIT 一样，这里有着完美的学习环境。我的老师们都是一些才华横溢的人：埃德·贝德罗西安（Ed Bedrosian）、卡罗尔·林霍尔姆（Carrol Lindholm）和比尔·坎农（Bill Cannon），他们都是经验丰富的研究人员。我的直接上司是哈里·科泰基（Harry Kotecki），他是一名技艺高超的电路设计师。

---

2. 随着施乐复印机、惠普（Hewlett-Packard）打印机和 IBM 电子打字机的推出，电传打字机公司（Teletype）在机械打印机市场的垄断地位消失了。就好似这家公司在制造马车方面取得了巨大的成功，但世界已经转向了发动机驱动的汽车时代。

不到一年的时间，我就感觉自己可以独当一面了，虽然我还有些缺乏经验，但又极为自信。我也逐渐意识到职业上的成功不仅取决于个人技能，运气也十分重要。

我早期的任务之一是为联邦政府大楼设计一个用于发送保密信息的加密装置。我得独立设计一个新的电路，用于测试这个装置。正常的过程是先为原型机手工制作一块"面包板"，以验证设备是否能正常工作。只有在全面测试了"面包板"之后，才会制作正式生产的电路板。

当时我年轻气盛，在没有进行任何预先测试的情况下，就要求模型车间直接制造一个我设计的成品电路板。我当时得意洋洋：我独立完成了这项任务，而且它是政府重要工程的一部分。

可不幸的是，模型车间做出来的电路板根本无法正常工作。我决定跳过测试步骤，结果却适得其反。忙乱之中，我赶紧找出错误所在，重新设计了电路，通过了测试，完全是靠着好运气，我得以将零件重新组装到装配好的底盘上。

我终于松了一口气，在兴奋感消退之后，我意识到直接略过测试这样重要的步骤是多么愚蠢。我这次运气太好了，在匆忙中重新做的设计竟然是成功的。在正式投产前制作和测试面包板这一流程完全是必不可少的。事后回顾这件事时，我开始从另一个角度看待它。我冒了一次险，幸好在没有造成严重后果的情况下渡过难关，也许是我在海军服役期间获得的迅速解决危机的聪明才智发挥了作用。我最初所认为的幸运其实是一种面对挫折，迅速找出不同前进道路的本领。在我后来的职业生涯中，我反复运用了这种本领，或者叫作"运气"。

***

我最大的幸运是在摩托罗拉发展的黄金阶段入职，那是公司历史上最精彩的时期。摩托罗拉初创于 1928 年，与电传打字机公司同年成立。然而，在我加入公司的时候，摩托罗拉与电传打字机公司已经拉开了相当大的差距。摩托罗拉处于电子学研究和商业产品的最前沿，尤其在晶体管技术方面。晶体管被称为"20 世纪最伟大的电子发明"。

晶体管发明于 1947 年，比我加入摩托罗拉早 7 年。它最初是由位于新泽西贝尔实验室的研究人员发明的。在此之前，电视机和早期计算机等电子设备都依赖真空管。这些器件就和它们的名字听起来差不多：真空玻璃管。它们内部导电，代表了二十世纪四五十年代电子领域的前沿技术，却是"技术上的死胡同"：电子设备变得越来越小，但是真空管体积庞大，产生的热量过多，因此无法长时间使用。

晶体管则是完全不同的东西：它比真空管更小，更高效，性能也更好。自从晶体管发明以来，有多家公司一直在试验它的不同用途。摩托罗拉用锗（一种晶体材料）制造晶体管。锗材料后来被硅材料所替代。公司新成立的半导体部门位于凤凰城，是晶体管研究领域的领导者。

我们位于芝加哥的应用研究部门，是半导体部门的主要内部客户。在为联邦政府研制密码机的过程中，我们发现其中的一个电路不太可靠。当时做的是一台精密仪器，已经处于准备发货的阶段，不可能再重新设计，如果重新设计会赶不上交货期。刚好几周前，隔壁实验室的专家教过我晶体管的工作原理，我就想，晶体管体积小，或许能解决当前所面临的难题。

当时半导体部门给了我们一些晶体管原型器件。这些在当时最先进的电子部件装在一个木桶里，它看起来就像是一个微型酒桶，里面是一堆导线缠结的晶体管。其他工程师已经悄悄拿走了性能最好的元件，我在里面挑来拣去，找到了几个我希望还能用的元件。我创造性地运用了新的焊接方法，手工将它们焊接到了密码机内原有的电路中。结果令我大吃一惊（同时也松了一口气），电路居然正常工作了，我们也得以按时发货。

这台加密装置是摩托罗拉发明的第一款使用晶体管的密码机[3]。这就是创新发生时的真实感受。人们通常喜欢把创新浪漫化，把它想象成超级天才们在设备齐全的实验室里，舒适地等待被发明的闪电击中。可是，现实中的创造发明却有点儿凌乱不堪。它发生的时候或许实验室的屋顶在漏水；或许你正在赶着客户定下的交货期；或许还有些什么麻烦问题没有解决，甚至，那些麻烦可能是你自己搞出来的。

***

1956 年，在摩托罗拉工作不到两年，我在应用研究部门获得提拔，独自管理一个研究小组。这意味着我有了一些自己选择项目的自由，而不再仅仅是听从领导的安排。我迷上了晶体管，渴望寻找其他可以创造性地使用晶体管的地方。我瞄上的目标是汽车电话。

在此之前，我还没有了解过电话。那时，电话已经应用了 80 多年，全国的电话网就只有贝尔系统。在联邦政府的批准和监管下，该公司垄断了有线电话系统的各个方面。它们的基础设施很完善，垄断着整个行业，几乎没有新的想象空间，这对我也丝毫没有吸引力。我感兴趣的是仍在兴起的移动电

---

3. 虽然这是摩托罗拉首次将晶体管集成到产品中，但第一个在电子设备中使用晶体管的并不是摩托罗拉公司。1952 年，Sonotone 助听器就采用了第一个商用的结型晶体管。第一台晶体管收音机 Regency TR-1 则于 1954 年问世。

话领域，即不通过 AT&T 主导的固定线路，而是通过无线方式进行的电话通信。不用电缆的唯一通信方式就是通过无线电波发送信号，而这，正是摩托罗拉的优势所在。

在过去的 30 年里，摩托罗拉因为设计和制造汽车收音机而声名显赫。公司原名叫加尔文制造公司（Galvin Manufacturing Company），该公司在 1930 年将其第一台汽车收音机的品牌命名为"摩托罗拉"。不久之后，公司开始向美国的警察部门销售单向和双向对讲机，后来又为出租车公司生产了双向通信调度系统（这些私人双向无线通信系统统称为"陆地移动"服务。时至今日，它仍然是许多行业和公司必不可少的通信系统）。

无线电话能摆脱电线的束缚，扩展人类的通信方式，我对这个挑战很感兴趣。它的重要性我在海军服役期间就已经证明了，无线通信对于安全和保障至关重要，毕竟潜艇和水面舰只在海上航行，根本不可能通过电线通信。再者，我童年对海底生活和长距离隧道的幻想也是基于无电缆线通信的。

到 20 世纪 50 年代末，移动电话的概念已经存在了一段时间，汽车电话代表了这一领域的最前沿技术。它不属于贝尔系统，但 AT&T 一直在研究这项技术。他们在 20 世纪 40 年代就已经部署了 MTS（Mobile Telephone Service）系统，比贝尔实验室的研究人员首次提出蜂窝网的概念还早。贝尔电话系统的设备则是由摩托罗拉公司制造的。

当时，使用"汽车电话"这个称呼其实是言过其实了，那只不过是一个永久安装在汽车仪表盘上的双向无线通信设备——但这恰好意味着它落在了摩托罗拉的"碗里"。我看到了这个机会，它可以把我对无线通信的兴趣和更广泛使用晶体管的渴望这两者相结合。

构成汽车电话的双向无线通信设备配备了一种叫作解码选择器（Decoder Selector）的装置。固定电话用户先要拨号给一个专门的接线员进行转接，然后接线员帮着拨通对应的汽车电话。该系统依靠解码选择器对接线员发送的脉冲组进行计数，每个解码选择器对应不同的脉冲组合，如果收到正确的脉冲组合，铃声就会响起，提醒车上的人接听电话。不过解码选择器不大可靠，它们依靠的是鲁布·戈德堡（Rube Goldberg）式的机械组件，看上去就像一块又大又原始的机械手表。我想锻炼自己的脑力，于是决定设计一个晶体管解码选择器，它的功能和机械式的解码选择器完全一样，只是全部由电子器件构成而没有任何的运动部件。其中一大挑战是尽量减少晶体管的数量，因为在早期，晶体管的价格很昂贵。对晶体管成本的反向估算有很多不同的版本，根据摩托罗拉一位工程师的回忆，在20世纪50年代，一个晶体管的成本约为50美元，相当于现在的432美元。总体而言，晶体管成本的下降速度惊人。与此同时，晶体管体积缩小和性能提升的进程也是相同数量级的。

我设计的解码选择器使用了39个晶体管，这在当时是一个重大的进步。今天的智能手机可

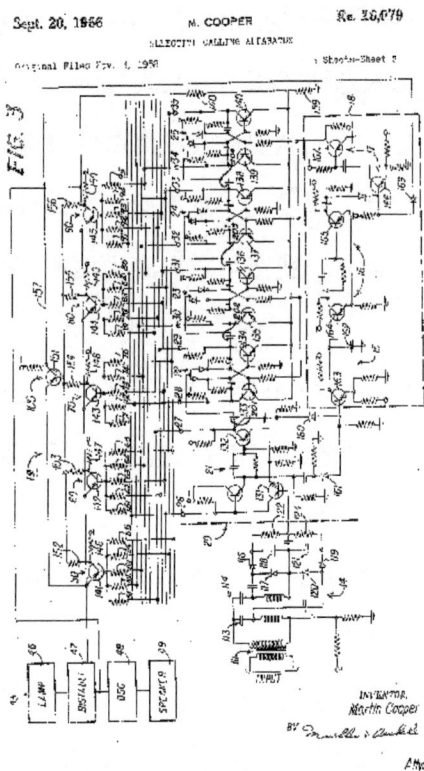

我为早期汽车电话设计的晶体管解码选择器电路图
（图片来源：马丁·库珀，"一种选择性呼叫装置"
专利号 26079，美国专利商标局）

能包含超过 20 亿个晶体管。

　　我制作了一个解码选择器的模型，把它装在一个有着透明盖子的盒子里，以此来展示我的作品。我们在应用研究部门的工作主要是研究想法，而不是创造产品。但出乎我意料的是，我们的销售人员非常喜欢它，想将其出售给贝尔系统内负责机械部分的子公司西方电器（Western Electric）。不过他们对此毫无兴趣。后来，在与贝尔公司打交道后我了解到，只要不是他们自己的想法，他们就会觉得不可能是个好东西。

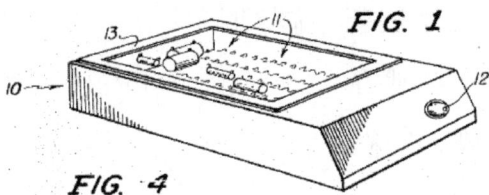

解码选择器的新设计原型
（图片来源：马丁·库珀，"一种选择性呼叫装置"专利号 26079，美国专利商标局）

***

　　20 世纪 50 年代末，工程专业的毕业生，尤其是电子行业的毕业生供不应求，而摩托罗拉也在迅速扩张，每个部门都在招聘新的工程师，因此它们不仅与其他电子公司竞争，还与公司内部其他部门展开竞争。我发现自己在招聘方面颇有天赋，在应用研究部门的预算范围内，我尽可能多地引进了研究工程师。这引起了移动、便携和双向无线通信部门的注意，它们是摩托罗拉的核心部门。很明显，我为每一个产品工程师雇用了 5 名研究工程师。后来我得知，产品工程师对公司盈利的贡献比研究工程师要大得多。研究工程师固然重要，但在应用研究方面的工作与直接的客户沟通相距甚远。那些负责面向客户的业务部门希望有更多的产品工程师。

1958 年，我的老板乔纳把我叫去他的办公室，告诉我移动产品部门的总工程师正在考虑给我一个职位。乔纳希望我能和他一起继续待在应用研究部门，但他还是让我自己作决定。我的同事罗伊·理查森（Roy Richardson）也收到了同样的邀请，但他拒绝了。尽管我是他们的第二选择，但我还是仔细考虑了移动产品部门助理总工程师约翰·米切尔（John Mitchell）的建议。他的意思大致如下："研究工作固然有趣，不过，如果你想成为公司的核心，就得做出人们愿意花钱购买的产品。我们是给公司直接挣钱的人，处在暴风雨的中心。公司最好玩的地方就是我们这儿了。"

约翰还邀请我去参观他的一个实验室，那里的工程师们正在设计无线对讲机中最核心的接收器和发射器。

"我们在这里也做研究，就和你一直在做的一样。但我们的研究会直接变成要出货的产品。""这些是前置调谐电路。"我看到了一堆金属板，末端装着调整螺丝。

他继续说："我们目前在做的是用金属板制造一个谐振腔，目的是提升电台的性能，使更多的人可以同时使用有限的无线频率。""我们做的不是理论研究，这些设备要能批量生产、成本低廉、性能可靠。当然，我们都明白理论上是怎么回事，但我们使用的工具只有常识和一把铁皮剪。"

我明白，这才是真正的摩托罗拉方式。研究工作固然能获得尊重和公司支持，但商业活力——客户觉得好——才是王道。这就是摩托罗拉！尽管与电传打字机公司同龄，规模也比 AT&T 小得多（与贝尔实验室拥有的资源相比可以说是少得可怜），但摩托罗拉仍然能够保持创新，并在竞争中处于领先地位。这是因为客户需求是它的北极星（这一概念如今在硅谷经过重新包装后，被称为"客户发展"和"精益创业"）。当时的贝尔系统是一个垄断企业，认为自己能对客户发号施令，而不是迎合客户的需求。

我记忆中的摩托罗拉精神与其他二十世纪五六十年代曾在摩托罗拉工作的人是一致的。半导体部门的工程师回忆说，是销售人员真正推动了摩托罗拉在晶体管方面的工作，并最终进军半导体领域。汽车、收音机和电视机的客户都想要更高效、更可靠的设备。如何满足他们的技术需求，同时又让公司盈利的重担落在了工程师的肩上[4]。

现在，约翰给了我一个机会，让我可以进入摩托罗拉的创新中心，即移动产品部门。他把所有可能分散注意力的复杂术语都从技术问题中剥离出来，就像他处理每个工程或商业问题一样。他的方法是了解基本原理，简化问题，然后解决问题。

约翰抛给我的是一个挑战。当时是一个大时代，这些人正是置身其中的专业人士。我将不再局限于摆弄科研想法，大多数想法是不能转化为产品的。如果我能成功抓住这个机会，那我就是他的理想人选。

迎接挑战、直截了当地解决问题是我后来 55 年职业生涯的工作风格。虽然对这个职位还有疑虑，但我乐意接受挑战。当时没有人告诉我薪水是多少。之前，我花了 4 年时间才拿到 1 万美元的年薪，大约相当于今天的 10 万美元。回想当年，离开海军时，我对成功的定义就是拿到 1 万美元的年薪。

我的下一站是鲍勃·佩斯（Bob Peth）的办公室，他是移动产品部门的总工程师。"我正在认真考虑你的提议，"我说，尽管我渴望接受约翰的挑战，但表面上还要竭力掩饰，"不过我希望我的薪水能再提高一些。"

"我们考虑给你 12 200 美元的年薪。"鲍勃回答说。

---

4. 关于摩托罗拉在晶体管和半导体领域领先的研究成果，我们可以在晶体管博物馆保存的一系列口述历史采访中得到深刻而有趣的见解。

我当即就接受了，我们握手告别。我成为了工程部门的一名经理。

***

约翰是我接下来 25 年的导师。他来迎接我，把我介绍给我的团队和同事，帮我安顿下来，然后就像往常一样，告诉我这里的规矩。第一条规矩就是确保弗兰克·帕洛夫斯基（Frank Pawlowski）永远不会踏入他或者任何其他管理人员的办公室。

弗兰克是一位出色的工程师，他的强项倒不是他在技术方面的技能，而是顽强的毅力和毫不妥协追求卓越的标准。他的技术专长是设计无线接收器。弗兰克渴望得到领导赏识。他经常来找管理层，不是来展示他最近的成就，就是来抱怨有什么麻烦阻碍他的工作。

弗兰克教会了我接收器设计的细节，也在不知不觉中，教会了我怎么管理那些难以相处的人。我到任的几个小时后，弗兰克就把我领到他的实验室里，看他怎么调整调频接收机的鉴相器，向我展示他是如何实现前所未有的线性度的。因为我是一名电子工程师，所以我不知道鉴相器是什么东西，线性度这个概念对我来说也是陌生的。我努力学习了足够的知识来和弗兰克一起工作。不过，为了履行我对约翰的承诺，我需要与弗兰克建立更深层的关系。

在接下来的几周里，我发现自己已然成了弗兰克社交生活的一部分。我们的交情是从每周在罗伊家里打乒乓球开始的。就像对待他生活中的每件事一样，弗兰克对待比赛的输赢也仿佛是生死攸关的大事。就这样，我的乒乓球技术也进步神速。

我还发现弗兰克曾是波兰军队的骑兵。我一直想学骑马，于是决定与他一起上马术课。我们俩的马术课很快演变成了每个星期天早上骑行穿越芝加哥周围的森林保护区。在接下来的 20 年里，骑马成了我生活中不可或缺的一部分。在上马术课的几年后，我于 1962 年花费 700 美元和朋友李·坎农（Lee Cannon）合买了一匹漂亮的 7 岁帕洛米诺（Palomino）马，它的名字叫 Cash and Carry，我们又叫它卡什（Cash）。它的前主人是一对恶人兄弟，它在他们俩那里受尽了虐待。我们买下卡什后几年，其中的一个兄弟杀了对方。卡什精力充沛，倔强的性情与我正相配。当我骑上它时，我们跑起来就像是一个整体那样和谐。那匹马儿让我觉得一切都美极了。

相伴 20 年后的一天，在训练时，卡什顽皮地跳过畜栏里的三道栅栏，像一匹小马驹一样把脚后跟踢向空中。结果落地时它跪倒在地，就这么死了。卡什去世时 27 岁（相当于人类 90 岁），它和 7 岁时我刚把他买来时一样强壮、精力充沛，而且任性。它和我一起完成了这么多开发手机的工作。不过这些已是后话了，因为现在还没讲到便携式产品呢。

第 3 章

汽车电话：
遭遇 AT&T 垄断

03

在 1972 年由伍迪·艾伦（Woody Allen）主演的电影《呆头鹅》（*Play It Again, Sam*）中，托尼·罗伯茨（Tony Roberts）扮演了主人公的朋友迪克·克里斯蒂（Dick Christie），他痴迷于工作，每次去公寓、餐馆或其他地方，都会反复打电话到办公室，告知其他人他的联系方式。

"我在洪派面条公司。电话是，呃，824-7996。"

"我这里的号码不再是 431-5997 了。我要去费利克斯先生家……"

在手机出现之前我们就是这么做的。克里斯蒂就是一个被固定电话线牢牢禁锢的"囚犯"。如果这部电影再迟 30 年，他就会从电话线的束缚中解脱出来，他可以随时随地和其他人保持联系，打电话、互发短信。

但克里斯蒂为什么没有手持式电话？为什么到 1972 年还没有一个现代的蜂窝网通信系统可以让人们在任何地方打电话？（其实，早在 25 年之前，贝尔实验室在 1947 年就提出了基于车载设备的蜂窝系统概念。到 20 世纪 60 年代末，美国的许多地方已经出现了最原始的、实验性的车载电话系统。）

原因有几方面。首先，手持式电话无法使用当时已有的电池，电池的容量低，无法支撑长时间通话。其次，没有一座城市拥有能支持上百个用户的无线频道。联邦通信委员会（FCC）可以为移动电话提供更多的无线频道，但是它不愿意这样做。这是因为一次无线通话将会占据方圆 50 英里内的全部无线频道，这意味着在整个可用的无线频谱中没有足够的频道来支持无线通话的市场需求。而且，这种服务所需的大部分频谱资源早就已经被电视台占用了。电视广播业有一个强大的游说团体，竭力保护电视台所拥有的频谱权利。

20 世纪 60 年代，摩托罗拉和 AT&T 之间关系虽不稳定但一直有合作，它们不断地推动着个人通信技术的发展。这种既合作又竞争的关系影响着技

汽车电话：遭遇 AT&T 垄断

术发展的方向，当今移动电话市场的版图正是由此形成的。有关这两家公司关系的历史故事可以展示我们现今的通信系统是如何进化来的，以及未来它们可能如何发展。我很荣幸能在这出大戏中扮演一个重要角色。这段经历也影响了我对技术进步的看法。

技术的发展不单单是由根本性的突破和调整而形成的。学术研究和产业研发固然重要，但技术的发展取决于市场、消费者还有那些提供产品和服务的公司的态度和决策。

移动电话的发展反映了多方相互作用的动态过程。摩托罗拉和 AT&T 不仅仅是两家不同的公司，对于通信技术的未来，以及人们可以或应该如何使用通信技术这个问题，它们持有完全不同的观点。这些截然不同的观点是基于各自不同的技术、不同类型的客户和不同的组织文化形成的。

按照 AT&T 的技术构想，迪克·克里斯蒂应该也会享受到移动电话的好处，不过仅限于车载设备，而且通话范围十分有限。不过在摩托罗拉的技术构想中，人们得到的将是一个完全不同的世界。要想实现这一目标，我们必须与 AT&T 开创一条漫长的合作与竞争之路，这条长路始于新泽西州，蜿蜒穿过芝加哥，最终止于首都华盛顿。

***

1959 年秋天，我驱车穿过新泽西州的郊区，去拜访位于霍尔姆德尔（Holmdel）贝尔实验室的一处新研究机构。那时天空灰蒙蒙的，和当地的地貌一样毫无生气。实验室入口处赫然耸立着一座 60 英尺高的三脚水塔，外形长得就像一只晶体管。晶体管是贝尔实验室在 1947 年发明的。当时摩托罗拉等很多公司都在探索它的商业应用。

晶体管外形水塔，位于新泽西州霍尔姆德尔的前贝尔实验室门前
（图片来源：Wikimedia Commons）

霍尔姆德尔的新实验室是第一个完全用玻璃制造的大楼，当时才开始启用没多久。但是四周的环境一片荒芜，玻璃外墙并没有为当地增色多少。后来总共有 6000 多名科研工程师和科学家在这个大楼里工作。这个园区象征了全球最大公司的雄厚技术力量。

我去霍尔姆德尔是为了进一步了解一则传言。摩托罗拉的销售人员听说，AT&T 正在设计一种系统，以取代其在美国拥有约 3 万用户的 MTS（移动电话服务）系统。自从 1946 年 AT&T 最早把它部署在圣路易斯以来，这个系统就一直在运行。MTS 系统只能在车辆上使用，因为无线电话被安装在汽车和卡车的后备箱中。打电话前，你先得转动电台上的旋钮找到空闲的频道，再按下通话按钮，接通到接线员，然后由接线员帮你接通你想拨打的电话号码。这种方式又被称为"半双工"，有点像当时的对讲机，也就是说打电话的人可以说，或者听，但不能同时听和说。这个系统提供的服务比较糟糕，如果你在一天中比较繁忙的时间段拨打电话，接通电话的概率只有 1/20。

摩托罗拉为 MTS 系统制造了其中大部分的设备，而且已经有 15 个年头了，如果 AT&T 真的在设计替代产品，那我必须让摩托罗拉也参与进去。

作为一名摩托罗拉公司工程部门的经理，我与客户（如 AT&T）有很多来往。尽管 AT&T 的总体规模很大，但 MTS 系统的规模较小，也不是摩托罗拉的主要收入，我们的主要收入来源于路地移动电台业务，特别是双向公共安全和调度系统。不过，替代 MTS 的将会是一个更大的系统，也会有技术方面的更高要求。

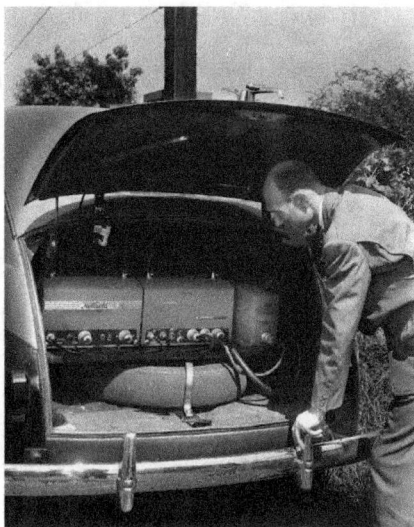

1946 年，摩托罗拉制造的置于汽车后备箱的 MTS 系统

霍尔姆德尔的水塔和建筑立面设计有点令人生畏，不过我并没有被吓到。我带着任务而来，不会因此而分心。早些时候在参观贝尔实验室在默里山（Murray Hill）的设施时，我已经意识到在自己职业生涯的早期被贝尔实验室拒绝其实是一件好事。我记得曾在那里吃过一顿午餐，真是令人恼火，全程都在听实验室人员讨论各种钢制刀片的特性。我意识到原来我比自己以为地更像我的母亲：我想要创造出有用的产品来解决客户的问题——我就是想推销，而不是围坐在饭桌旁沉思。

我的大脑中浮现着母亲在与客户交谈时的那份从容和自信。来到了霍尔姆德尔，我暗下决心要让摩托罗拉在新的 MTS 系统中分一杯羹。

我发现贝尔实验室还真有那么一个新的构想，他们称之为"过渡移动电话系统"（Interim Mobile Telephone System，IMTS）。这是高级移动电话系统（Advanced Mobile Phone System，AMPS）的初级阶段，也就是第一代蜂窝网移动电话系统中的一个版本。这代表了贝尔实验室的一个宏大愿景，即通过无线来复制一个现有的有线电话网络。正如"过渡"一词所暗示的那样，IMTS 是测试和推广这一构想的第一阶段。

后来贝尔系统中肯定有人发现了产品名含有"过渡"一词，从营销角度来看实在是太逊了。在明知正式产品即将推出的情况下，谁会去购买一款过渡产品呢？于是，他们更名为"改进型移动电话系统"（Improved Mobile Telephone System）。这个更名其实无关紧要，因为这个系统本来就简称为IMTS。

***

我此行的目标是让摩托罗拉参与到 IMTS 项目中。我准备说服贝尔实验室的管理层，在双向无线通信和移动电话方面，没人比我们更专业。事实上，我已经准备了充分的理由去说服他们，如果 AT&T 要开发出一款成功的移动电话，那么我们两家的合作是必不可少的。

到了霍尔姆德尔，我把租来的车停在空荡荡的停车场。进入大厅，眼前是一个草木茂盛、绿意盎然的中庭，这与户外贫瘠的景色形成了鲜明的对比。接待员打了一个电话，几分钟后，罗杰·科米尔（Roger Cormier）到前台来迎接我。随着时间的

贝尔实验室霍尔姆德尔研究中心的气派玻璃外墙，由埃罗·萨里宁（Eero Saarinen）设计
[图片来源：埃兹拉·斯托勒／艾斯托（Ezra Stoller/Esto）]

推移，在以后的岁月里，我们渐渐成了同事、朋友，偶尔也是对手。当时的我雄心勃勃，是他那个新型移动电话系统的潜在合作者，但他毫不犹豫地提醒我，这是贝尔实验室的项目，得由贝尔实验室制定游戏规则。

说贝尔实验室的工程师都很机灵这一点儿也不为过，罗杰就是一个绝顶聪明的人。他才华横溢，注重细节，过目不忘。但他从不傲慢，始终是那么智慧却不自大，敏锐而不尖刻[1]。

到达贝尔实验室的第一天，我们乘电梯一直到了顶层，克劳德·戴维斯（Claude Davis）在那里等我们。克劳德是罗杰的老板，他的风度与罗杰的"书呆子"气正好相反（此处无意冒犯，我自己也是一个"书呆子"）。克劳德有一双淡蓝色的眼睛，衬得笑容更加和煦，加上与之匹配的幽默感和敏捷的动作，十分自信大方。

"这座大楼设计成一个研究设施，"克劳德陪我们去会议室，一路上介绍着，"办公室没有窗户，建筑的外围是过道，办公室空间不大，全都通向内部过道。普通的办公室只够放一张桌子和一把椅子，即使是像克劳德·香农这样的'大佬'也不例外。我们不会把时间和精力浪费在自我价值感上。"想象一下吧，像香农这样的"大佬"的办公室居然和低级工程师的办公室一样大，是不是很吃惊？换作在其他任何公司，他都应该有一间高管级别的豪华办公室。毕竟是他证明了奈奎斯特－香农定理（Nyquist–Shannon Theorem），我当年去摩托罗拉面试时，这个定理可把我难住了。

我们来到一个会议室，克劳德在那里详细阐述了贝尔实验室的 IMTS 计划。

他告诉我："IMTS 将是一个全新的移动电话系统，和以往的做法不同，我们不准备改进任何现有的移动设备。我们准备从零开始，做一个专用的系

---

1. 罗杰（Roger）打乒乓球时充分展现出他的个人品质，他的球技十分精湛。

统，计划是选择外部公司来设计和制造硬件，而不是让我们的兄弟公司西部电气做。这种操作比较罕见，至少对贝尔实验室来说并不常见。"

"我们愿意参与这个项目，"我说，并极力掩饰自己的迫切之情，"大部分现有的移动电话都是我们生产的。"当时的 MTS 系统不过是一个配备解码选择器的双向无线电台，再由接线员手动连接到电话网络。摩托罗拉可是双向无线通信行业的领导者。

这时候，一位年长者进来加入了我们的谈话。不同于克劳德衬衫袖子卷卷的随意风格，他穿着西装还打着领带。

"这是我的老板，金·爱德华·古尔德博士（Dr. King Edward Gould）。古尔德博士是实验室的总监。"刚开始我以为克劳德在开玩笑，毕竟没有人会自称是国王（注：英文中的 King 为国王之意）。

正如他的名字一样，金总监不失时机地表示摩托罗拉无足轻重。他说："我知道摩托罗拉在双向无线业务方面有专长，但 IMTS 是一种电话业务，这个系统的真正核心是监控单元。"

金总监提到的监控单元是一种电子设备，它可以自动连接电话线路，不再需要通过接线员人工操作。这个装置的功能与我在 1955 年发明的解码选择器有点相似，但要复杂得多。通过它，用用能像使用有线电话那样自动拨号和接听无线电话。

我震惊的是他强调了"电话"和"监控"。对于那些崇尚移动性和便携性的人，以及我和摩托罗拉的同事而言，他用的都是一些十分古老的有线电话术语，我们都认为无线是通信的未来。

他称："监控单元将是移动电话的大脑和逻辑中心。""IMTS 中的新功能就是这个监控逻辑。电台部分只是附带的，相对不重要。我们不能本末倒置。"

"我同意自动呼叫功能很重要，"我说，"不过我们的客户真正体验到的还是语音质量的好坏。"

"我要打断一下，"金总监轻蔑地说道，"你没必要告诉我摩托罗拉在双向无线市场的地位。这点我们都知道，但这对 IMTS 来说无关紧要。赛科公司（Secode）制造的监控单元才是我们系统的核心。当然，我们会升级赛科的设计以达到贝尔的标准。无线电台部分我们选择哪家供应商并不重要。"

我还想和金总监争论，克劳德轻轻地摇了摇头，阻止了我的冲动，争论的时机和对象都不恰当。我觉得金总监的话毫无道理，无论是从客户还是从最终用户的角度来看都不对。无线的性能对用户来说绝对是至关重要的，因为移动电话要通过无线电波打电话。无线网络在许多方面和有线网络完全不同，会更加棘手，不过摩托罗拉的工程师恰好擅长设计、制造无线网络。

从设备的角度考虑，他的说法同样毫无道理。增加一个监控单元意味着除了双向无线设备外，在汽车后备箱里还得再增加一个盒子。现有的 MTS 设备就已经重达 80 磅（1 磅 ≈ 453.6 克）了。在我看来，这么做简直就是愚蠢。而且，让两家不同的公司来生产这些盒子那就更愚蠢了，不仅价格高，还会搞得很复杂。这就像是要求两家公司共建一条隧道，还要它们在河底的同一个地点连通。

但是在 AT&T 和贝尔实验室，金总监"古尔德国王"的话就是愿景和目标。要让移动电话服务更像已有的有线电话系统（固定电话），就得在汽车后备箱中增加硬件设备。在贝尔系统"眼"中，任何新事物都是有线电话系统的附加物，所谓移动电话，也只是将这种附加装置延伸到了汽车的后备箱。对我和摩托罗拉来说，愿景和目标则是由一种完全不同的逻辑驱动的——那就是无线通信和它所蕴含的自由。

金总监离开后，克劳德告诉我，这事已经是板上钉钉了。摩托罗拉只能争取无线电台部分的业务，并与另一家公司合作开发第二个盒子。他本人会负责挑选无线电台生产商。他说，至于是否选择摩托罗拉，他会客观地做出决定，但 AT&T 的同事们对摩托罗拉并不满意，还暗示说我们并不是理想的合做伙伴。

AT&T 对摩托罗拉的不满源于一个监管问题，与这个项目并不相干。1956 年，美国司法部的一项反垄断法禁止贝尔系统（通过西方电气公司）生产除电话系统设备以外的任何产品。该法令还禁止 AT&T 涉足陆地移动（双向无线）和新兴的计算机行业。不过，这些对他们公司而言是小问题，总的来说，AT&T 对这项法令还是感到满意，因为它的垄断地位得以保留。

其实，3 年后联邦通信委员会（FCC）就解禁了，允许他们为私人线路（这些线路使用无线电波，而不是固定线路）建设和提供微波通信服务。当时的禁令只是一个很小的举动，却在以前没什么争议的领域引发了一场竞争。摩托罗拉大力支持了这项禁令，因为我们是除贝尔实验室之外最大的微波设备制造商[2]。我们向贝尔的竞争对手出售这些设备，这些竞争对手用微波设备取代有线电话，而有线电话一直是 AT&T 的独家业务。

摩托罗拉支持禁令这一举动让 AT&T 很不高兴，它们试图通过减少移动电话设备的订单来惩罚摩托罗拉。摩托罗拉曾一度为贝尔实验室生产了绝大部分的 MTS。由于挑战了 AT&T 的垄断行为，在我访问霍尔姆德尔实验室那段时间，摩托罗拉的移动电话销量已经几乎降低为零。虽然从收入上看，这对摩托罗拉来说并不是什么大损失，但贝尔系统垄断的冷酷无情是不言而喻了。

虽然金总监的态度让人失望，但克劳德许诺在挑选过程中会公平对待的

---

2. FCC 的这一小小举动推动了 MCI 公司的成立和发展，该公司后来成为首屈一指的电信公司。

话给了我些许安慰。现在已经有了一个不错的开端，我也相信他是公平的，只要他能做到公平，我就有把握使摩托罗拉参与 IMTS 项目。

跟他们道别后我回到停车场。我提醒自己贝尔实验室是史上最强、最高水准的通信研究机构，我的任务是说服贝尔管理层：他们对摩托罗拉实力的看法是完全错误的，在这个项目里我们是"本"，才不是"末"呢。嗯哼！

***

驱车离开时，我看着贝尔实验室的那幢玻璃建筑在后视镜中慢慢消失。这座大楼由埃罗设计，他的作品还有杜勒斯机场（Dulles Airport）和圣刘易斯拱门（the Gateway Arch），他的风格是"朴素而庄重"，作品都是"建筑的典范"。AT&T 当时也是企业界的典范。当年它正处于权力和影响力的鼎盛时期。虽然政府的法令要求 AT&T 从非电话业务中剥离出来，但它在电话行业的垄断依然存在，而且比以往任何时候都更为强大。现在，AT&T"又得到了政府的认可，似乎是坚不可摧的"。尽管我们两家公司互为竞争对手，但我和当时的许多工程师一样，崇拜它们的研究团队，我依然记得多年前曾经渴望能去贝尔实验室工作。

然而萨里宁的设计也暗示了另一个方面。覆盖了整个建筑外立面的玻璃幕墙，有点像审讯室里用的单向玻璃。我的一位摩托罗拉同事查克·林克（Chuck Lynk）后来说："任何和贝尔实验室打过交道的人都会觉得像在跟一只二极管交流。"也就是说，它像一个只朝一个方向传递电流的电子装置[3]。贝尔系统会向供应商、监管者和客户发布工作公告，直接告诉对方情况将会怎样，

---

3. 作者与查克·林克（Chuck Lynk）的访谈，2015 年 3 月 25 日。

丝毫不顾及消费者的需求，也不受竞争对手的影响。它们没意识到垄断地位是不可能永远保持下去的，它们渐渐变得过于自负了。

AT&T 后来被迫放弃并出售了位于霍尔姆德尔的资产。大楼依然很新，但是新主人认为毫无用处就将其拆除了。今天，只有晶体管状的水塔仍然屹立不倒。然而，与其他水塔不同的是，霍尔姆德尔的水塔没有在顶上架设蜂窝网天线。或许，这是对在那里曾经进行的工作的一种纪念。

***

回到位于芝加哥的摩托罗拉总部后，我汇报了这次会议的感受，提到了对方颇有敌意，以及面临的一些新障碍。约翰对贝尔实验室的垄断行径吐槽了一番，他支持我的观点，即我们必须调动所能调动的全部力量加入贝尔 IMTS 的开发。

几周后，AT&T 和我们联系约定日期，由克劳德率领贝尔实验室和西部电气公司组成的代表团拜访摩托罗拉。他们也将拜访我们的竞争对手，然后决定选择谁作为开发 IMTS 无线电话电台部分的合作伙伴。

尽管我们对 AT&T 及他们的傲慢姿态持保留意见，但是这项业务对摩托罗拉至关重要，因为 IMTS 的服务规模将超过现有的移动电话。虽然车载电话设备在摩托罗拉总收入中只占很小的份额，但如果被排除在这项合同之外，就很可能意味着未来会被排除在任何与 AT&T 的合作之外。无论喜欢与否（也无论 AT&T 是否喜欢我们），我们都必须参与 IMTS 项目。

至于在与贝尔代表团的会议上我们该披露多少信息，我和约翰、比尔·韦

斯 [4] 一起去找部门副总裁阿特·里斯（Art Reese），想听听他的建议。我们当然非常想得到这笔业务，不过并不打算放弃我们的专有技术。电信行业的竞争非常激烈，如果不严格保证自己的技术先进，我们就无法保持现有的地位，我们是双向无线设备最大的供应商。阿特是摩托罗拉的销售主管，当谈到长期以来与贝尔实验室的交手经历时，他激动得胡子都竖起来了。

"多年来我们一直是 AT&T 的眼中钉，"他说，"得到这笔生意的希望十分渺茫。但如果不使出浑身解数，我们就根本没有机会。所以，我们必须全力以赴。"

这是激发我们斗志的挑战。我仿佛听到了"冲锋！"的号角。

受到阿特的鼓舞，约翰和我联系了双向无线部门和我以前所在的应用研究部门的技术人员。我们征询了他们的想法。约翰的指示是向 AT&T 代表团演示我们的技术"绝活"，让他们难以拒绝。

我们详细分析了贝尔实验室的需求，摘录了独特的技术难题和潜在的问题，并针对每一个问题准备了解决方案。接着，我们又发现几个不同的技术难题还未能破解。例如，当时市场上大多数的无线对讲机仍然使用真空电子管器件。基于摩托罗拉正在进行的一些前沿性研究，我们提出了一种革命性的方案——用晶体管的 IMTS 电台；唯一需要用到真空管的是功率放大器。另外，IMTS 的无线部分必须是全双工的，即能够同时发射和接收信号。现有的 MTS 无线电话和摩托罗拉的无线对讲机都是半双工方式的——你发送信号时得先按下按钮，然后松开按钮才能听到对方说话。现在，我们得让新的车载移动电话不用按按钮就可以直接说话打断对方，这样用起来就更像普通电话了。

此外，还存在一些其他问题。我从弗兰克·帕罗斯基（Frank Pawlowski）

---

4. 1959 年，比尔·韦斯（Bill Weisz）是移动和便携式通信产品部门的经理。

这样的高手那里学到了不少无线接收器和发射器方面的知识，我知道，IMTS需要3个滤波器：第一个滤波器用来收集其他无线电台发射的信号，第二个滤波器用来防止发射机干扰其他设备，第三个滤波器用来防止IMTS发射器干扰自己的接收器。那为什么不把这3个滤波器的功能合并在一个装置中呢？我不知道怎么做，但我感觉这在技术上是可以实现的。果不其然，应用研究部门的一个小组在这方面交出了出色的成绩单，他们发明了后来被称为"三重选择器"的东西。这是一个带有谐振腔的铝制立方体，它能提供电台所需要的滤波选择性。为了减少来自汽车点火系统的干扰，摩托罗拉还开发了一种新的接收器技术，从而扩大接收器的通信范围，我们称之为"距离扩展器"。

我们这次演示的是先进的压电陶瓷滤波器、超稳定晶体振荡器和其他尚未投入商业使用的设备。应对方的要求，我们设计了一些解决技术问题所需的设备，也收集了用来支持预期性能的数据。其中部分设备和技术在当时还只是处于构思阶段，我们也没把握肯定能成功，但我们有信心，只要得到客户的认可，我们的团队就能把东西做出来。工程师们做出了可行性方案的核心部分，其中一些内容还只是基于我的个人设想。等我们把概念设计搞得像成品那样，然后呈现在贝尔实验室团队的面前时，我的设想似乎已然成为事实了。我们的工程解决方案非常简单而优雅。后来，正如我们所预料的那样，大多数解决方案都适用于贝尔系统，我们还开创了行业先河。

当时需要我们全力以赴做好这场演示，我们确实做到了。这个合同涵盖了很多尚未发明的新技术。

我对此胸有成竹，相信我们完全有能力解决难题，尽管研究人员自己或许还有点儿疑虑。在罗伊和查克的协助下，我选定了最合适的团队成员，由约翰负责把他们调入了我的团队。他们都是富有创意的专业人士，是能让贝尔实验室信服的理想人选。

几年后，在蜂窝系统的开发阶段，贝尔实验室的一位同行曾试图贬低摩托罗拉对无线电话开发所做的贡献。他说，移动电话的关键技术难点是计算机部分，而不是无线通信组件部分。然而，根据贝尔实验室自己制定的规范、IMTS 的研发经历都清楚表明，首先需要解决的几个问题全部围绕着无线通信组件。如果没有摩托罗拉在无线通信方面的贡献，AT&T 的无线电话项目根本不会取得成功。

***

AT&T 的这次到访也是摩托罗拉"约翰和马丁秀"的首场演出。我们刚开始也许有点发怵，不过做了充分准备后就信心满满了。约翰给我点拨了一些做技术演示的基本技巧，我对此饶有兴致[5]。技术演示是在约翰的"魔法桌"上操作的，他的桌子很特别，边缘是凸起的，这样一来，下面的观众就看不见桌面的物件了。我和他先讨论一个难以攻克的技术问题，然后，他会像魔术师一样，把手伸到桌子中央，拿出准备好的解决方案。尽管这些技术解决方案是我筹划的，但是身临现场，我依然觉得很奇妙。

我发现，做演示就是摩托罗拉内部项目的创建方式。任何一个项目都得立项才能获得所需要的研究资金，项目负责人必须去说服经理，让他觉得这个项目是值得承担风险的。摩托罗拉的经理们几乎全是工程师出身，他们大都精通技术演示的技巧。如果想要得到资助，工程师不仅要使项目有创意，还要使推广有新意。

---

5. 一位作家后来写道："马丁·库珀（Marty Cooper）和约翰·米切尔（John Mitchell）有时很像是在一唱一和。这两位工程师……在演示过程中互相提供能量。"

当然，工程解决方案也需要推销给潜在客户。这次来访的贝尔实验室团队是技术和制造业的专家，要说服他们仅仅靠卖弄演示技巧是远远不够的。站在约翰那张"魔法桌"旁，他和我为贝尔的专家们逐一详细解释各种技术难题（例如全双工问题），接着在魔法桌上揭晓答案。往往是前一分钟，一个技术难题还悬而未决；下一分钟，谜底就在他们眼前揭开。相比作秀，这种方式达到事半功倍的效果：让贝尔团队看到我们解决问题有独到之处。

我们成功了！贝尔实验室最终选择摩托罗拉来开发 IMTS 车载电话的无线部分。我感到欢欣鼓舞。但紧接着真正的困难来了：为了交付合同，我要再次组建团队，在摩托罗拉内部召集最合适的人员。

最终我组建了一支经验丰富的无线工程师团队，由我手下最精明的工程经理，绰号为"火焰（Burn）"的伯纳姆·凯斯特林（Burnham Casterline）带领。我们联系了公司内每个工程和研究小组，以充实团队的专业力量。我们的项目很有吸引力，每个人都想参与进来，因为 IMTS 的技术问题太有意思了，机会不能只留给工程部门的人。

作为一个部门经理，我还需要同时关注我的产品组合中的其他产品，但我总是忍不住想做我的工程师老本行。例如，我们的无线对讲机用户都有一二个常用频道，他们要用石英晶体将电台调谐到不同的频道上。如果石英晶体的频率发生了偏移，无线信号就会变得嘈杂甚至失效。在维修的时候，我们的售后部门会更换特定频道的石英晶体，帮客户调到所需的频道上。

但是，IMTS 无线车载电话的工作方式与上述过程不太一样。当用户拿起话筒时，电话会先搜索可以进行通话的频道，这时不需要用石英晶体来手动调谐频道，而是用了一种昂贵的频道选择组件，里面装有石英晶体和调谐电路。一部 IMTS 电话有 11 个频道组件，每一个频道组件都必须设置到一个精确的频率点上，平时只需偶尔调整即可。如果频道组件偏离了固定的频率点，电话就会停止工作。

此外，调整频道组件所需的测试设备十分精密，它的成本高达数千美元，需要由熟练的技术人员操作。在我看来，这是 IMTS 的一个严重缺陷，它可能会影响产品最终的商用推广。我们不能指望每一家服务店都购买这种测试设备，并培训专门的技术人员来操作。总之，我觉得这是产品的硬伤，是一个大问题。

那段时间我经常与人拼车上班。大多数人会预先排好每天的开车计划，不过，我们这些工程师很特立独行，往往没有固定的计划，通常要到晚上才决定第二天早上由谁开车。在一次搭乘车去上班的路上，我一边闲聊一边神游，突然想到了一个简单而廉价的方法，可以精确地调整频道组件将 IMTS 的无线电台调谐到所需要的频道上。我把这个发明命名为 IMTS 校准器。它可以由普通的服务人员操作，调整频道组件时只需要一边听着音频的音调，一边看着闪烁的指示灯即可。指示灯闪烁的速度会慢慢减缓，一旦停止闪烁，通道组件就校准了。IMTS 校准器的优点是价格便宜，各地的服务部门都能负担得起。于是我申请了这个设备的专利，并指派工程师去设计。既没有任何计划会议，又无须经过市场讨论，我们就将它引入了产品线。

不过，IMTS 的终极难题还未克服：监控单元，也就是金总监无比关注的那个东西，它在 IMTS 中的功能是使无线电话能像有线电话那样工作。监控单元的开发合同给了赛科公司。金总监曾把监控单位比作"狗"，而我们的无线部分则只是它的"尾巴"。我已经暗下决心，摩托罗拉有能力而且应该能制造出整条"狗"，让赛科退出吧。

随着 IMTS 电台的机械设计逐渐成形，我们的下一个目标是将监控单元与无线电台部分安装到同一个盒子里。我知道摩托罗拉必须自己设计和制造一个单元。汽车后备箱的空间本来就有限，还要塞两家公司产的两个盒子，实在毫无意义。现有的 IMTS 设备体积庞大，而且非常耗电，以至于每次使用这个系统打电话时，汽车的前照灯都会变暗。这种情况不能再继续下去了。

我设想中的监控单元的电路是这样的：把一块电路板做成可折叠的，如同一本书那般大小，就能完美装入现有的电台外壳。这次，我又走运了。虽然为 IMTS 电台设计底座的工程师并不知道监控单元会是什么样子，但他们不经意间留下了刚好容纳监控单元的空间。

赛科公司的监控单元采用多种机械部件。摩托罗拉那时用晶体管制造 IMTS 的无线部分，已经摆脱了对机械部件的依赖。由一个技术先进的晶体管电台和一个过时的监控单元构成系统是多么不合逻辑。监控单元如果也采用晶体管而不使用机械部件，那它的可靠性将会大大提高。在这点上我和迪克·阿德洛赫（Dick Adlhoch）颇有共鸣。迪克是一名才华横溢的年轻工程师，和我一样，他也是电子电路工程师，是摩托罗拉的射频团队中不可多得的人才。

"迪克，我们要设计一个数字接口连接到 IMTS 无线电台，它能控制所有的信号和频道选择。"我说。

他回答说："你说我们，我想你的意思是要我来做，我是你的人。"

"对，不过还有一些其他事情。你知道晶体管的售价超过 2 美元。我们的竞争对手是廉价的继电器。所以，你得巧妙设计，把晶体管的数量控制在 100 个以内。"

第二天，迪克研究了规格后回来找我："可以实现，不过，我至少需要 120 个晶体管和若干个继电器。"

"我们谈谈吧，"我说，"用 109 个晶体管和 1 个继电器怎么样，如果你去掉了这个继电器，我给你额外的奖金。"

1 个月后，我们的设计出来了，只用了 99 个晶体管，而且完全不用继电器。摩托罗拉的 IMTS 把整个无线电台部分和监控单元放进了一个金属箱中，取代了赛科公司的产品，它们后来只卖出了为数较少的监控单元。贝尔实验室向赛科公司支付了 IMTS 的初步设计费，但它们把监控单元做成独立式，而且还是机械式的，这个设计完全不符合客户和用户的需要。

不过，关于 IMTS 无线电话，并非我所有的新点子都被采纳了。举个例子，尽管摩托罗拉能通过使用晶体管把监控单元数字化，但另一个关键部件——功率放大器——仍然需要依赖真空电子管。电话的输出功率是由放大器产生的。在 1962 年，用半导体器件产生贝尔实验室规定的 20W 输出功率还不现实。我们的真空管供应商 Amperx 提出愿意为 IMTS 无线电话设计一种特殊的新管子。听说有大公司愿意专门为我的无线电台设计一款独特的器件，这感觉简直太棒了。我很自豪地向约翰的老板鲍勃（Bob Peth）提起这件事。

他对此不以为然："我们的电子管功率放大器在无线对讲机中用了很多年，十分可靠，为什么还要冒险换新的设计呢？"

"鲍勃，这我知道。但旧管子的设计远远超过了我们的要求。它的输出功率超过 80W——是我们现在所需要的输出功率的 4 倍。"

"你的话是没错，但这只旧管子的性能非常可靠，这你我都很清楚，它在你的电台里可以轻松运作。当然，成本会高一些，但我们避免了风险，毕竟以后更换故障单元也是要成本的。"

虽然对使用旧的器件感到沮丧，但我被鲍勃的逻辑说服，接受了他的建议。10 年后，我查看摩托罗拉售后部门的记录，没有发现任何一只旧真空管在使用中出现故障。由于有足够的冗余和过硬的设计技术，它们非常可靠。今天，很多乡村地区仍在使用IMTS无线电话，它们已经用了60年了，一切运行正常。

这是一条十分有益的经验：工程师做得最糟糕的事情就是仅仅为了技术而改变技术。技术革新应该要有意义，要能改善用户的使用功能。

IMTS无线电话当年获得了巨大的成功。现在，汽车电话就像家用或办公电话一样普遍。当年在大城市里，IMTS通信频道迅速被填满，想要入网的等候用户名单也不断增加。几十万部摩托罗拉无线电话被卖给贝尔运营公司和独立公共无线运营商（Radio Common Carriers，RCC）（贝尔系统最初将IMTS的用户限制在4万户）。1960年，一部无线电话的价格是2000美元（相当于今天的1.7万美元），我的团队有幸参与了此业务的发展。若干年后，这项业务发展成了一个价值数十亿美元的巨大产业。后来，我被提升为移动产品部门的总工程师，部分原因就是我成功地帮助摩托罗拉获得了IMTS业务。

***

摩托罗拉和霍尔姆德尔的贝尔实验室两家公司员工之间的交往日渐密切，各自不断发现对方身上的优点而变得惺惺相惜。由于摩托罗拉人员频繁地拜访贝尔实验室，因此我们经常一起出入员工餐厅。贝尔的工程师们也常常不回家吃晚饭，而是吃自己带的披萨。

金总监甚至都加入其中了。在一次午餐时，他说："马丁，你简直是高血压的化身，大多数人认为高血压就是血压过高，这不对——它其实是随时会爆炸的、流动着的能量。"

对此我不同意。摩托罗拉公司里到处有积极进取的人，比如我的导师比尔和约翰，还有后来的乔治·费舍尔（George Fisher）。并不是我们血压爆棚，只是其他人慢得像蜗牛爬。

就是那次去贝尔拜访时，我与罗杰，还有他的同事们待了一天，然后在日落时分开车回酒店。开着开着我又心不在焉了，突然发现自己胡乱开进了一个居民区，并且完全迷路了，是后面那辆车闪烁的灯光把我带回了真实世界。我定睛一看，居然是罗杰！他知道我健忘，怕我拐错弯开进贝尔实验室周围新社区里的死胡同，于是一路跟在我后面。

"你玩围棋吗？"罗杰摇下车窗问我。"我不会。"我答道。我只知道围棋是一种主要在东亚地区玩的游戏，看起来就像棋盘上白色的 M&M 牌巧克力糖。"如果你觉得我能玩，我倒愿意学一学。"我跟着他来到了与我们一起工作的另一位工程师家里。

虽然两位热心的教练不断鼓励，但围棋对我来说始终是个谜，直到今天仍然如此。但我据此成功打入了贝尔实验室那群"书呆子"的圈子。后来当AT&T 有新业务时，这些关系对我们是大有裨益的。

这一次的业务是固定无线基站，用以补充我们已经建立的车载移动电话。这也是摩托罗拉非常熟悉的一项技术，不过基站产品线不属于我所在的部门。克劳德第二天打电话过来，"马丁，你们拿下车载移动电话合同是你们应得的，但要让 AT&T 管理层买账不容易。我得说服他们，除了摩托罗拉以外没有其他人合格。他们已经基本同意给你们合同，不过前提条件是我必须把 IMTS 基站给其他公司。"这个"其他公司"指的是通用电气公司（General Electric），它是摩托罗拉的主要竞争对手。

我说："克劳德，很感激你的提醒。"我得知了这个情况，但并不打算就此接受。通用电气公司是我们的竞争对手，如果通用电气公司得到这块业务，它会从与贝尔实验室的合作中获益匪浅，做大做强。我们必须打败通用电气公司。此外，这也事关我们的荣誉。

我的决定意味着摩托罗拉在下一次的产品演示中必须做到至善至美。我需要找到一些新的技术亮点来打动贝尔实验室那些电信界最聪明的工程师。

产品演示还是同一批参与者，魔术师的桌子也在那里摆好了，这次我们构想出了全新的技术演示方案。这项技术的核心是针对贝尔实验室所提出的最严格的技术指标，即所谓的"终极放大器线性度"。罗伊研究部门的一位工程师想出了一种新颖的方法来改善高功率放大器的性能。高功率放大器用于从基站向天线输送功率。这个方法在理论上是可行的，但它从未真正地得以实现和验证。这个概念很精妙，如果解释得当，会让工程师们回味无穷。在贝尔实验室来访前的几周，已经有研究人员做了一个实验来证明超线性功率放大器的原理。它可能最终并不实用，我也不知道它后来有没有被实现，但那都无关紧要，重要的是摩托罗拉了解这项技术，并证明了我们有能力用创造性的方法来解决现实问题。

这一次，我们又一次以精湛的工程能力和出色的演示技巧获得了成功。克劳德告诉 AT&T 的管理层，摩托罗拉是唯一有资格履行基站合同的公司。（我非常尊崇克劳德那种超越政治、理性处理事务的能力，他不会让个人情绪影响技术决策，这也是几年后我说服他加入摩托罗拉的原因之一。我给他的薪水比我自己的还高。我的上司们对此大为震惊，但

AT&T 贝尔实验室的克劳德·戴维斯，照片摄于克劳德加入摩托罗拉后
（图片来源：摩托罗拉公司档案馆馆藏，经许可转载）

他们还是支持了我。后来，克劳德在摩托罗拉的事业也非常成功。）

我们成功地向贝尔实验室和 AT&T 推销了自己的才能，最终赢得了新的
IMTS 车载移动电话和基站的开发合同。现在到了产出结果的时候了。时间表
非常紧，而且贝尔实验室在严格执行自己的规范方面是毫不妥协的。签订合
同后的第二年，即 1963 年，我们遭遇了一系列的危机，经历了每周工作 7 天
和无数个不眠之夜。这个最初只是贝尔实验室的车载移动电话和基站开发项
目，现在已变得异常复杂。

贝尔实验室拥有无限的资源和极高的标准，与他们打交道有时并不容易。
有一次，贝尔实验室的罗杰来我们的实验室里找我（他现在和我们在一起的
时间比在自己公司还多），他说，"我觉得你们推荐用在基站柜子上的油漆不
符合我们的规格"。

"罗杰，我知道你对这个规格很在意，"我告诉他，"所以我亲自和机柜制
造商沟通过。"柜子供应商的工程师们曾向我展示，样品的涂料黏附力是通过
专门的仪器检测的。仪器上有一个经过校准的圆锥体，样品则弯起来包裹着
圆锥体。与规格不相符的是，油漆总是在圆锥体的小端裂开。

"机器总不会错吧。"我说。

"事实上，机器是会出错的，"他反驳道，"我与发明这台机器的工程师谈
过。他说，你们没有达到规定的要求，肯定是仪器使用不当。"争论就此结束，
我们后来也解决了油漆的问题。

与贝尔实验室合作的同时，摩托罗拉也不能忘了自己还有公共无线运营
商客户，即那些非贝尔系统的无线电话服务商。这些独立企业与贝尔系统竞
争，为公众提供电信服务。它们实际上是由 FCC 创建的，目的是防止 AT&T
在初期的移动电话业务中一家独大。当 1949 年贝尔实验室首次为车载移动电

话服务向 FCC 申请频谱资源时，AT&T 得到一半的频谱，FCC 将剩下的另一半频谱授予了后来成为无线电公共载波方面（RCCs）的几家运营商。当时没人意识到，RCCs 其实是"由 FCC 创造的贝尔系统的第一个竞争对手"。

到 20 世纪 60 年代初，全世界共有数百家这样的运营商，它们是摩托罗拉的重要客户。贝尔实验室 IMTS 项目要到 1964 年才能完成，而我则想早点把车载无线电话提供给这些运营商。因此，摩托罗拉不仅需要提供车载移动电话和监控单元，还需要提供能安装在汽车仪表板旁的控制单元和电话听筒。这意味着我们需要制造或购买由赛科公司与凯洛格总机供应公司（Kellogg Switchboard and Supply Company）开发的产品。

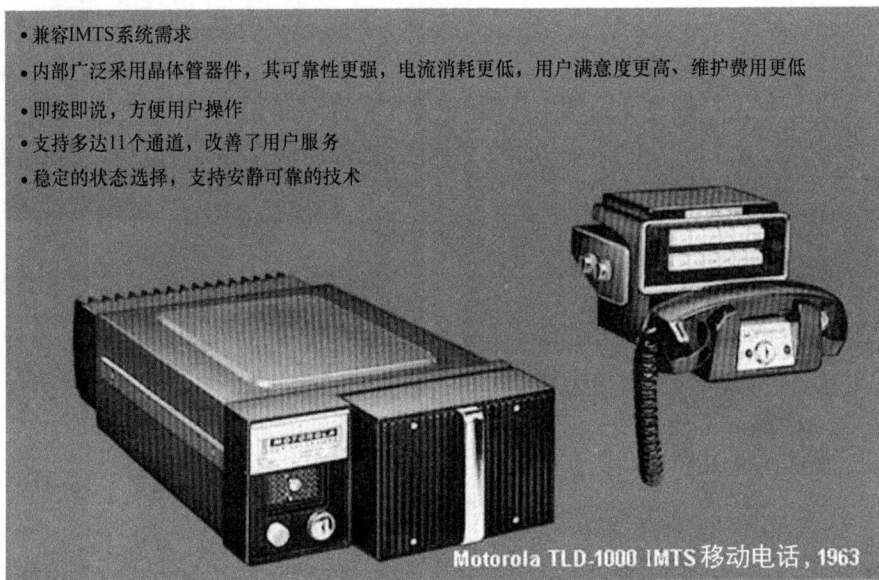

- 兼容IMTS系统需求
- 内部广泛采用晶体管器件，其可靠性更强，电流消耗更低，用户满意度更高、维护费用更低
- 即按即说，方便用户操作
- 支持多达11个通道，改善了用户服务
- 稳定的状态选择，支持安静可靠的技术

Motorola TLD-1000 IMTS 移动电话，1963

首部摩托罗拉 IMTS 无线电话，生产并销售给非贝尔系统的公司，控制单元（电话听筒和底座）由摩托罗拉设计（图片来源：摩托罗拉公司档案馆馆藏，经许可转载）

我们派出工程师和营销人员组成的团队参观凯洛格公司，让他们在为贝尔实验室制造的设备上做一个特殊改版。虽然是贝尔实验室建立了这个系统，但这个系统不能就此垄断所有设备，而且从它们的角度来看，也希望更多其他公

司参与进来制造设备，并连接到它们的系统 [就像今天的苹果平台开放应用程序
（App）的工作方式]。控制单元，以前又称为电话仪，是客户唯一看得到的设
备部分。贝尔系统的最终用户所使用的控制单元由德雷福斯公司（Dreyfus Asso-
ciates）设计，它是一家颇负盛名的设计公司，客户包括通用电气公司、美国无线公
司（RCA）和许多其他大公司。当然，它会印有贝尔实验室的标志。克劳德曾给
我看过了德雷福斯设计的照片，我对此很不感兴趣，它太大、太圆、太老套了。

负责设计摩托罗拉控制单元的
是加里·卡纳特（Gary Cannalte），
他是一位聪明的工程师，虽然学历
不是很高，但比我们许多受过传统
教育的工程师都灵光。在工业设计
团队的支持下，他策划出了一个漂
亮的单元款式，比德雷福斯设计的
贝尔版更新潮、更实用。

带有按钮、拨号转盘和电话听筒的 IMTS 控制单元
（图片来源：摩托罗拉公司档案馆馆藏，经许可转载）

后来，贝尔实验室又再次选择摩托罗拉将 IMTS 车载无线电话扩展到
新的 450MHz 频率。摩托罗拉的 C&E 部门，即通信部门的销售部，专门为
IMTS 成立了销售团队。市场反应好得超出了我们的想象，无论手动版还是自
动版的摩托罗拉 IMTS 车载无线电话，全都销售火爆。非贝尔系统的 RCC 运
营商疯狂地部署它们。18 个月以后贝尔系统的版本才上市。早些年，摩托罗
拉的市场份额最高时曾接近 99%。

***

到 1965 年，我已在移动产品部门工作了 7 个年头，先是担任助理总工，

后来是总工程师。IMTS 项目是我的团队所做的最重要的业绩，除此之外，我们还推出了第一个基于无线电的红绿灯系统，该系统通过无线信号来切换交通灯模式。我们需要在铸铁做的交通灯箱旁边另放一个盒子。系统的接收器是由弗兰克·帕沃洛夫斯基设计的。我们的盒子采用的是钣金件，价格比较便宜。在一次耐久性演示中，我们有一位销售人员想要证明钣金件和铸铁件一样坚固，结果在铸铁门上磕断了脚趾。我们的技术虽然牢靠，但那次演示有点太夸张了。

记得担任助理总工程师的时候，我去帮自己的团队安装第一批交通控制设备。专业安装人员应该会用到特殊的起重机，而我们只从五金店买了一架梯子，放在交通控制箱上。就这样，我们把设备搭装在已有的交通灯系统旁边的红绿灯杆上！虽然没有出什么意外，不过我有几次险些从梯子上跌下来。华盛顿特区和底特律曾部署过这个交通控制系统。

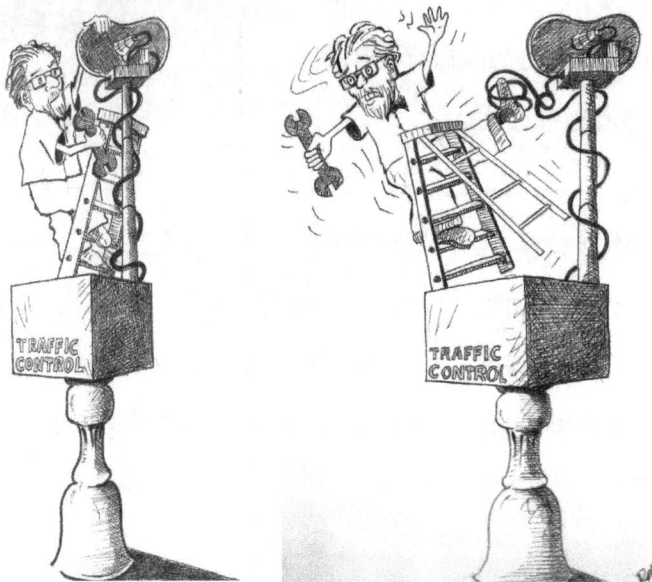

这张卡通画展示了我在安装无线交通控制系统，还有摔跤的样子

IMTS 车载无线电话的开发是我职业生涯中的关键一步：面对如此复杂的

产品，要管理从构思到生产的整个流程，为我树立了极大的自信。IMTS 也是后来和贝尔系统做斗争的第一次小试身手。

贝尔实验室开发的最后一个 IMTS 项目是在 20 世纪 60 年代末，用于纽约市和华盛顿特区之间 225 英里新开通的地铁列车上。这个系统的独特性在于当列车运行超出基站范围时，电话会自动从一个系统换到另一个系统——即"切换"。某一天，克劳德打电话给我。

"马丁，我们把合同给了通用电气公司，"他直截了当地说，"车上只需要数量不多的几部 IMTS 无线电话，它们的工作频段也和以前不一样，所以这个项目对你的团队而言是浪费时间。另外，我也厌烦了每次给摩托罗拉合同时都得与 AT&T 的管理层力争一番。"

对于通用电气公司拿下了城轨列车公司的合同，我们没有感到很难受。合同的总金额和电话数量都小得微不足道。更重要的是，我们的兴趣所在是真正的便携式移动电话，车载电话包括火车上的无线电话已经过时。凭借其"切换"功能，城轨列车系统被贝尔实验室的顽固派吹捧为第一个真的蜂窝系统。

然而，真正的蜂窝网通信的发展才进行了一半，此时它掌握在执法部门手中，不在列车上。由摩托罗拉构思、设计和制造的便携式无线系统正在芝加哥警察局内部使用——相比装在列车上重达 40 磅的汽车电话，警察局系统的技术更接近现代的蜂窝电话。

第4章

从失败者到引领者：
石英晶体

04

我经手的事不是每件都像 IMTS 项目那样顺风顺水。在享受 IMTS 成功带来的喜悦的同时，我也碰到了一个极其烧钱又令我沮丧的问题——石英。

记得是 1961 年春天，比尔觉得通信部门里双向无线业务存在的问题比较突出，于是就派我去调查。那时候，比尔已经是通信产品部门的副总裁，他与主要客户之间建立了非常融洽的关系，很引以为豪。客户们知道比尔很在意摩托罗拉技术方面的声誉，而且他处事客观、善于倾听。

问题是这样的：比尔最近听到有客户在抱怨无线对讲机的性能有所下降，通话的噪声比以前大了很多，技术人员上门修理的次数大大增加了。我们的现场技术人员的反馈是，对讲机中的晶体振荡器工作不正常。

先解释一下背景知识吧。当你在家里或车上收听广播电台时，你会调到该电台所对应的无线频率上。在 20 世纪 60 年代，你需要转动收音机上的一个旋钮，把定位指针移到某个数字上，这些数字代表着电台的频率。例如，芝加哥的 WGN 电台使用 720kHZ 的频率。如果你的指针稍微偏离频率，电台的音量就会减小；你偏离得越远，声音就会变得越嘈杂，直到完全消失。现代收音机会以数字方式搜索广播电台，然后精确锁定到想要的那个电台频率上。

而我们的对讲机比收音机需要更精确的调谐。对讲机使用的频率非常拥挤，用旋钮的方式是不切实际的，旋钮只要稍微转动一点儿，你就会越过很多频道。因此，我们通常使用一种叫"石英晶体振荡器"的装置来实现调谐。理论上，该装置能以电子方式精确锁定所要通话的电台的频率点。石英晶体（又称为谐振器）是石英晶体振荡器的核心，它被设置成在某一固有频率下做精确振动。如果由于某种原因石英晶体偏离了它的固有频率，那么信号会丢失，用户通信就会中断。

我们产品里的大部分石英晶体是在奥古斯塔大道（Augusta Boulevard）工厂的流水线上生产的，我的工程部门就设在那里。比尔让我评估一下我们的水晶生产设备的性能。他想知道，问题是出在质量控制上，还是晶体设计上。

对石英晶体稳定性进行测试并不复杂。我们从生产线上取了一组晶体样品，把它们加热到远高于正常的工作温度，持续加热 1 个月。这对晶体而言相当于在常温下使用了很多年。然后我们测量晶体的频率，观察它在测试期间是否发生变化。质量合乎要求的晶体的振荡频率是不会改变的。

在检查了测试数据后，我的结论是晶体没有问题，因为我们的晶体质量在过去几年的检测中都是稳定的。但后来的事实证明我大错特错了。石英问题其实已经存在好几年了，产品的质量在慢慢地下滑，我们只是没有注意到而已。

石英可以说是地球上最丰富的物质了。多年来，它既在技术上被广泛应用，又给人们的精神生活平添了些许神秘性。我对石英的神秘性这方面没有发言权，但从技术上讲，它确实是一种非常神奇的材料。

石英具有压电、铁电、三极发光等特性，同时它也具有很好的韧性。通常在自然中存在的石英外观还很奇丽。使石英具有技术价值的两个特征是它的韧性和压电性。

如果把一小块石英片折弯而不弄断，你会发现两件有趣的事情。第一，它能恢复到原来的形状，而且复原效果很好；与大多数其他物质不同，它几乎不产生任何热量，所以我们说石英几乎具有完美韧性。第二，折弯石英这个动作可以在其表面产生电压。或者，如果向石英棒施加电压，石英棒就会弯曲。这种特性叫作压电性。

这两个特性使得石英片可以被制成小音叉，音叉能以非常精确的频率连续振动。这些石英晶体振荡器（约一粒大米大小）是大多数计算机、手机和电子手表的心脏。

在无线对讲机里，发射机和远程接收机中的石英晶体振荡器以完全相同的频率工作，这样接收机只需检测对应发射机所发出的信号，而不用检测其他信号。如果一个振荡器偏离对方的频率，那么接收到的信号就会减弱，如果偏差足够大，信号就会消失，导致客户体验感很差或者对讲机根本无法工作。

我们现在面临的问题是什么？石英晶体外面有密封的金属外壳，以保护它们不受环境影响。检测结果显示，晶体外壳的密封性并不完全可靠——渗入的氧气和水蒸气会损坏晶体和电极。随着时间的推移，这就改变了石英晶体的固有振荡频率，最终破坏了它的通信特性，结果就是顾客纷纷抱怨噪声干扰大。我们最初的测试只检查了晶体本身，而没有检查它的外壳，所以没有发现问题的根本。

正是这么一点点偏差损害了双向无线对讲机的性能。这些年来，客户投诉量一直在增加。然而，一直等到这些抱怨声传到比尔的耳朵里，然后他派我去调查整体情况，我们才把问题搞清楚。在这之前，整个摩托罗拉没有一个人去发现问题，找出原因所在。这个问题的后果很严重：电台性能的恶化给我们的客户带来了无尽的麻烦。因此，我们公司斥巨资去回应投诉，调整频率，更换晶体。更糟糕的是，竞争对手们比我们做得好。如果我们放任不管，摩托罗拉将会面临财务危机。

我立即采取措施以减小损害。我们在晶体周围的纯氮中加入一些氦，然后用一种叫作质谱仪的装置来探测金属壳的外部，以确定是否存在泄漏问题。事实上，我们检测的外壳中有相当大的比例有泄漏，还有相当大的比例在密封之前就已经被污染了。

　　我们都仅仅关注了技术设计问题，犯了工程上的短视错误，这是违背摩托罗拉的基本管理原则的。公司的理念是始终从客户的角度出发对待产品或服务。仅仅某个部件的技术性能测试合格与整个产品一切正常的结论，两者不能画上等号。站在客户的角度看问题，意味着倾听客户的意见，拓宽自己的视野，将客户的意见纳入其中。

　　在摩托罗拉，了解客户体验，并在问题发生之前替客户预测问题是我们应有的基本素质。从科研岗位转到产品开发岗位的几周以后，我才真正开始领会这一核心原则。由于无线对讲机是摩托罗拉主要的盈利产品，因此产品团队领导层的每个成员都在自己的车上安装了一台对讲机。我亲自安装了自己的那台。我们客户团队的安装人员是最先打开产品包装箱的人，如果安装不完美，那么用户马上就会知道而且抱怨。每天，我在开车上下班的路上都会跟安装人员交流，有时也和移动运营商沟通，留意是否有声音质量问题，是否设计不当或某款车型存在共性问题。我们也会试驾新的车型并试用各种功能。所有经理，甚至包括部门主管都在做各种测试。

　　我们需要不断探索新的功能或回应客户投诉，工程师和管理层每天都这样在工程现场进行测试。我们的目标是设身处地为顾客着想，了解客户工作的独特性并预测他们的需求。生产过程也是如此，我了解自己的产品生产线上的每一位工头，还认识生产线上的许多工人。

　　为了解决石英晶体的质量问题，我必须回到为客户服务的基本原则上。

　　长远的解决方法是对石英晶体制造工艺进行彻底改造。我们建了一个"无尘室"，与工厂其他部门完全隔绝。无尘室用空气加压，空气要经过所谓的绝对过滤器的清洁，从而避免潮湿或受污染的空气进到里面，湿度也降到最低。最重要的是，制造晶体的关键工序完全独立，甚至与无尘室里的工作人员也是隔开的。我们还造出了可以直接焊接的金属壳，而不是用焊料来密封晶体外壳。

实施这个方案的费用非常高，但最终我们在客户满意度和保修方面节省了大量资金。在18个月的时间里，摩托罗拉的晶体从质量垫底变成了业界翘楚。曾经，我们负责质量和交货的工程师、生产线员工因客户频繁投诉和生产线的大检修而士气低落，现在，随着行业领先的无尘室投入使用和产品质量的大幅提升，他们感到无比自豪，充满了干劲。

一般的企业在遇到类似的问题时，最初往往会想通过"危机公关"去控制外界的影响，然后用"创可贴"式修修补补的方式解决问题。这种先做短期修复而把（更昂贵的）长期修复留到以后，貌似是省钱的做法，但其实只会把"坑"挖得更深。比尔让我仔细调查的时候面对的就是这种状况。他知道我们必须尽快解决更深层次的问题。

跨过危机，摩托罗拉变得更强大。

在改进了生产工艺后，我们着手准备用可靠的优质原材料来人工制造石英晶体谐振器。这些装置是由纯石英制成的，虽然在天然矿藏中找到合适的石英并不是不可能，但是要找到纯净的石英块很难，开采所需的劳动力也变得越来越昂贵。替代方法是人工模拟天然石英的生成过程。这种"人工培养"的石英是在高压釜中生产的，这个装置类似于一个大的枪管，高压釜里的架子上挂着一些长得像长牙签的天然石英片。

生成过程是这样的：首先将小块的天然石英种子装入高压釜的底部，将其注满水，密封、加压并升温[1]，以重现产生天然石英的环境。然后，石英分子会沉积在种子上，再经过2～3个月的时间，它们的大小会变为原来的几倍。

---

1. 约为350℃，1000个标准大气压（15 000psi）。

据估计，天然石英每年大约生长一层分子；要形成石英棒需要约 100 万年的时间。我们在宾夕法尼亚州卡莱尔市（Carlisle，Pennsylvania）找到一位企业家，他能制造少量的人工石英，于是我们买下了他的公司，雇用了这位企业家，并将产能翻了几番。

一簇天然石英
（图片来源：Wikimedia Commons）

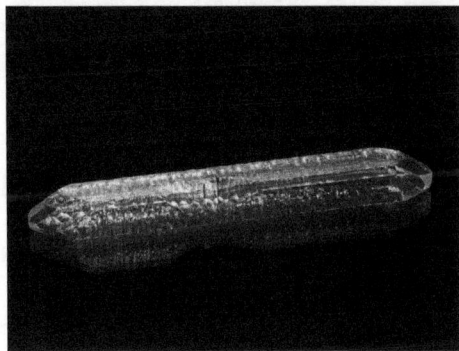

人工石英
（图片来源：Wikimedia Commons）

正是由于有了这些投入——有时甚至是痛苦的投入，才使摩托罗拉成为全球领先的石英晶体材料供应商之一。

第 5 章

从移动性到便携性

05

1960 年，芝加哥警察局深陷信任危机。那年的 1 月，Summerdale 丑闻（警察成为夜盗）曝光了。某个"唠叨的窃贼"（Babbling Burglar）搞得全城皆知——8 名本市警察密谋经营 1 个盗窃团伙。《芝加哥论坛报》（*Chicago Tribune*）后来写道，这起丑闻暴露出的腐败程度"甚至连芝加哥这样的城市都不能容忍"，必须用"新的扫帚彻底打扫卫生"。在这样的背景下，市长理查德·戴利（Richard J.Daley）请来了一位新的警察局局长。

戴利的人选非同寻常，很有启发性：威尔逊（O.W.Wilson）是加州大学伯克利分校犯罪学学院的院长。他最初只是协助戴利市长物色新局长，结果他自己成了新局长的人选。威尔逊是一个瘦削、精干、说话温和的警察，他从一名巡警开始自己的警察职业生涯，一路攀升，25 岁时就已经晋升为警长。在转去学术界之前，他一直是改革者，他在堪萨斯州威奇托市（Wichita, Kansas）清理了一个非法走私的烂摊子，在禁酒期间当地有两名警察局局长被赶下台，为此他声名大振。

作为芝加哥警督（原来的职位名称是局长），威尔逊很快做出了一系列决策。当务之急是升级警察的装备。芝加哥是美国第二大城市，威尔逊希望他的巡警们能开着警车每天巡逻上百次，每次巡逻可以到达城里的任何地点，警察巡逻的同时要与总部的通信中心随时保持联系。这个通信中心是警督走马上任后的新动作，备受众人关注。

到 1965 年，也就是他上任 5 年后，威尔逊改变了看法。警车巡逻虽然有助于警察扩大巡逻范围，并与总部保持联系，但巡逻人员与他们所服务的人口稠密社区隔离开了。他想要让警官们重新在街上步行巡逻，同时还能与通信中心保持联系。为了解决这个问题，他向摩托罗拉求助。

他告诉我们："我们让警察坐在车里，但是现在他们与市民失去了直接联系。有没有办法可以让警察在大街上步行巡逻，需要联系中心调度员和呼叫支援时又不用回到车上？"

威尔逊需要的是一种既能在警察巡逻时使用，又能在警车上使用的便携式手持双向对讲机，当时还没有这样的设备。我们有信心接受芝加哥警察局（CPD）的挑战，我们的底气很大程度上是因为有寻呼机方面的丰富经验。

***

人们普遍认为寻呼机技术是由阿尔·格罗斯（Al Gross）在 1922 年发明的，但显然他没对自己的发明做太多推广。20 世纪 50 年代初，发明家理查德·弗洛拉克（Richard Florac）推出了一种原始的寻呼系统：系统中每个用户被分配一个 3 位数的号码，并携带 1 个接收器，他们会不时地听到接收器的声音；接线员会口头重复播报一系列数字。如果用户听到自己的号码被播报了，就去路上找公用电话，打电话给接线员，由接线员告知需要给谁回电。

20 世纪 50 年代中期，在比尔的领导下，摩托罗拉公司开发了一种低频率寻呼机（许多人称之为 BP 机），这种寻呼机的信号不是通过无线广播接收，而是从环绕寻呼机使用的大楼周围的一条长导线上感应而来的[1]。寻呼机必须离导线很近才能收到呼叫。这种方法的优点是不需要获得无线频率的许可证，因为来自有线环路的信号传播距离很短。我们的首批客户之一是纽约市的西奈山医院（Mount Sinai Hospital）。我们给医生和护士配备了寻呼机，这样当他们在医院里走动时就可以随时被联系到了。

当病人急需医生救治时，也许相差几分钟时间都可能造成天人两隔。但是，如果要求医生时刻陪同高危患者，则对医生和医院来说都是既昂贵又沉

---

1. 唐·琼斯（Don Jones）于 1960 年获得该寻呼机的专利，后来他成为公司的首席财务官。

重的负担。寻呼机的出现有助于增加医生行动的自由，同时又便于挽救病人的生命。

当接线员呼叫某人时，寻呼机就会发出哔哔的声音，然后医生或护士可以用医院的电话系统打给接线员，听接线员口头传递的信息。但只有在使用者和寻呼机都在医院大楼内并且离感应导线很近的情况下，寻呼机才能工作。

这个概念很简单，但运行起来很麻烦。寻呼机同时采用了晶体管和微型真空管器件。当时的晶体管仍处于早期开发阶段，性能不佳。传统的真空管太耗电，而电池的供电能力也很勉强，甚至用在收音机、电视机等固定家电上都不可靠，更何况是便携式设备，比如无线寻呼机，有可能会掉到地上或者出现其他意外状况，这使得电子管器件就更加无法承受了。对此，我们的团队采用了新设计的功耗更低的超小型真空管作为寻呼机的电子心脏。工程师们前期并没有使用这些超小型真空管的经验，但他们渴望能够以此引领市场，因为他们确信这款通信工具会很受欢迎。

这种低频寻呼机的体积和重量至少是现代手机的 4 倍，而且不够坚固，在医院里必须轻拿轻放。然而，一经使用，它就被医务人员视为天赐良物。在西奈山医院部署的 200 台寻呼机大部分时间都能正常工作。正如韦斯和他的团队所预测的那样，寻呼机很快就成为医院整体运营中不可或缺的一部分。

不过也有遇到挫折的时候。一方面，超小型真空管经不起跌落摔打；另一方面，屋顶上的导线回路信号不足以覆盖医院的所有角落，即使医院内部再建第二个回路也不能完全解决问题。工程师们和当地的销售团队只能竭尽全力去解决医生们收不到呼叫的投诉，虽然寻呼机已经比他们过去依赖的扬声器系统可靠得多，但医生们想要完美，而摩托罗拉没有做到。

有个医生在无比沮丧之后，气得把寻呼机砸到了墙上。

韦斯对待工作没有拖延。公司立即向医院道歉，并提议拆除整个系统、退还医院支付的所有费用。公司会重新设计系统，等到它足够可靠时，再回来重新安装。

但是，医院拒绝了这个提议，护士和医生拒绝交还他们的设备。寻呼系统对医院的运作而言已经变得必不可少，尽管不可靠，但医护人员已经与它形影不离了。医院希望的是修复系统，在我们交付替代的系统之前，他们仍然需要使用当前的系统。

由奢入俭难，一旦人们体验到连接和便携性所带来的自由和好处，他们就再也回不去了，他们断然拒绝回到过去。人们不仅想要行动自如，还希望在移动的同时又能相互联络，这就需要用到便携式设备。移动和便携的理念正在成为摩托罗拉文化的一个基本要素。

1965 年，摩托罗拉推出了寻呼机——寻呼男孩（Pageboy），它通过无线频率工作，而不是西奈山医院使用的那种感应导线。大多数公司用它来联系自己的员工。寻呼通常是由接线员发起的，他一次可以"哔"一个人，也可以同时呼叫同一区域内的几百个人。

摩托罗拉寻呼机 Pageboy
（图片来源：Wikimedia Commons）

***

我们在寻呼机和便携式无线对讲机方面的丰富工作经验积累，使得我们能够满足芝加哥警察局的通信需求。

我的手下鲍勃·沃克（Bob Walker）带领的工程团队接受了威尔逊警督交办的任务。他们当时已经在研制一种新的手持式收发两用机 HT-220，它比其前身 HT-100 体积更小，性能更好，电池寿命更长。HT-220 收发机和之前的型号一样，是一个完整的双向无线对讲机，包含了麦克风、扬声器和天线。当你要通过无线和某人说话时，你可以把收发机放到嘴边；由于扬声器的音量够大，对讲机甚至可以挂在腰带上。对讲机的内置天线则从顶部伸出。

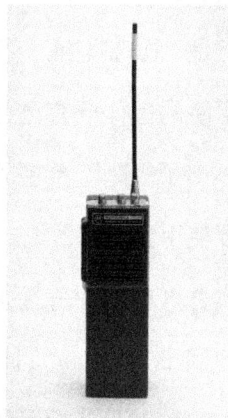

HT-220 代表了摩托罗拉便携式双向无线电技术的一次飞跃，为手持式便携电话铺平了道路
（图片来源：摩托罗拉公司档案馆馆藏，经许可转载）

商业版的 HT-220 直到 1969 年才广泛使用。为了满足威尔逊和芝加哥警察局的需求，我们制作了一个特殊版的对讲机。这版对讲机中的麦克风、扬声器和天线从收发机上拆下来，装在一个典型麦克风大小的塑料外壳中，并配有一个特殊设计的夹子，可以将这个塑料装置挂在巡警的肩膀上。

警察使用的摩托罗拉 HT-220 便携式对讲机，1969 年
（图片来源：摩托罗拉公司档案馆馆藏，经许可转载）

无论在车里还是在街上巡逻，巡警们都会佩戴这个无线设备。收听的时候，他们的手是完全自由的，但在说话时，需要按一个发送按钮。在车里时，

警官肩膀上的天线要位于车窗水平位置，射频能量可穿透车窗（当然光线也是如此）。如果我们把天线设在对讲机内，则 95% 的发射能量会被车门吸收。

这个设备看似简单，但解决方案包含若干环节。警务系统的陆地发射机和接收机是为安装在警车上的双向无线对讲机设计的，车上装有大功率发射机和高效率的天线。巡警腰带上所配的便携式对讲机使用的是充电电池，只能提供较低的发射功率。为了保持电池的电量，我们不得不采用很低的输出功率。我们的系统工程师为电力问题设计了一个同样简单的解决方案。他们按照芝加哥警察的组织分布将整个城市划为 20 个区，并将不同的频率分配给相邻的区域。

长期以来，警察部门一直处在陆地移动通信技术的前沿，摩托罗拉帮他们进行了设备创新。摩托罗拉开发的第一个双向便携式无线对讲系统就是为城市和州的警察定制的。现在，摩托罗拉又与威尔逊警督和芝加哥警局合作创造了一个蜂窝网系统。不过，蜂窝网的概念不是我们构想的，它最早于 20 世纪 40 年代末出现在贝尔实验室的一份内部备忘录中，是由林（D. H. Ring）撰写的。在那份文件中，林实际上也未使用"蜂窝"（Cellular）这个词，但他描述了一些基本概念，例如将一个较大的区域分割成多个小区（Cell），这样无线频率就可以在更大的区域内被重复使用了。

摩托罗拉为芝加哥警局开发的系统其实具备了林所描述的所有元素。它唯一缺少的东西就是我们今天所谓的小区切换，即当用户在小区之间移动时保持通话的能力。林的备忘录暗示了小区切换的概念，但未做具体讨论。

芝加哥警局的系统完全不需要小区切换。警方的通信往往十分高效，一次完整对话的平均时长约为 15s。巡警不太可能在这么短的时间内从一个小区移动到另一个小区。

就这样应客户的需求，摩托罗拉事实上创造了美国第一个可行的蜂窝网通信系统。

然而，在短期内，我们还没有新技术能保证赢得芝加哥警局的合同。诚然，我们是处于业内顶峰，在双向无线产品的质量和广度方面享有国际声誉，但我们也有压力，芝加哥是我们的主场，我们得紧紧盯住这笔生意。1961年，我们向威尔逊和芝加哥警局提供过新型的调度和无线通信系统，这是通信业务部门做过的最大的一笔交易。我们的销售人员拜访过他们的各层部门，并定期与他们沟通、共进晚餐。

此外，我们当时有很多竞争对手，他们个个摩拳擦掌地想要赶超上来。当你站在山顶时，就成了众矢之的，因此，你一刻也不能放松警惕。当时我们特别担心通用电气公司会推出与我们提议的便携式警用对讲机类似的产品。我们知道威尔逊警督不仅向我们，也向包括通用电气公司在内的其他竞争对手提出了同样的要求。我们绝对不能自大。

那年夏天，威尔逊要在一年一度的公共安全通信官员协会（Associated Public-safety Communications Officials，APCO）上发表演讲，这是会议首次在芝加哥举行。那时，我们还没拿下便携式通信系统的合同。一方面，我们不想让竞争对手知道我们的技术方案，我们希望在拿下合同之前一直保密；另一方面，我们也担心竞争对手尤其是通用电气公司，会赶在我们之前宣布类似的技术方案，这对我们而言绝对是难以接受的，没有什么比在自家门口被人占了上风更让人闹心的了。

尽管这些电台和系统仍处在设计阶段，但与之前的其他产品发布会一样，我们还是为每一个新产品编写、打印了目录，罗列了详细的产品规格。我们的公关人员甚至提前编好了新闻稿，只把日期一栏空着。我们已经准备就绪，一旦通用电气公司或美国无线公司（Radio Corporation of America）有风吹草动想要推出产品，我们就会扣动扳机，先发制人地召开发布会。

在拿下合同前不久的某个早上，我在上班路上因为超速被一个芝加哥警察拦下了。在束手无策之下，我只好试着跟他套近乎。

"我在摩托罗拉工作，"我告诉警官，"你警车里用的对讲机就是我们做的。"

"是啊！"这位穿着蓝色制服的警官回应道。

好吧，至少我已经吸引了他的注意力。我继续热情地说道："我们正在为贵局设计一款新产品，你如果把对讲机挂在皮带上，这样可以时刻与总部保持联系了。"可是，他的反应出乎我所料。

"你知道我现在皮带上挂了多少东西吗？我得带着警棍、手铐、罚款票本，我还有手电筒、枪、备用弹药。现在嘛，"他一边递给我超速罚单，一边补充道，"又多了这么个小玩意儿。"我拿到罚单，也多了一件要担心的事。

警察用户会拒绝我们的对讲机吗？我们的工作宗旨是想用户所想，比他们更了解他们所面临的问题。新产品能让警方的工作更安全、更有成效，这点我们非常有把握，我们产品的重点应当是保持联系和便携性。毕竟，我们的客户是芝加哥警局和威尔逊警督。

尽管我们的竞争对手也很想拿下合同，但结果是，各家在 APCO 上都没有宣布任何新产品，而摩托罗拉则最终拿下了订单。我们要成为芝加哥警局的合作伙伴，为实现威尔逊警督的目标助力：要让警察与总部、通信中心（同样由摩托罗拉提供）及他们所服务的市民保持密切联系。

皮带问题后来很快迎刃而解了。就在警方装备了新对讲机后不久，一名警官在追捕小偷时不小心摔断了腿。他用便携对讲机呼叫支援，几分钟后，窃贼就被逮捕了，警官也被送到医院。消息传来，从此再没人抱怨皮带问题。

就这样，我们帮助芝加哥警局实现了威尔逊提出的新口号："我们服务，我们保护。"

与此同时，我们对通信业的贡献是发明了蜂窝网式的手持无线电话系统[2]。

***

作为企业，摩托罗拉时刻维持着与客户（用户）的互动。只有坚持不懈地为客户着想，了解客户的业务和需求，才能为他们提供最好的服务。20世纪30年代，摩托罗拉（当时叫加尔文制造公司）曾经在双向无线业务上与通用电气公司和美国无线电公司展开竞争。这些公司通过消费类电子产品经销商网络销售电台，而摩托罗拉则直接向客户销售产品，并通过对销售人员进行技术知识的培训，来了解客户的需求。摩托罗拉的销售人员花了大量时间去了解警察和消防部门的通信需求。

1940年，摩托罗拉的创始人保罗·加尔文（Paul Galvin）派了一名工程师去观摩美军的军事演习。工程师注意到士兵们用的是笨重的通信设备。当时战争在即，加尔文为此特地新建了工程团队。公司开发的是SCR-300背包式双向对讲机，即"walkie-talkie"（译者注：翻译为边走边说）。后来，公司又生产出了一种手持版的对讲机，称为"handie-talkie"——这个HT系列产品正是构成芝加哥警局系统的基础。SCR-300在第二次世界大战期间广泛使用于欧洲和太平洋战区，被美军将军们认为是协调和取得胜利的关键。

---

2. 有纯粹主义者可能会说，芝加哥警察局的系统不是真正的"蜂窝系统"。我必须指出，这一系统确实使用了蜂窝通信技术，并支持频率重用。

这是一则第二次世界大战时期的广告，由加尔文制造公司生产的
"摩托罗拉无线对讲机" SCR–536
（图片来源：摩托罗拉公司档案馆馆藏，经许可转载）

　　摩托罗拉的产品开发过程围绕的核心问题是：用户们既要四处走动，又要时刻保持联系。通信设备如何为用户提供最佳服务？换句话说，怎样在移动性上再加入便携性？人都想要走动，也确实需要自由走动，这意味着他们的通信设备必须是便携的，以便随身携带。这也正是 1965 年威尔逊警督和他的巡警们所面临的难题，他找到摩托罗拉，把问题交托给我，这既是我的责任，也成了留给后辈的财富。

　　有一次，我们几个人出差去凤凰城和公司的半导体部门人员会面。旅途中鲍勃把我拉到一边，他说："我们有意组建一个专做便携产品的团队，大家考虑提拔你为产品经理，我想听听你的意见。"

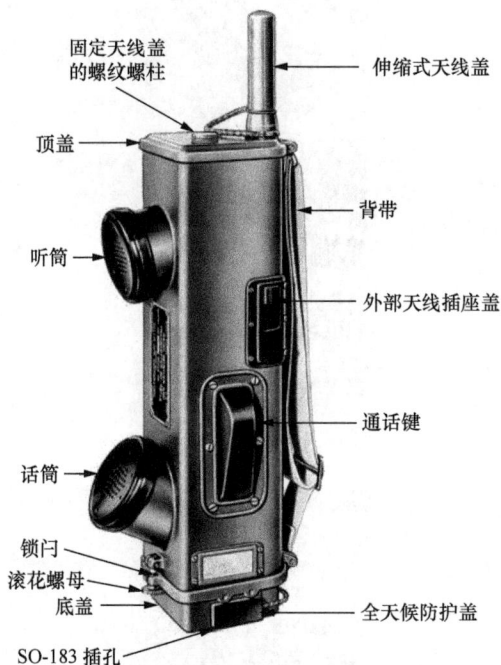

固定天线盖
的螺纹螺柱
伸缩式天线盖
顶盖
背带
听筒
外部天线插座盖
通话键
话筒
锁闩
滚花螺母
底盖
全天候防护盖
SO-183 插孔

SCR-536 手持式双向无线对讲机示意图，大约摄于 1940 年
（图片来源：摩托罗拉公司档案馆馆藏，经许可转载）

听到他的话，我的心怦怦直跳，跳得像一台打桩机。我努力让自己保持冷静，可我并不擅长掩饰；我从来都打不好扑克牌，因为我没法做到喜怒不形于色。于是我问道："产品经理是干什么的？"

鲍勃解释说："我们觉得合适的人选应该既懂工程，又了解客户需求，并且能够在部门内独立经营某一项业务。这个人要承担盈亏责任，同时控制产品营销和工程设计。从你的工作表现看，约翰和比尔认为你有能力管理一条便携式产品的新生产线。"能得到像约翰和比尔这样的人的首肯，是一件令人兴奋的事。

接着鲍勃又说："不过我还不太确定。"

一瞬间，我的兴奋感减弱了，他的担心我能理解。鲍勃是一个沉默寡言、严肃认真的工程师。他对任何新技术都持怀疑态度，而且他经常是对的。在我们开发 IMTS 时，他坚持用真空管做功率放大器就是正确的决定。对我源源不断的工作狂热他不太有把握。

"如果我们给你这份工作，你会怎么做？"他又说。

"嗯，我对公司的便携式产品线了解不多，但我想我可以组建最好的团队，激发大家的工作热情，我肯定还会去学习、了解产品和技术。"看得出来他对这个回答完全不满意。他想让我谈谈在这个岗位中我能做的具体事情，而我当时所能想到的则是，可以经营自己的业务、带领自己的团队、可以自主选择产品将是多么的美妙。我受公司文化的熏陶，比较注重产品的便携性，我希望能进一步推动公司的技术进步。我确实是天真无邪。

尽管鲍勃有保留意见，但我还是得到了这个职位。我很激动，不仅因为这是新的挑战，还因为我能有机会用创新技术来满足客户和市场的需求。作为这个新团队的第一任产品经理，我和管理层一起挑选了自己的工程和营销团队。当时我们普遍认为，便携式产品是通信部门的未来。

***

新职位负责的技术部分工作令我极其满意。我们有一支强大的工程团队，包括总工程师鲍勃、理查德·卡塞洛（Richard Carsello）和诺姆·亚历山大（Norm Alexander），他们分别管理寻呼机和对讲机。我常常在实验室里四下"漫游"，因为我想了解各个工程决策的结果和原因，以及便携产品与我一直在开发的移动产品有何区别。我还经常和汤姆·卡因（Tom Kain）带领的营销团队会面，包括戴夫·迈克拉克（Dave Michalak）及一些其他人，他们向我介绍客户的情况，解释如何定价，以及如何与公司的通信和电子部门、销售部门打交道。

在工作中，我尽量发扬摩托罗拉的精神，即深入客户体验，了解用户需求。其中一种方法就是直接体验，亲自试用产品。这里要讲一段个人经历，承蒙哈雷·戴维森摩托车公司（Harley Davidson）的恩惠，某天我的耳膜差点儿被人喊破。

20 世纪 60 年代中期，哈雷公司几乎承包了美国所有的警用摩托车，摩托罗拉则包揽了装在这些摩托车上的所有无线对讲机。哈雷公司每年都会给我们运来一辆新型号的摩托车，以便我们确定车上对讲机的布线和安装。这些摩托车真是光彩夺目，装有镀铬的杠杆、旋钮和脚踏板。我在高速公路上迎风驰骋的梦想终于要实现了。

在成为产品经理两周后，我花了整个周末的时间，把摩托车的整个说明书从头到尾读了一遍。然后我跨上摩托车，在公司空无一人的停车场里转了一圈，直到我学会了用右脚换挡、右手加速和双手刹车。接着我就骑着摩托车沿着芝加哥的街道和高速公路回家了。由于天生缺乏协调性，我的这个举动其实是在拿自己和周围司机的性命开玩笑，但当时我觉得自己仿佛行驶在云端。

几个小时后，我说服了安妮阿姨和我一起出去兜兜风。安妮是我妻子的姨妈，她 60 多岁，住在离我家不远的街区。刚开始时我们只是在附近的街道上转悠，她激动得忘记了害怕。直到车速快得拐弯时要倾斜车身，我就再也听不见摩托车轰鸣的引擎声了。摩托车很好，但是后座那位乘客的尖叫声掩盖住了所有其他的声音。她尖叫着嚷道，快要被 700 磅重的钢铁机器压碎了，也许她说的是事实吧。那是我记忆中唯一一次带人出去兜风。几天后哈雷公司就把摩托车要回去了。我妻子芭芭拉对这种冒险没什么兴趣；她每天要带我们的 2 个孩子，1 个 6 岁，1 个 8 岁，毫无疑问，她已自顾不暇。

我们团队的技术任务是把手持对讲机做得结实牢固，这虽然不是什么生死攸关的大事，但对于产品开发也是极其重要的。因为用户不但要自由走动，而且会随意地对待通信设备。经验告诉我们，像警察这样的成年人对待无线设备可比儿童对待玩具要粗暴多了。你大概想不到芝加哥警察会拽着电线把对讲机甩来甩去，直接把电线从接收机里扯出来。他们真的是这么干的。如果对讲机坏了，那都是我们的错，与警官们无关。

诺姆·亚历山大（Norm Alexander）的任务是加固对讲机。一天早上，他带着自豪的笑容走进我的办公室。"马丁，我们终于弄好了。新麦克风的电线再也拔不出来了！"

然而，在他还没来得及把对讲机放到我手里的时候，我就一把把电线扯了下来。

"诺姆，如果要解决这个问题，"我说道，一边把坏掉的设备还给他，"我们必须真的搞定它。"亚历山大嘟嘟囔囔地回到实验室，他后来在对讲机和肩夹器中设计了减压装置，这些装置牢固得足以挂着他做引体向上。

***

如果你真的希望从最终用户的角度去体验一个产品或者服务，那你得"想用户所想，急用户所急"。这听起来不难理解，但很多公司做不到。

在摩托罗拉，我们正朝着"便携性和移动性"这个前景努力。虽然我们的愿景并不完美，我们也还在继续生产传统的车载设备，但我们被客户和经验驱使着前进。当时，AT&T 的企业文化并不重视顾客的想法，员工对顾客的需求"嗤之以鼻"，这在贝尔实验室与客户打交道时就表现得很明显了。比如，当客户向 AT&T 提出关于系统连接和配置的要求时，AT&T 会说："很好，我们已经研究过你们的需求，你们的系统就是这样了。"客户会回答"好吧，但我们希望做一些改动，我们希望这里或那里这样改变一下。"AT&T 接着说："不对，我们已经研究过你们的需求，你们的系统就这样了。"这就是他们的态度：他们不尊重客户。

摩托罗拉的做法是深入了解客户的问题，并从客户的角度出发进行改进。我们有开发、测试和改进不同产品方面的经验，这些经验给我们注入了一种技术视角，这个视角基于对用户行为的观察，其中最重要的一点是，"人天生就是要移动的"，这成了我的口头禅，时至今日，我仍然坚信这一点。

我们与威尔逊警督及芝加哥警察局的合作就是一个很好的例子。与此同时，我们的团队继续致力于改进寻呼机技术。虽然我们在 1965 年就推出了第一台寻呼机 Pageboy，但还未能制造出新型寻呼系统所需的大容量寻呼终端机。我们制造的无线寻呼机只用于覆盖单个建筑物或相对较小区域的小型系统，它们仅能为办公楼或医院等单一实体提供服务。在这些寻呼系统中，我们只需要呼叫 10 个或者几百个寻呼机中的 1 个。

我们在前进道路上再次与 AT&T 不期而遇了，后者此时也在探索寻呼机方面的机会。20 世纪 60 年代初，他们邀请摩托罗拉与贝尔实验室的一个工程团队会面。我们得知 AT&T 计划在全国范围内提供寻呼服务，他们的客户可以在一个城市订购寻呼服务，而当客户到达其他城市时也能够享受同样的服务。这个服务需要在每个城市都有复杂的交换终端和寻呼机，而且能支持数以千计的地址。AT&T 计划采用自己研发的终端设备，但还没决定是自己制造寻呼机，还是从摩托罗拉等其他公司购买。

这是 IMTS 项目的重现：我们要再次说服 AT&T 与摩托罗拉签订合同，

为他们开发和制造设备，区别是，这次的设备是无线寻呼机。这个业务我们志在必得。然而，这次面临的挑战是，我们需要说服的是对方实验室团队里的一些新面孔，所有过去在 IMTS 项目上结交的朋友，不是换到其他项目组就是已经离开了。新团队中包括鲍勃·马丁利（Bob Mattingly），一位受人尊敬的高级工程师，后来他是整个蜂窝无线开发部门的领导。跟他接触没多久，我就意识到得认真倾听他的话，他的开场白是："我只是一个来自艾奥瓦州的乡下人，但是……"然后就会是他的精辟见解。

在向贝尔实验室的经理和工程师们介绍情况时，我试图传达这样的信息，即在制造寻呼机方面，摩托罗拉比任何其他公司都要经验丰富。"我们熟知寻呼技术。"我直言。这时，马丁利打断了我。

"我对寻呼技术了解不多，"他开始说，"但据我所知，目前没有人能制造出符合我们标准的高容量寻呼交换机和寻呼机，我们更倾向于内部开发这些产品。"

自我吹嘘被稍稍"敲打"后，于是，我谦恭地承认，在向一个城市中数千个无线寻呼机中的某一只发送寻呼信号的交换系统方面，我们确实没有什么经验。但是，我们开发和生产寻呼机已经将近 10 年了，并且乐于和贝尔系统分享我们对寻呼系统未来的愿景。

我们展示的寻呼机原型十分可爱，只有两支圆珠笔那样的大小，上面印有贝尔的标志和名称"贝尔男孩（Bellboy）"（1962 年，贝尔实验室在西雅图世界博览会上展示了一个"贝尔男孩"寻呼机原型）。原型机可以直接插入交流插座，为其电池充电。说实话这个想法是完全不切实际的，添加插头和充电电路将增加寻呼机的尺寸和重量。为了提高电源的安全性，还要增加更多的尺寸和重量。但原型机是非功能性的，它看起来非常漂亮。它实现了我们的预期目标，即吸引潜在客户的注意。与 IMTS 那次展示的结果不同，贝尔实验室小组只是稍作赞许，表示愿意继续对话。

回到摩托罗拉后，约翰放出话：我们要继续与贝尔实验室合作，无论贝尔实验室的最终决定如何，我们都要坚持这条路线，并建立寻呼产品线。

AT&T 认为寻呼机将成为一项实质性的大业务：他们的设计要求是支持 3000 台寻呼机，足以支撑一个大都市。后来，他们又把拟建交换终端的容量扩大到 6000 台。贝尔系统有一系列电话交换机，他们可以修改成寻呼机交换终端，但我们没有这方面的基础。相反，我们的团队围绕 PDP 系列通用计算机设计了终端设备，PDP 是数字设备公司（DEC）最近引入市场的。

对于寻呼市场，约翰和我比贝尔实验室还要乐观得多。这也许与我们在西奈山医院项目和芝加哥警局项目的经验有关。无论出于什么原因，我们都是从移动性和便携性的角度去考虑寻呼机业务的（我们甚至短暂考虑过脱离摩托罗拉，成立一个新公司专门提供城市寻呼服务）。

做这个项目需要一些新的制造技术。我们在其他产品中曾使用过印制电路板和传统元件（电阻器、线圈和电容器），但它们完全不适用于目前所设想的像寻呼机一样小的产品。我们了解到有一种新的制造技术，能把微型元件安装在陶瓷基板上，这样做出来的电路模式比印制电路板要小得多。

由于没有薄膜基板的经验，因此我决定去找一位专家。通过文献搜索，我们发现莫特·托普弗（Mort Topfer）是合适人选。我面试并雇用了他。莫特是极其出色的工程师，后来成为同样出色的高管，他曾是摩托罗拉的总裁，再后来成为戴尔公司的董事会副主席。至于我呢，我（和摩托罗拉）很清楚，我不是传统的搞行政的高管人才，我对管理细节不感兴趣，我只想和团队一起发明新东西。虽然公司内的升职阶梯并不适合我，但摩托罗拉创造了符合我的气质和爱好的职位，使我得以成功。

托普弗领导的工作成果是 1971 年推出的摩托罗拉 Pageboy Ⅱ 型寻呼机。这是公司最成功的产品之一。大约在同一时期，我们还发布了摩托罗拉的旗舰产品 Metro 100 交换终端，容量达到了 10 万个传呼机客户，是其他公司所能提供容量的上百倍。

现在，摩托罗拉又面临着寻呼机方面的其他挑战，主要得益于我们在产品开发上的努力，联邦通信委员会分配了若干无线频段，供寻呼运营商共享使用。我们拥有开辟这项新业务的所有要素，当然，前提是要有客户对这项新服务感兴趣。但是，当时仅有的服务商都是小到只能支持几百个客户的公共无线运营商（RCC），谁会去斥资购买这个拥有 10 万寻呼容量的巨型交换终端呢？

值得庆幸的是，摩托罗拉的销售团队通过了这次考验。我们的销售副总裁之一唐·布里克利（Don Brickley）联系了洛杉矶的几家运营商，向它们提议由摩托罗拉在 Metro 100 系统上提供共享时间。当时运营商中有一个叫荷马·哈里斯（Homer Harris）的人，他颇有远见和风险承受能力，看到了这一提议的可行性。他带着其他 7 家运营商签下了这个方案。随后，哈里斯的公司购买了该交换终端系统，并在摩托罗拉的帮助下进一步扩大经营规模，规模最大时拥有超过 130 000 个客户。他后来把公司卖给了 Metromedia，而 Metromedia 则又被某家运营贝尔系统的公司收购了。

哈里斯和其他几家运营商——包括亚利桑那州和得克萨斯州的克莱顿·奈尔斯（Clayton Niles）、路易斯安那州的拉里·加维（Larry Garvey），在他们的合力推动下，寻呼机市场以爆炸性的速度得到扩大。后来，罗杰·林德奎斯特（Roger Lindquist）和乔治·佩林（George Perrin）等新一代企业家进入市场并开始创业（这些企业家中有许多后来帮助扩建了蜂窝网移动电话）。摩托罗拉的 Pageboy Ⅱ 和 Metro 100 是这个价值 10 亿美元的新产业和新通信形式的基础。Pageboy Ⅱ 开启了基于全城的、后来是全国的寻呼新产业。它把一种只管理大楼内几百个寻呼机的技术扩展成了一个遍布全球的庞大网络，它能够容纳数以百万计的无线寻呼机（或 BP 机）。

反观基于"贝尔男孩"的贝尔寻呼系统，后来却没能开展真正的寻呼业务[3]。尽管贝尔实验室获得了与公共运营商类似的频谱资源，但他们无法有效地展开竞争。虽然寻呼业务繁荣了几十年，单在美国就吸引了超过 5000 万订户，但贝尔系统的市场份额一直都微不足道。公共无线运营商有多年与 AT&T 竞争的经验，它们知道如何高效地经营本地业务。

面对这种情况，AT&T 的对策竟然有点儿不择手段，AT&T 公司在发展初期也曾想方设法地遏制竞争对手。比如，打给公共无线运营商电台和处理中心的电话有时会神秘断线，而且修复时间长达几个小时甚至几天。在洛杉矶，贝尔实验室和另一家公司被法院认定干扰了某运营商的业务，被禁止运行寻呼系统长达 5 年。

经过 40 年的运行，随着手机成本的下降、覆盖范围的扩大和功能的增加，寻呼机的数量在 2000 年之后急剧下降。然而，目前美国仍有数百万寻呼用户，他们主要集中在医疗保健行业。就在 2017 年，一项对医院内医师的调查发现，他们中的 80% 都配备寻呼机，而且大多数人表示，在患者护理方面，寻呼机的用处超过了其他通信设备。

---

3. 贝尔运营公司在摩托罗拉的寻呼机上使用了"贝尔男孩"（BellBoy）的商标，但贝尔实验室后来取消了它们提议开发的项目。

寻呼业长期而持续的成功是蜂窝网电话出现的关键要素。在二十世纪七八十年代，起初公共无线运营商害怕手机会带来竞争，但后来它们也意识到手机带来的自由。人们对于寻呼机也经历过类似的从排斥到接受的认知过程，运营商从寻呼业务中受益匪浅，于是纷纷改变了态度。再后来，摩托罗拉和AT&T展开纷纷扰扰的政治和理念的斗争。这场斗争的根本事关垄断和竞争，这一次，公共无线运营商中的那些成功者成为摩托罗拉的重要盟友。

***

摩托罗拉的经验和专业知识在于无线电技术，这对手机至关重要，在一定程度上，或许也是这个原因，摩托罗拉对蜂窝网技术和手持式便携电话的发展所做的贡献往往被低估了——有错误观点认为是计算机技术而不是无线电技术，使手机相关技术实现了真正的突破[4]。

此外，摩托罗拉还研究了晶体管在各种技术中的应用。我们不是发明者，晶体管是1947年由贝尔实验室发明的。但到20世纪60年代中期，摩托罗拉已成为晶体管开发和应用领域的引领者。摩托罗拉在1962年推出的2N2222型晶体管，成为历史上最畅销、使用最广的晶体管之一。公司非常清楚晶体管技术的发展方向。摩托罗拉生产了首批晶体管电视机和收音机，把收音机的尺寸缩小得可以放入衣服口袋。大家也都知道，晶体管还改变了电话机，使电话机体积更小、功能更强大，也更方便携带。

总的来说，摩托罗拉从多个角度和维度推动了移动电话的发展。首要的

---

4. "蜂窝网是一种计算机技术，"弗伦基尔（Frankiel）写道，"它不是无线电技术。"换句话说，"从手机到基站天线的传输和接收技术，虽然具有很大的挑战，但并不是这一创新的关键所在。真正起作用的是系统的逻辑——确定用户通过蜂窝时的位置、监控呼叫的信号强度、用户移动时把通话切换到新信道和新天线塔站。这种逻辑的一个必要硬件是集成电路。"

是便携性，这在我们和芝加哥警局的合作项目中可见一斑；其次是要从实际出发，这在西奈山医院的经验中得以证明。人们日益认识到，移动性和便携性的市场将会很大，寻呼机的推出和广受欢迎就证明了这一点；还有不断缩小的晶体管器件。所有促进这些方面发展的动力，就是摩托罗拉不断前进的内驱力，公司依据客户的反馈在不断探寻性能更好、功能更强的技术。

例如，摩托罗拉为机场工作人员搭建了一套无线通信系统，从登机口的服务员到停机坪上的工作人员都可以使用这个系统。作为系统的配套部件，我们还精心制作了"皮套"，供他们放置对讲机。有一次，我和约翰去拜访客户，在芝加哥的奥黑尔机场（O'Hare Airport）候机楼，约翰突然停下了脚步。

"你看那些登机口服务员和航空公司员工，"他指着从我们身边匆匆走过的几个人说，"他们赶着去上班，虽然我们提供了装在腰带上的皮套，但他们还是把对讲机拿在手上，这样随时可以用。"没错，这些员工在工作中时时刻刻都要用到对讲机。

他说："如果我们能把产品做得更小、更轻，能随时携带，那么这些对讲机会成为他们身体的一部分，一刻都不用分开。"

50 年后的今天，当我看到有许多人每时每刻都拿着手机时，我就会想起约翰说的那些话。为准备胯骨置换手术，我不久前去看过医生。离开医院时，正好看到急诊医生在费力地把一个缠着很多绷带的病人抬上担架，搬进救护车里。病人在整个过程中始终咬着他的手机不放。

约翰是对的，我们时刻都离不开手机。

***

科技的未来不仅仅取决于技术本身，还取决于监管政策、法律规则、公司战略、经营决策、竞争关系，等等。蜂窝网电话技术已经被构想了几十年，但是，决定通信系统实际发展的远不止单纯的技术因素。

如何把移动性和便携性与电话结合起来？摩托罗拉应对这个问题时，着眼于蜂窝网和电话技术的未来。而 AT&T 和贝尔实验室则从更广泛的技术角度来看待这一问题，比如信号强度、位置更改、切换，以及其他技术问题。

毫无疑问，AT&T 是从垄断者的视角来看待蜂窝通信技术的，即如何用这种新技术扩大电话系统的垄断？即使 AT&T 通过贝尔实验室解决了技术难题，蜂窝通信系统也只会屈从于固定电话系统的垄断，从而被限制发展。这一点在我们与他们讨论寻呼系统时就已经初露端倪了。垄断必然导致短视行为。在 20 世纪 60 年代末到 70 年代初，它们的垄断范围原本完全可能从固定电话扩大到蜂窝电话。

摩托罗拉和 AT&T 在前沿技术方面如何合作与竞争只是故事的一部分。不错，这是一场技术竞赛，是具有不同历史、不同理念的两家公司之间的竞争。但是，这也是一场在不同历史观和价值观指导下的为通信未来而作的斗争。后面，两家公司即将展开全面"战争"。地点就在首都华盛顿特区。

不过，我们先得去一趟佛罗里达。

第 *6* 章

一杯咖啡胜过吊顶天花板

06

大约是在 1967 年，在我被提升为产品经理后不久，我们开始计划将便携式产品的所有业务，包括工程、营销、制造，转移到佛罗里达州劳德代尔堡（Fort Lauderdale，Florida）郊区的普兰坦（Plantation，Florida）。这个产品领域正在迅速扩张，公司发展需要多样化，并且要发掘新的项目和新的商业人才。对我来说，这是一个梦想的实现。我心中充满了各种想法：革新生产流程、提高产品质量、激发组织活力。这是一个机会，我可以从零开始设计理想化的工厂和办公楼，可以随心所欲地表达我对未来的憧憬。

我把生产经理派去佛罗里达州建立了一个临时工厂，并开始组建新的团队。我们聘请了一位建筑师，我把新厂和办公室的各种计划讲给他听。我希望员工能为自己工作的地方感到自豪。工厂的最终设计图看起来像一个实验室，而不是一条生产线。以前摩托罗拉的工厂都是刷了油漆的混凝土地面，电线和管道裸露在天花板上；与之前不同的是，新工厂会铺上地砖，装上吊顶天花板，隐蔽所有的管道、空调、水管和电线。"我们怎么能要求员工在猪圈里制造精密、高质量的产品呢？"这就是我的想法。

我的老板是霍默·马尔斯（Homer Marrs），他长期担任摩托罗拉的高管。他反对任何不必要的费用，尤其不看好我的吊顶天花板。但我已暗下决心，我领教过霍默的口才，所以这回我要准备好顶住压力。

"这是你的项目，你可以按照你的方式去操作它，"霍默是这么开场的，接着他开始展现自己的口才，"我知道你非常聪明，你一定会让花在新工厂上的每一分钱都物有所值。但你很快会发现，一个吊顶天花板不会给你带来任何收益。"

他接着说："你怎么知道待在一个好的环境里工作效率就一定会更高呢？去看看那些免费提供食品的公司，它们得到回报了吗？我觉得它们做得过头了，完全没必要，它们简直是生活在梦里。"

他话锋一转，巧妙地结束了讲话："不过，这是你的事情，我知道你会处理得很好。"

我当时的想法是，那些公司也许在免费食品上浪费了钱，但它们也因此吸引了最优秀的人才。今天业界也有类似的争论，一些公司坚定地认为：要把员工变成团队成员，让他们觉得自己的贡献得到认可，他们就会更加努力地工作来回报你。另一些公司则恰恰相反：它们更看重业绩，也很少有额外津贴，只有一些绩效激励措施。

在建造佛罗里达州的新工厂时，我顶住了霍默的压力，终于安上了吊顶天花板，在地面铺上了瓷砖。我相信员工的工作环境直接影响盈利能力。工作环境其实挺重要的，不过每家公司的情况各有不同。大多数公司（至少在当时）都把办公空间当作权力和地位的象征。在我刚接手便携式产品线时，也就是搬迁到佛罗里达州之前，我们的团队被分配到芝加哥奥古斯塔大道，位于总部内一个新装修的区域。我有一间私人办公室，以前归埃尔默·韦弗林（Elmer Wavering）所有，他现在是公司的副董事长（韦弗林是摩托罗拉的老员工，带领团队开发了汽车收音机，这是公司第一个在商业上大获成功的产品）。

办公室的一扇窗户朝着垃圾井，不过这一点不重要；重要的是地板上铺着的是真正的地毯，尽管有点破烂了。我在电传打字机公司工作时，曾经听说有办公室的地毯被搬出来的事，就因为那个人的职位太低，不能享受铺地毯的待遇。总的来说，摩托罗拉不会发生这种无聊的事情。我觉得自己很特别，我也希望我的同事们觉得自己很独特。在我成为便携式产品线负责人后的第一个星期六，我自掏腰包买了 6 盆人造花挂在新的实验室里。

这是一个小小的举动，但我想传达一种信息，那就是：我们团结在一起。我希望我的团队喜欢自己工作的地方，享受在那里工作的乐趣，并能因此提高工作效率。

在佛罗里达州的工厂里，除了有天花板的设计，我们还尝试使用其他不同的方式来加强员工合作。新工厂里除了给访客的专用车位外，没有预留停车位；佛罗里达州从不下雪、也很少下雨，为什么要给高管们预留停车位呢？所有的停车场都在步行几分钟的距离之内，而且所有人都走同样的通道。营销、工程和财务人员的办公地点都在离生产线不远的地方，我的办公室就在正中央：这说明我们是一个紧密团结的团队，所有人都置身于整个流程中。

摩托罗拉的企业文化是：尊重事实、拥抱技术、工作第一。在我们这个远离总公司的地方，最大的挑战是如何努力复制和扩展我们的企业文化。佛罗里达州的情况很特殊，一个初级工程师可能住后院带泳池的大屋，也可能车里随时放着冲浪板。而新公司的负责人（我本人）并不会长时间待在厂里，这使得工作更加复杂。在工厂搬到佛罗里达州的第一年，员工们在普兰坦的一个临时工厂上班，而我则在芝加哥。

自然而然地，新厂的员工采用了一种度假式的文化，因为没人和他们一起培养企业的文化素养。当我到佛罗里达州正式履职时，我还以为又回到了电传打字机公司。一到下午 5 点钟，所有人都准时而迅速地下班，只留下衣架在他们的身后来回摇摆着。看到这一幕，我很伤心。我们的企业文化是书卷气、热爱工程。经理们难道没有意识到这是多么独特、难能可贵的吗？保留这种文化的精髓对于我们维持技术上的领先地位是多么重要呀！

吊顶天花板根本无法弥补"合作、高效"的企业精神的缺乏。我忘却了自己早期在摩托罗拉奋斗的经历，当年即使屋顶漏雨也丝毫没有妨碍我们的创新热忱。我终于明白，企业文化不仅仅是工作环境那么简单。

我理所当然地认为，所有人都会和我一样对公司的运营方式心怀感恩。空无一人的办公室里摇摆的衣架给我上了一课，我们需要不断强化企业文化，最直接有效的驱动力来自公司上层。对待工作，仅靠讲团队奉献和角色认可是远远不够的。要证明一个组织与众不同、出类拔萃，需要身先士卒，纸上谈兵是行不通的。

幸运的是，我就有一位这样的导师——约翰。

约翰是一位非同寻常、充满热情的老师。他在观察和理解人们基本需求方面有着超乎寻常的天赋。他还十分重视自己的育人角色，在摩托罗拉工作的大部分岁月里，他一直是我的导师。

作为一名工程经理，我很清楚预算的编制过程，但对衡量产品财务业绩的损益表和投资回报表知之甚少。

他告诉我："现在你管理的不仅仅是一个工程部门了，而是整项业务，你要了解损益表，它是重要的管理工具。""每一列或每一行的标题都只是表面的东西。为了把你的工作做到实处，你需要搞清楚每一个数字是怎么来的，谁定义了那条线，以及采用的标准是什么。你要知道哪些数字是你能直接控制的，哪些数字是你可以间接影响的。"

他教我如何将损益表当作一种管理工具，如何管理自己的团队，以及如何与公司内部、我所依赖但不直接隶属于我的部门的其他服务团队打交道。

我们曾一行一行地浏览当时的各张报表。他告诉我，唯一能直接控制的成本只有我手下员工的工资，甚至与他们工资相关的管理费用也不在我的控制范围内。我的损益表上的每一项费用都对应我所接受的某项服务，大部分费用都是根据公式计算得出的，但这些公式我算不清，也无法控制。

约翰说："难的是如何得到你应该享有的这些服务。损益表上列出的很多人员，他们拥有你所需要的才能，能为你服务。如果你尊重他们，培养与这些人的良好关系，你就会享有应得的服务，而且可以比那些不注重关系的人获得的更多。"

这一课深深地印在我的脑海里，成为后来促成蜂窝电话发展的一个重要环节。

"还要注意，"约翰接着说，"有些成本被标记为可变成本，而另一些则被标记为固定成本。理论上，随着产品出货量的增加，可变成本（比如人工和材料）会按比例增加；而会计服务、人员和其他成本则保持不变。如果固定成本真的是固定的，利润率就会大幅上升。但是这种情况很少发生，因为经理们往往把销量增加作为雇用更多员工的借口，这会增加管理费用，他们也会在不必要的开支上花钱。你只有积极管理和控制这些开支，才能控制好你的盈利能力。"

他接着说："财务部门会决定你的分配份额。虽然你不能控制分配到的份额，但你应该对实际情况了如指掌，如果分配不公平，你可以和他们协商。你与财务部门的关系越好，你获得合理份额的机会就越大。"

除了约翰给我上的财务课程，比尔还与我分享了他在产品定价方面的智慧。比尔从 1948 年开始在摩托罗拉工作，1970 年担任公司总裁，后来是首席运营官，最后成为首席执行官。比尔告诉我，产品的价格和成本是两回事，它们是不相关的。在给产品定价时，成本只与产品是否盈利有关，而价格则是由产品能给顾客提升多少价值、市场竞争、顾客的感知和价格弹性等因素决定的。

除了损益表，在摩托罗拉内部，管理一项产品开发业务意味着要直接和间接地管理更多的人。比尔告诉我："好的管理者可以不使用他们的权威、也不用逼迫他人，就能从员工身上获得更多的生产力。"他把管理当作一种心理学上的挑战。

约翰在制定目标和标准时是不讲情面的，但在感谢员工的辛勤工作时，他又非常和善而感人至深。他深谙摩托罗拉尊重事实的企业文化。阿特·里斯（Art Reese）在 20 世纪 50 年代就向我们传授了这一点，鲍勃·加尔文（Bob Galvin）更是一贯如此。公司决策不受个人的性格特征、兴趣爱好和未经证实的观点的影响。与宗教、种族和肤色无关；公司曾有一段时间存在性别歧视，不过，在适当的时机，摩托罗拉积极地采取行动解决了这个问题。尽管在商业决策中，情感因素和对产品的热情之间的界线通常难以区分，但我们解决问题时通常很少受到情感因素的影响，这些并不妨碍人与人之间建立良好的关系。约翰根本不在乎其他人是不是喜欢他，但他确实在乎其他人是不是尊重他。

"如果你想让其他人支持你，"约翰告诉我，"想办法让他们的工作变得更轻松，在你得到你想要的东西的同时，想办法也让他们成功。只是一味地做一个好人，光表扬他人是行不通的。员工需要一定程度的焦虑来提高工作效率。我来与你讲讲'鸽子啄食'的故事。"

有个心理学研究小组做了一个实验，为了教鸽子学啄船桨，他们每次会放一点玉米粒在桨上。正如他们所料，当鸽子满足了食欲后，就会停止啄桨。心理学家接着测试如何优化食料的分配来最大化鸽子啄桨的次数。如果为了一粒玉米需要啄太多次，鸽子就会气馁而放弃。如果玉米来得太容易，那么鸽子很快吃饱，也就很快放弃了。研究人员发现，他们可以通过制造适当数量的挫折来优化喂鸽子的玉米量。

约翰解释说："管理工作也是如此。我们向员工提出要求，并在他们完成任务时给予奖励。但是，如果要求太过频繁，他们就会疲倦崩溃，并开始反抗；抑或，如果给他们的奖励太多，他们就会安于现状而不思进取。你可以想象一张图表，纵坐标上显示的是生产力，横坐标上显示的是焦虑水平。对自我完全满足的人不会很有效率，当工作变得更紧张时，他们的工作效率也会上升；但在到达某个临界点时，受到的压力过大，他们的效率就会下降，极端情况下，甚至会出现精神崩溃，生产力下降到零。所以，我的观点就是：把目标定得高高的，要求你的团队做到最好。但当我感觉到他们离'悬崖'越来越近时，我就给他们买一杯咖啡。"

约翰确实做到了，他不需要奉承任何人。他肯抽出时间来听员工讲述工作的细节并讨论这些细节，这就显示了一种尊重。他真是了不起，我努力把在他那里所学到的东西应用到实际中去。和我一起工作过的人，包括那些并不是我直接管理的人，后来都会说是我逼他们拓展了视野："只要马丁觉得必须要做的事，那就肯定是可以做到的。"当然，我并不是为了这个目的而逼他们的，我只是试着告诉他们目标是什么。正如查克后来所说的，保罗也讲过："必须得有人告诉你要不断努力。"这就是约翰教会我的策略，它比任何吊顶天花板都要管用。

我在摩托罗拉的三位导师（从左到右）：比尔·韦斯、鲍勃·加尔文和约翰·米切尔。
这张照片拍摄于 1975 年，此时韦斯是总裁兼首席运营官，
加尔文是董事长兼首席执行官，米切尔是助理首席运营官
（图片来源：摩托罗拉公司档案馆馆藏，经许可转载）

但是我没有机会纠正天花板那个错误了。1971 年，搬到佛罗里达州后没多久，我又受命回到了芝加哥。下一个考验我勇气的地方是美国首都华盛顿特区。

第 7 章

无线的曙光:
华府之争促使蜂窝网诞生

07

1973 年 5 月的一天，在位于美国华盛顿特区市中心 M 大街的联邦通信委员会（FCC）的听证室里，我尽力让自己保持平静。这次听证会的议题是为移动电话服务分配无线频谱，我紧张地准备发言。听证会所涉及的不仅仅是频谱分配的技术问题，隐约浮现的真正问题是，AT&T 公司是否会获得拟议中的蜂窝无线电话业务的垄断控制权。在我和摩托罗拉同事眼里，这个听证会事关美国个人通信的未来。

这次，约翰和凯易国际律师事务所（Kirkland Ellis）的合伙人卡尔·尼格伦（Karl Nygren）要当庭作证。尼格伦是一位出色的律师，鲍勃聘请他为我们公司的关键战略问题把关。我也在场，要向 FCC 的 7 位专员作证[1]。

AT&T 的目的是要进一步垄断、控制整个移动通信业务，它们的论点似是而非，我的任务是反驳它们的说法。我的论点是 AT&T 要求 FCC 提供给它们的频谱远远超出其实际需要。AT&T 的这种做法，只为阻止其他公司获得频谱，避免对方今后与自己竞争。这种战术现在仍有一些运营商在采用，这些运营商是 AT&T 的后代，尽管它们相互之间也存在竞争，但它们似乎无法摆脱自己的垄断传统。如果 AT&T 在 1973 年获得了所要求的所有频谱，它就会在任何时候、以任何方式去使用这些资源，从而损害其他竞争对手的利益。摩托罗拉会表明自己的立场，即没必要形成垄断，因为便携式移动通信市场很大，足以支撑多个竞争对手的存在。

此前，我已经单独或在卡尔等的陪同下排练了几十次听证会的发言。当我为了写本书再次与卡尔面谈时，他提醒我，当年在摩托罗拉的办公室里，我们几乎模拟了一个 FCC 听证室，专门用来排练发言。我们的律师像法官一样端坐在高高的讲台上，扮 FCC 专员的角色。

---

1. 1983 年，联邦通信委员会的专员人数减少到 5 人。

我发言的第一页内容罗列了 AT&T 关于无线频谱和蜂窝服务的 6 条声明。这是一张幻灯片，不过，如果专员们在我的听证陈述之前就读到它们了，我就会失去演讲的机会。所以，我们决定把纸条贴在每一条论点上，当需要时，我就把纸条撕下来。排练结束后，我们小心翼翼地把纸条粘到幻灯片上。

在听证室里，我先在文件架上展示了一张白纸。这次宣讲的目的不同于以往我们为贝尔实验室做的演示，而是为了让与会者产生惊叹的效果，这是一次政府机构的听证会，我们要努力向 FCC 兜售我们的观点。我要好好利用和约翰一起工作时学来的所有演讲技巧，还有从我母亲身上观察到的销售方法，要有效地推销我的观点。

其他几位作证之后，就轮到我上场了。我先背诵了事先准备好的开场白，然后转向文件架，打算列举 AT&T 的种种违规行为。于是我扯下一个纸条，结果发出"唰"的一声大响，原来我们几天前涂的黏胶竟然变硬了，把我吓了一大跳。听证室里的其他人，包括委员会的专员们，也都吃了一惊。前几位的发言已经把他们催眠得昏昏欲睡，而我的出场成功地唤起了大家的注意。

"AT&T 的 75MHz 频谱申请中隐藏有多余储备。""唰"——的一声。

"AT&T 申请的频谱量比它实际需要的多了 37.5%。"又是"唰"——的一声。

"按照 AT&T 自己的预测，在未来 20 年中，它使用的频谱量只会达到现在申请的一半——而且还只是在更大的市场上使用。""唰"——的一声。

"AT&T 所做的成本比较只局限于用它自己系统的不同版本，没考虑到用其他竞争对手的系统。""唰"——的一声。

我有条不紊地一条一条往下进行，不断撕开纸条，反驳了 AT&T 的每一条声明。毫无疑问，它们夸大了服务所需的频谱量。

在我发言的最后，AT&T 的一位高管不禁喊道："主席先生，我反对！这是一次听证会，不是审判。"主席理查德·威利（Richard Wiley）回答说："你说得没错，这是听证会，所以你也不能提出反对意见。"随后几百名与会者的笑声更赞同了我的观点。

待回到芝加哥后，我被召进了 CEO 鲍勃的办公室，他是公司创始人保罗的儿子。鲍勃为什么找我？我的思绪在不断飞转，是因为我做错了什么？这些年来，我为鲍勃做了很多演示，但极少到他的办公室去，更别提是单独去了。当我进门时，他那严肃的表情加深了我的担忧。鲍勃为人很严谨，他坚信要头脑清晰地工作，办公桌就得是干干净净的。所以，每当有客人来访时，他的桌子总是清清爽爽的。唯独有一次我早到了一会儿，只见他急急忙忙地往抽屉里塞了一小叠文件，脸都红了。

这次，鲍勃从抽屉里拿出一封信递给我看。这是 AT&T 董事长约翰·德布茨（John deButts）的来信。开头是："亲爱的加尔文先生，您的下属马丁·库珀质疑贝尔系统的诚实性，我对此深感不满。"我一时不知道该怎么反应。鲍勃没有和我分享公司高层文件的习惯，也许这封有关我在听证会上获胜的信也不算机密文件吧。

"你激怒了世界上最大公司的董事长，对此你有何看法？"鲍勃的语气还很严厉，"而且还是我们的大客户。"我绞尽脑汁地想编一个回答。

但是鲍勃自己忍俊不禁，突然放声大笑起来，然后把我打发走了。

鲍勃对我在听证会上的表现饶有兴趣，让我松了口气。事实是，自 20 世纪 60 年代中期以来，围绕 FCC 审议一事，摩托罗拉内部的气氛越来越紧张，这些听证会维系了我们公司的商业前景。20 世纪 70 年代，摩托罗拉从商业成功的巅峰走向经营灾难的边缘，然后又重新创造出一种全新的通信方式。这起起伏伏的传奇故事涉及了 FCC、说客、秘密会议、赶飞机、龙虾大餐，而且还有一点讽刺的意味。

20 世纪 60 年代末到 70 年代初，摩托罗拉面临激烈的战略困境。我们被困在已有的高利润业务线、新业务发展方向、竞争威胁、内部分歧和监管政策之间。所有这些都源于潜在、待开放的新无线频谱。为了充分理解这一点及我们与 AT&T 之间战争的原委，我还是先介绍一下无线频谱及其使用和分配的情况吧。

***

你用手机拨打电话时，相当于拥有了一个私人无线频道。它和老式的固定电话线没有什么不同。无线频道有成千上万个，它们组成了"无线频谱"——简称频谱。频谱内不同种类的无线信道被用于不同类型的通信（工业术语称为"分配频谱"）。警察和消防通信、机场雷达、地图 App 使用的全球定位系统（GPS）信号等都得使用无线频谱。更贴近人们生活的应用，像婴儿监视器、车库门的控制和无线局域网（Wi-Fi）也都使用无线频谱。使用甚高频（VHF）波段的设备有调频收音机和 CB 波段电台，使用超高频（UHF）及以上频段的设备有微波炉和手机。

你可以把无线频谱想象成一个道路系统。在路上驾驶时，你要用这条路上的某一个车道。政府可能会制定规则，将特定的车辆分配到特定的车道上，但是行驶在同一路段的两辆汽车或卡车必须走不同的车道，或者在同一车道上但相互之间保持足够的间距，否则它们会相撞。同样地，当用户使用手机的时候，在周围一个被称为"小区"的区域内，他会被分配某个无线频谱，而其他用户则必须使用其他无线频谱。

谁能拥有这条道路—— 无线频谱呢？是我和你，对了，就是我们大家。无线频谱是一种自然资源，因此它是公共财产。为了避免用户之间的冲突，频谱资源是由政府管理的，政府允许各种实体使用频谱中的一部分，只要它"符合公众利益、提供方便并且是必要的"[2]。在美国，商务部管理分配给军队和联邦政府使用的频谱，而 FCC 则管理其余的频谱。在自己分配的频谱范围内，FCC 可以将一部分分配给警察局或消防部门，也可以授权给广播电台、电视台或蜂窝通信运营商使用。理论上，如果没有得到很好的利用，FCC 也可以收回这些频谱，但这种情况甚为罕见。FCC 还可以分配多个用户共享频谱，比如 Wi-Fi 或 CB（Citizen Band）波段电台。

在 19 世纪 90 年代，在古列尔莫·马可尼（Guglielmo Marconi）首次成功实现无线通信后的一二十年里，无线电主要是业余爱好者的领域。美国政府在 1912 年制定了无线电的使用规则，当时，只有少数人拥有电台，通信量非常稀少。到 20 世纪 20 年代，广播电台开始播放选举结果和拳击比赛，所以收音机的人气激增。到 1922 年年底，全美国共有 500 个广播电台；几年后，全美国有 400 万个家庭拥有收音机。

无线通信的数量在增长，频道间的干扰和竞争也在增加。政府先是创建了联邦无线委员会（FRC，创建于 1927 年），后来则是它的继任者联邦通信委员会（FCC，创建于 1934 年）管理频谱。FCC 负责分配大部分的频谱资源，决定谁可以使用哪些道路和具体哪条车道。有了 FCC 的频谱许可证，你就有权单独使用一条或多条车道。如果独占任何一条，就会导致稀缺性问题出现，

---

2. 这句"符合公众利益、提供方便并且是必要的"，出自《无线法案（1927）》（*Radio Act of 1927*），该法案创立了联邦无线委员会；以及《通信法案（1934）》（*Communications Act of 1934*），该法案将 FCC 确定为其继任机构。

而且使其价值大幅上升。AT&T 在 20 世纪 70 年代初的目标就是尽可能多地获取频谱，由于频谱资源的稀缺性和高价值，独家使用大量的无线频谱就能使其有效地永久保持垄断地位。

马可尼第一次发送无线信号时，他基本上占用了所有的频谱资源。一旦有第二个人开始发送信号，信道就变得拥挤。无线信号会互相干扰，如果不是工程师们不断地想出办法把更多的信息挤进每一个频道，那么我们应该早就用尽所有的无线频道了。工程师们将频谱划分为不同的道路，又在这些道路上划分出越来越多的车道，然后设法让每一条车道上的汽车跑得越来越快。

这些技术上的革新极大地提高了我们的能力，使无线频谱上可以容纳越来越多的通信流量。在过去的一百年里，无线电波承载通信流量的能力大约每两年半就会翻一番。我把这种持续不断的增长称为"频谱容量定律"（Law of Spectrum Capacity），有人称之为"库珀定律。"[3] 这其实并不是一个严格意义上的定律，就如同摩尔定律（Moore's Law）其实也并不是定律一样。根据英特尔公司的创始人之一，戈登·摩尔（Gordon Moore）在 1965 年所做的预测，随着成本的下降，单块集成电路芯片上的晶体管数量每年都会翻一番。这些所谓的"定律"是对长期趋势的观察所得出的推论。

1993 年，距离马可尼第一次实现无线传输信号已过去 50 年，我注意到，全球所有无线频道的信息承载能力增长了约 100 万倍。没错！无线容量比第一次传输时提高了 100 万倍。而且，这一趋势还在继续：在接下来的 50 年，又会有 100 万倍的飞跃。频谱容量每 50 年增加上百万倍这一事实意味着：今天，"我们的无线容量是一个世纪前的 10 万亿倍。"

---

3. 最初阐明时，我称之为频谱效率定律。

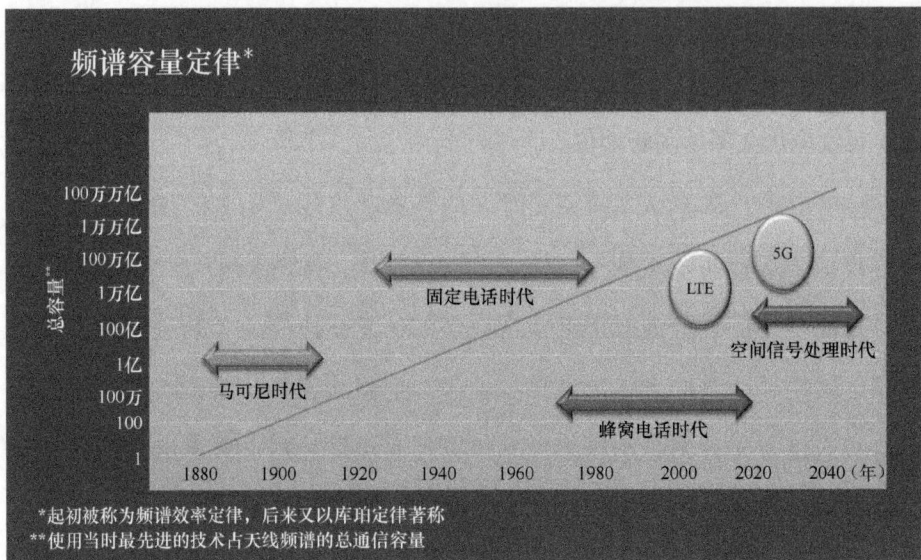

频谱容量定律，也叫"库珀定律"，基于我观察到的数据，一个多世纪以来频谱容量每30个月翻一番

这是人类历史上最杰出的工程成就之一。以此为据，我相信人类永远不会耗尽频谱容量。我们已经掌握足够的技术让无线通信的容量在未来五六十年内继续翻倍。我相信技术人员和工程师们将会一如既往地使技术领先于人们的需求。

***

不过，频谱容量定律只有在业界乐于采用最新技术时才发挥作用。到20世纪60年代中期，无线频谱已经变得非常拥挤。1966年，由美国商务部组织的电信科学小组（Telecommunication Science Panel）发布了一份报告称，"无线频谱的应用正在经历一场'无声的危机'，迫切需要提高频谱效率的新方法，而且形势非常急迫"。报告称，"即使不是全部，也会有很高比例的频谱不可避免地会饱和。"

陆地移动电话服务的增长率和使用率尤其高，而这正是摩托罗拉数量最大、利润最高的业务领域。1965 年，FCC 主席将陆地移动通信的拥塞称为"委员会所面临的最紧迫的问题之一"。摩托罗拉也感受到了这种压力。客户授权的无线频谱是通信部门的生命线。事实上，我们公司通常会帮客户向 FCC 申请频谱许可证。因此，公司在华盛顿特区特地安排专门的雇员与 FCC 密切合作。公司还和客户一起组成了游说团体，名称为全国商业和教育无线协会（National Association of Business and Educational Radio，NABER）。要把我们的盟友组织成目标一致的团体并不容易，因为它们不仅和 AT&T 竞争，互相之间也经常争斗[4]。

摩托罗拉迫切需要更多的无线频谱来支持双向无线通信业务。在人口稠密的地区，我们大多数客户所使用的 150MHz 频段内，已经没有任何未分配的无线频谱了。在这些城市，这个波段的所有广播频道都已分配给我们的客户或我们的竞争对手。摩托罗拉一直在游说 FCC 为陆地移动通信开放 450MHz 频段的频谱。我们希望双向无线通信可以从 25MHz 和 150MHz 的甚高频波段扩大到 450MHz 的超高频波段。在这一点上，我们和 AT&T 倒是意见一致。

1958 年，AT&T 要求 FCC 将 800MHz 频段分配给 IMTS 车载电话使用。不过，FCC 驳回了这一请求，它们这么做是有充分理由的。IMTS 的效率太低，无法容纳大量客户。到 1968 年，为了应对频谱使用"无声的危机"，FCC 宣布考虑要为移动电话服务开辟更多的频谱。FCC 发布了"案卷调查"，收集对

---

4. 约翰·贝雷斯福德（John Berresford）在研究蜂窝网通信第一个十年的公共政策时指出，在公共无线运营商中，"它们的专长是诉讼"，除了和贝尔系统斗争之外，它们主要忙于互相斗争。

启用 806 ～ 960MHz 频段频谱的建议。

要为移动电话开辟新频谱的说法引起了极大的争议。FCC 提议重新拿来分配的超高频（UHF）频段，早在 20 世纪 50 年代就已经分配给了电视台。不过，电视台通过美国广播电视协会（NAB）在华盛顿拥有强大的政治影响力。公司在华盛顿的律师告诉我们，有消息称，当地电视台用免费的广播时间换取政客们的支持，以阻止 FCC 触动它们手中的频谱。

问题在于，电视台实际只使用了分配到手的频谱资源中的一小部分。由于拥有这一段频谱的特权，所以它们从来没有尝试过要扩大其使用范围。相反，它们就是在频谱闲置的情况下囤积了这些资源。它们创建了一些所谓的保护通道，声称用以保护电视台不受频率相近的电台信号的干扰。随着接收机技术的改进，这些保护通道其实已经不再需要了，但广播公司设法说服 FCC 让它们保留这些通道，以减少未来的竞争。它们声称会将多余的频谱用于文化和教育节目，但是最终它们真正做的只是小心翼翼地保护这些"空旷的车道"。

糟糕的是，在案卷调查问题上，FCC 内部的意见也不一致。其中一名委员，罗伯特·E. 李，明确反对给移动电话分配更多频谱。他说，频谱只是地位的象征，给移动电话提供频谱，是"轻率使用频谱"的一个例子。无线频谱数量有限，只应该分配给必需的和高需求的组织。多年来，这种观点一直影响着人们对蜂窝通信的看法。直到今日，它还在继续左右着政策的制定。

摩托罗拉和 AT&T 一致希望能有更多的频谱开放出来，也都认为电视台囤积着闲置的频谱资源。几个月后，AT&T 对 FCC 的案卷调查作出了回应，很糟糕的回应。AT&T 回应里的提议显得野心勃勃、胆大妄为、傲慢自大；AT&T 是受监管的垄断企业，它们对个人通信业持固化的一隅之见是众所周知的。

***

在 1969 年年中的某次会议上，摩托罗拉的 FCC 战略委员会的十几名成员来到总部大楼，聚集在顶层一间高大的橡木镶板、没有窗户的会议室里。我们刚刚收到了 AT&T 对 FCC 案卷调查的回复。AT&T 愿意与摩托罗拉分享这份材料，因为我们是 IMTS 的合作伙伴。

像往常一样，我又是匆匆赶到的。不知道为什么，无论我如何事先计划想要早点到场，结果总是匆匆忙忙赶到会场。我早上先晨跑了 10km，然后以极快的速度开车到办公室，这时就只剩下几分钟的时间了。我看了一眼当天的日程安排，抓起一把向日葵籽，跑到大楼顶层。公司的法律顾问卢·斯潘塞（Lew Spencer）也出席了会议，他"自封"的职责是负责让大家的工作井井有条。他保管着一个三环活页夹，上面有一个标签页，写着每一个可能形成文件的想法。坐在他旁边的分别是公司的首席说客兼顾问、律师游说团队的协调人特拉维斯·马歇尔（Travis Marshall），他在华盛顿代表摩托罗拉，为管理层提供电信政策方面的建议。三名顾问——约翰·莱恩（John Lane）、唐·比勒（Don Bealer）和尼尔·肯尼迪（Neal Kennedy）——都是律师，也在房间里。还有摩托罗拉的监管律师莱恩·科尔斯基（Len Kolsky），他曾在 FCC 工作过；他是除我之外，房间里唯一的初级职员。卡尔也在场，他不常讲话，不过一旦开口，他的话总是充满智慧和洞察力，每个人都会认真倾听。

主持这次会议的是摩托罗拉的三位主要高管——董事长兼首席执行官鲍勃、新当选的执行副总裁比尔，以及副总裁兼通信部总经理助理约翰。每个人都以自己独特的方式做好了准备工作。除了通常的晨泳，鲍勃要从地下停车场爬 12 层楼梯上楼，但他走得很慢，这样就不会出汗。约翰也刚从晨泳中回来，他以前是水球运动员，现在依然采用大运动量的锻炼方式，这不断考验着他饱受关节炎折磨的身体。私下里他会打趣鲍勃的游泳"根本算不上是锻炼"。比尔，疑心重又有很强的好胜心，每天要让司机随机选择从他家到公司的开车路线，以避免任何可能的商业间谍活动。对他来说，赢是唯一重要的事情，他上班总是比其他人先到。

这就是我们的领导团队。摩托罗拉应该如何应对 AT&T 的提议，如何应对 FCC 即将采取的行动，他们的意见并不一致。

AT&T 的提议是利用 UHF 频谱建立一个蜂窝移动电话系统，它由低功率发射塔组成，这些发射塔构成无线频率覆盖的区域，称为"蜂窝小区"。当通话者从一个小区移动到另一个小区时，他们的通话将从一个塔转移到另一个塔。这和 IMTS 不一样，IMTS 是由一个信号塔向全市范围发射信号的，这会导致用户间的拥堵。20 年前，贝尔实验室最先提出蜂窝网结构这个概念，与摩托罗拉为芝加哥警局设计和实现的系统很相似。

使用 AT&T 新蜂窝系统的用户可以在各种车辆上使用移动电话：汽车、卡车、火车等。为了扩大规模，AT&T 希望使用 900MHz 频段，它们希望 FCC 能承诺，只要它们能够建立一个可行的演示系统，就把频谱分配给它们。由通用电气公司设计的城轨交通系统 Metroliner，正是 AT&T 计划要展示的，该系统沿着列车轨道进行小区切换。

AT&T 设想的是一个基于车载移动电话的蜂窝系统，但它将移动电话视为一个死胡同。它们公司的内部市场调查发现，这项服务的市场需求很小。因此，AT&T 提议由自己的子公司西部电气作为设备和服务的独家供应商，这种安排和有线电话业务完全相同。它们觉得如果只有少数人会购买移动电话（罗伯特委员也持相同观点），那么为什么还要花费心思向其他公司开放市场呢？反正也不会有什么市场。

摩托罗拉不喜欢这样的论调：AT&T 提议要扩展 IMTS（摩托罗拉为其制造了设备），可又把我们和其他公司排除在硬件制造商之外，这种设想糟透了。

由于 AT&T 没有预料到会有一个足够大的移动电话服务市场，也就无法证明有必要建设一个昂贵的基站网络，因此，它提出的建议与此无关。AT&T 要求获得 FCC 授权，由它们提供双向无线通信和一个新的空对地通信服务。换言之，AT&T 提议成为唯一的蜂窝和空对地通信服务提供商，并与现有的陆地移动制造商竞争。我们觉得这个提议不仅不公平，而且根本行不通。它们原有垄断部分的业务会获得可观的利润，然后可以用这些利润补贴竞争部分的业务。

AT&T 的这步棋是在试图规避 1956 年反垄断许可令的限制，该法令阻止 AT&T 公司进入陆地移动业务，并将其生产限制在有线电话系统上。当时，摩托罗拉主导着陆地移动业务，主要是双向无线业务，包括出租车调度、公共安全系统等。这块业务是摩托罗拉最赚钱的领域，我们拥有大约 80% 的市场份额，已近乎处于垄断地位，我们主要提供设备给公共无线运营商。

现在，AT&T 提议要进入陆地移动业务和所有的空对地通信领域，并建设一个新的蜂窝通信系统，它们实质上是要拿走整块"蛋糕"。更糟的是，FCC 正准备答应它们的要求。

***

55 年前，1913 年的"金伯利承诺"（Kingsbury Commitment），诞生了贝尔系统的垄断。这项协议终结了司法部对 AT&T 的反垄断诉讼。金伯利承诺没有拆解 AT&T，而是创造了一个由政府监管的垄断企业。当时，西奥多·

维尔（Theodore Vail）领导的 AT&T 同意了接受监管，并向其他公司开放其长途电话线路；但他们辩称，出于公众利益考虑，自己的电话服务属于"符合自然的"垄断，他们称只有 AT&T 才有能力建立覆盖全美的通信系统。政府同意了这一说法。

"金伯利承诺"比 FCC 早 20 年诞生，但有一种说法是，在此后的几十年里，AT&T 和 FCC 之间通过一种"两全其美的协议"满足了双方的利益。FCC 将电话服务和未来的蜂窝服务视为"符合自然的"垄断。AT&T 是行业巨头，FCC 在 1968 年重新研究 AT&T 于 1958 年提出的频谱要求，考虑它们的要求是否仍然有效，这表明 FCC 认为 AT&T 是唯一一家能够提供移动电话服务的公司。对 FCC 而言，简单的做法就是扩大 AT&T 的垄断地位：这样自己便可以免于监管竞争激烈的市场。对我们而言，这就糟了。更糟糕的是，FCC 竟然同意 AT&T 的论调，即手机服务没有太大用处，是一个相对次要的市场。

当时的 FCC 本身并不是特别擅长技术领域。在和摩托罗拉的一次会面中，曾有 FCC 专员问我："兆赫兹是什么意思？"不过，雷·斯彭斯（Ray Spence）是个例外，他是 FCC 内备受尊敬的总工程师。雷并不常露面，但他很有影响力，专员们都尊重他的意见。我第一次拜访他时，就被他那间简朴的办公室惊到了。虽然房间很大，但他与副手一起在里面办公。木桌非常老旧，凑合还能用，两人面对面分坐在办公室的两端，他们还共用一位秘书。即使在摩托罗拉那样低成本的工作环境中，重要部门的顶级工程师也肯定拥有一间私人豪华办公室。在雷的"共享"办公室里，到处堆放着文件；如果访客要逗留说话，还得把椅子腾出来才行。

同为工程师，我与雷相处得不错，他对我坦诚地谈了 FCC 的发展方向。

他了解技术和技术对频谱的影响，他是真诚地希望无线频谱能被确保用于公众利益。他坦言，他个人并不赞同以垄断的方式控制无线频谱。不过，尽管如此，AT&T 的提案对他还是很有吸引力的。

FCC 认为 AT&T 提出的蜂窝网方案是无线频谱的一大进步——事实也的确如此。他们认为贝尔系统是唯一拥有技术实力和经济实力实施这个方案的企业。顺便说一句，批准 AT&T 的请求也同时会减轻 FCC 的一项主要任务：处理来自各家实体层出不穷的频谱分配申请，例如，陆地移动通信行业和公共无线运营商等。在 1969—1970 年，有几千个要求建造和销售私人微波线路的申请，FCC 正头疼不已。它无力处理也不想处理如此多的请求，只能将所有"专业"运营商规划为一个类别，而不是根据个案逐个审批。在当时的情形下，蜂窝网的提案对于 FCC 和专员们具有很强的吸引力。如果 AT&T 提议的蜂窝网服务真能像它们声称的那样高效利用频谱，并且真的能建成一个全国性的基础设施，为公共无线（车载）电话市场、陆地移动和空对地通信市场提供服务，那么它将为 FCC 尤其是雷的手下减轻巨大的工作负担。

AT&T 在华盛顿有一支游说大军，针对每位 FCC 专员及其手下都有专人负责。他们知道这个系统如何运转，因为在很多方面，正是 AT&T 设计和定义了这个系统。尽管他们自己施加了政治影响力，但具有讽刺意味的是，后来有一位贝尔实验室的员工居然说"摩托罗拉在政治上比我们聪明得多……他们在公关方面比我们在行"。

***

玩弄政治、运作公共关系都是我们并不擅长的。在某些方面，摩托罗拉还使自己的处境变得更加艰难。因为即使在公司内部，我们的意见也不一致。

1969 年 10 月的一天，摩托罗拉的首席系统工程师库尔茨·舒尔茨（Curz Schultz）去 FCC 华盛顿总部与工程师会面。舒尔茨毫不含糊地告诉他们，从技术上讲，将 900MHz 的超高频用于双向通信是行不通的。因此，AT&T 提议使用该频段是很荒谬的。然而与此同时，我和公司驻华盛顿的员工正在几个街区外的国际俱乐部里和其他 FCC 的人会面并共进午餐（当时是允许请政府雇员吃午餐的）。我们一边吃着软壳蟹和缅因龙虾，一边滔滔不绝地描述 900MHz 频段将如何完美地适用于双向无线通信。我们还试图说服对方，摩托罗拉是设计和制造使用这个频段所需设备的完美人选。

为什么我们的说法会自相矛盾？原因在于，摩托罗拉的许多运营主管，尤其是销售部门的高管，都只关注他们的业务保底线，也即自己部门的利润损益表。当然，他们这么做也没错，每个人的关注点自然决定了各自的立场。对他们来说，公司的使命就是销售对讲机，他们各自的奖金则直接取决于该任务的成败。他们需要获得更多的无线频谱，才能支持其产品组合中已有设备的直接销售增长，而不是需要几年时间才能开发出来的设备。结果就是，摩托罗拉的所有游说力量都放在努力获得 450MHz 频段上。因此，他们的公开立场就是：用 900MHz 频段做双向无线通信在技术上是无法实现的。

从短期销售业绩的角度来看，他们是对的。IMTS 车载移动电话只占摩托罗拉业务的很小一部分，似乎还看不出这是一个极具前景的。

对于这个问题，我的视角不太一样，我更倾向于面向长远的未来。我相信，10 年以后，900MHz 的频谱部分会适合陆地移动通信，约翰也同意我的观点。我们看到了在该领域拓展移动和便携式通信的机会，这将为摩托罗拉创造新的产品和服务领域。我们还清楚地知道，在开发 900MHz 所需的双向无线通信技术方面，摩托罗拉的一些部门已经获得了实质性进展。我们认为，最终摩托罗拉可以用 900MHz 频段来为我们的陆地移动客户服务，并与 AT&T 竞争频谱资源。如果现在 FCC 不让我们参与到 900MHz 频段，以后摩托罗拉或将被彻底排除在新技术的门外。虽然目前这个技术只处于初级阶段，但未来可以全面改变整个行业的面貌。

尽管如此，要使 900MHz 通信具有实用性，在设备和技术方面仍有许多工作要做。与无线相关的器件，如接收晶体管和功率放大晶体管尚未投产，实验用设备成本高昂，且性能无法预测。900MHz 无线电波的特性与低频无线电波的十分不同，例如，900MHz 无线电波更容易受到树叶和建筑物的干扰。公司内部那些关注于短期收益和保底线的领导们对直接挑战 AT&T 持怀疑态度。一场全面的战争所需要的工程费用和法律开销将耗尽公司的财力。他们的看法是，我们的立场是不合理的，他们私底下和在公开场合都这么说。

正如卡尔·尼格伦（Karl Nygren）后来回忆的那样，直接挑战 AT&T 可不是一件小事。摩托罗拉是 AT&T 的供应商："除非是公司的重大战略决策，否则我们不能这么轻易离开主要客户。"AT&T 是一个垄断巨头，不仅是全球最大的公司，还是我们的客户，与它反目必然是一个"十分重大的抉择"。

***

摩托罗拉此时正面临着巨大的企业风险和监管风险，而且在公司内部也存在严重的分歧。在 1970 年 1 月的 FCC 听证会上，我们的不满和矛盾彻底公开了。这次听证会是在我那场撕纸条表演的 3 年前召开的，讨论的是关于分配更高频率频谱资源的问题。我、比尔和约翰一起出席了听证会并作证。早在一个月前，我和 NABER 的一些行业伙伴进行了一次发言演练。演练进行得并不顺利，我的发言结束后，迎来的是台下听众茫然的目光！他们是双向无线设备的制造厂商，都渴望有更多频谱，我们本应是并驾齐驱的合作伙伴，而我居然把这群业内人士说得昏昏欲睡！我很内疚，如果连盟友的沟通工作都做不到位，那么又该如何说服 FCC，让 FCC 相信这场竞争的意义，又如何让它们接受摩托罗拉的提议呢？

为了做好准备工作，我与摩托罗拉的律师约翰·莱恩（John Lane）密切合作。他社交广泛，深谙人情世故。约翰逐字逐句地批阅了我准备好的发言稿——就是那篇催眠了我们 NABER 盟友的演讲稿——删除了大段大段的文字，仅保留了实质性的内容。他给我上了一堂演讲课：直至今日，在每次发言之前，我都会删掉演讲稿中与我的主要观点无关的词汇、短语。虽然我不确定与约翰合作的这一段工作经历是否对这次 FCC 听证会有帮助，但是对我的职业生涯是大有裨益。

FCC 的专员们在质询中明确表示，他们认为摩托罗拉的论点自私而且逻辑混乱。在 1970 年的证词中，我硬着头皮表示，AT&T 所提议的 900MHz 无线频段不适合陆地移动系统。但我知道，随着时间的推移，技术和经济上的难题终将得到解决，有朝一日这一频段将会成为陆地移动通信的宝贵资源。我也知道这个过程至少需要 10 年时间，所以，从某种意义上说，我讲的是实话[5]。不过，FCC 已经知道我们正在研究这项技术，我们也已经向他们表明摩托罗拉有能力做到这一点。

FCC 还指出摩托罗拉扮演无辜受害者的角色，是为反对扩大 AT&T 的

---

5. 摩托罗拉在回应 FCC 的调查问卷时提交的官方公开评论称，如果要充分评估 900MHz 频率对陆地移动通信业务的效用，并生产市场所需要的设备需要 7～10 年。我们还认为，900MHz 频率在覆盖范围方面的数据不足。AT&T 也预测其需要一个漫长的开发周期。

垄断地位。毕竟，我们占了双向无线业务 80% 以上的市场份额，并且主张在 450MHz 上增加无线频谱。后来又有人批评摩托罗拉的言行是自相矛盾的。我们想要保护并扩大自己在陆地移动通信中的地位吗？当然，答案是肯定的！任何公司都想维护自己的利益。但是，抨击 AT&T 并没有使我们处于有利的地位。我们一方面要捍卫自由企业的立场，即声称受到 AT&T 的威胁，而与此同时，我们还想获得额外的无线频谱，以继续保持自己在双向无线行业的主导地位。这个姿态可不太好。

　　FCC 举行听证会这件事本身说明摩托罗拉对推动技术进展起了一定的作用。20 世纪 50 年代，在早期微波通信设备之争中，摩托罗拉在华盛顿的游说改变了 FCC 对待贝尔系统的方式。在此之前，AT&T 的垄断一直采用所谓的"持续监控"的方式。其实，这只意味着在宝贵的午餐时间进行"非正式讨论"。摩托罗拉公司对微波设备进行的操作使 FCC 转而采取了更严肃正规的监管措施，也就是正式的听证会。虽然这并不能确保摩托罗拉和盟友在 20 世纪 70 年代初占到上风，但我们之前 20 年的努力已经使一切成为可能。

　　1970 年的听证会加速了我们努力的步伐。在接下来的 3 年里，摩托罗拉、AT&T 等公司制作了几千页的 FCC 文件。通常，我会先写一个答辩的技术版本文档，然后由我们在华盛顿的监管律师莱恩·科斯基（Len Kolsky）把它变成法律文档，并加入政策方面的考虑。由于当时还没有文字处理器，首先会由一组打字员制作纸质文档，然后把这些文档剪成小片，粘贴在一起，再重新打出来。完成的文件被紧急送到奥黑尔机场，以便第二天早上可以交付到 FCC。幸运的是当时的机场不需要排队过安检，在 1969 年，机场压根儿没有任何安检。我们往往要工作到最后一刻，然后赶在航班起飞前的 10 分钟才急匆匆把兰和特拉维斯送到机场。我们的运气不错，不知怎的，他们总是能赶上飞机，顺利起飞。

***

尽管摩托罗拉在 1970—1973 年这 4 年里不断给 FCC 施压，要求拒绝 AT&T 的提案，但我们不能忽视自己公司内 C&E（通信和电子）部门的观点。这个部门是公司的核心，是公司整体发展和盈利能力的引擎。当时对通信和电子部门来说，AT&T 的蜂窝通信方案不重要，重要的是确保双向无线系统能获得更多频谱。

我十分清楚，为了公司的长期发展我们该采用什么样的策略。竞争符合公众利益，便携性才是通信的未来。

从短期来看，通信和电子部门的担心是有道理的。AT&T 的观点没错，目前的陆地移动通信设备的频谱使用效率低，而摩托罗拉的双向无线业务在陆地移动通信领域恰恰是最多的。为了对抗 AT&T 并维护我们在 FCC 的信誉，我们需要证明摩托罗拉可以更高效地使用陆地移动通信的频谱资源，并使之工作在更高的频率上。我们需要在更高的频率上展示自己的技术能力。

多年来，我一直和研究主管罗伊讨论如何提高陆地移动通信技术的效率。我们的结论是，AT&T 在一件事上是正确的：将单个信道授权给某个用户供其独家使用是十分低效的做法。AT&T 在向 FCC 提出的蜂窝通信的建议中提议允许用户群体共享信道资源，这又被称为"集群"（Truncking）。AT&T 在这个问题上绕过了摩托罗拉，让雷和 FCC 觉得他们的提议意义深远，从而获得批准。为了迎接 AT&T 的挑战，并满足通信和电子部门的短期战略需求，我说服罗伊指派其应用研究部门的部分员工负责研究陆地移动通信集群系统的具体细节。

我向他们描述的是这样一个系统，它聚合了 20 个无线频道，并允许客户独立访问其中的任何一个频道。在研究电话和陆地移动通信之间的差异时，我曾发现，通过聚合频道可以提高频谱利用率，中继、调度系统（如警察和消防部门）大约需要 20 个频道，电话服务大约需要 30 个频道，这样效率就会达到最高峰。每个用户都可以把那个无线频谱看成是属于自己的，完全不会干扰他人。在实际应用中，每家公司都可以有自己的集群系统。

通信和电子部门多年来一直在运营供社区使用的无线中继器，这些中继器是配备了基站和天线的无线通信站点，出租给客户使用。社区中继器既可以有效进行群体呼叫（如警察在调度中"呼叫所有车辆"），也可以通过按住"通话键"（press-to-talk）的方式满足一对一通话要求。不过，到 20 世纪 60 年代末，社区中继器就显得较为原始且效率低了，而且仅限于使用 5 个信道。摩托罗拉还在使用这么过时的技术一事被 AT&T 曝了出来。在这种情形下，我们的通信和电子部门的高管们仍然不打算用新技术解决方案，他们只是希望拿到更多的频谱。此时，罗伊的团队开发出了一个集群系统，在这个系统里，众多用户可以在先到先得的基础上共享多个频率。

我所设想的技术解决方案一旦得以实现，就会把它兜售给雷，因为雷真诚地希望能确保无线频谱被用来实现公众利益的最大化。罗伊和他的团队所设计的新系统能带来更高的效率，能更好地利用频谱，具有更佳的性能。雷是一位真正的工程师，他一眼就能看出这个方案的技术优势。靠着新集群系统的高效率及我与雷之间的良好关系——我俩都热爱工程——他批准了我们的解决方案。FCC 最终决定：所有拥有 5 个以上信道的 900MHz 陆地移动系统都必须采用集群技术。

我所设想的集群系统，在罗伊和同事们的帮助下实现了，后来又成为"专业移动无线服务"（SMRS）的基础。它为 Nextel 等成功的企业提供了平台。

集群方式为 FCC 解决了个人陆地移动通信服务中的一个问题。然而，摩托罗拉内部仍然有反对意见，通信和电子部门的高管表示，他们的客户绝不会购买这款价格昂贵的产品。而据我估计，这个产品只比目前他们所支付的价格高 15% 左右（暂且不提效率和性能的提升，从长远来看，它的成本更低）。10 年后，SMRS 占了通信和电子部门双向无线业务收入的 80%。

更重要的是，集群技术向 FCC 证明了两件事。其一，陆地移动通信服务可以与蜂窝移动电话保持分离，并且更为高效。其二，自由竞争对创新至关重要。通过采用集群系统这个规定，FCC 明确向那些志在提高频谱利用率的 SMRS 企业敞开了大门。

＊＊＊

到 1972 年的秋天，华盛顿到处在传 FCC 即将出台无线频谱的政策。摩托罗拉内部的气氛也紧张到了极点。尽管公司主要通过库尔特·舒尔茨（Curt Schultz）继续传播 900MHz 不适合陆地移动通信的言论，但摩托罗拉在使用 900MHz 频率和集群系统方面表现出了越来越强大的技术能力；库尔特本人没有直接参与这项工作。到 1973 年春天，摩托罗拉改变了对 900MHz 频率的口风。我们的内部矛盾和态度的改变没有躲过 FCC 的委员们和工作人员的眼睛。持有"轻率"使用频谱观点的罗伯特·李（Robert E. Lee）专员曾问道："库尔特躲到哪里去了？"。李专员手握 1973 年 5 月听证会的决定权。由于摩托罗拉改变了立场，导致 FCC 开始怀疑我们在 900MHz 频段的产品交付能力。

我们被自己困住了手脚，此时急需找到一条出路。1973 年 5 月的 FCC 听证会上，我用撕纸条的方式引起了大家的注意。不过，要真正引起 FCC 的注意，打消它们的疑虑，从而影响它们的决策，我们还需要一个更有分量的东西。

约翰的看法与我不谋而合。1972 年时他坦陈，摩托罗拉必须有一些大动作。他指派移动产品部门的经理杰克·杰曼（Jack Germain）准备一场令人惊叹的演示。杰克回到他自己的工程部门，指示他的手下在必要时停止所有新产品开发，集中所有资源，制作一整套在 900MHz 频率上工作的便携式无线对讲机。现在我们必须向 FCC 证明，公司转变了对 900MHz 陆地移动频率适宜性的立场，而我们的技术能力完全可以支持自己的观点。与此同时，约翰指示公共关系主管杰里·奥尔洛夫（Jerry Orloff）与杰克合作，准备在华盛顿举办一场盛会，以打动 FCC 和国会议员。特拉维斯，我们的首席说客，被指派先在这些潜在的观众中制造声势。

听到上面的安排，我有点情绪低落。这令人惊叹的故事怎么能没有我的份呢？难道约翰忘了我们俩这个优秀的"二人组"了？他难道已经忘了我们搭档 IMTS 项目时的所向披靡？我努力去想象一场精彩的陆地移动通信演示，可脑子里是一片空白。虽然我在公司内部一向很有感染力，可是多年来，我一直难以激起社会大众或政界人士对陆地移动通信的兴趣，甚至包括我的母亲，尽管她以我为荣，却不清楚我到底在干什么。她宁愿吹嘘她的儿子是一个医生或者律师，而不是个无线工程师。现实情况是，对局外人来说，移动通信很无聊。当然，FCC 的工作人员了解我们的工作，它们也认可我们的重要贡献，因为通信能提升许多行业的生产力，保障警察和消防部门的安全。但眼下，我们需要引起国会和其他政客的注意，他们可是与 FCC 完全不同的受众。

为了保持摩托罗拉的生存能力，也为了把通信的未来从垄断的扼杀中拯救出来，我们需要做一些真正令人惊叹的事情，一些远远超越产品展示的事情。我们能做些什么来阻止 AT&T 完全控制蜂窝通信呢？

我突然灵机一动，我们需要打一个电话。

第 8 章

创新剧场

8

现在我要介绍第一部蜂窝电话（手机）诞生的经过。首先，我们先来聊聊"表演"，这是我很早就从母亲那里学到的技巧，当年，我亲眼看到她在芝加哥市中心销售内衣。

任何机构里（如摩托罗拉）掌管钱包的人本质上都是十分保守的，他们这样做对我们而言是好事。为了开发新项目，我们就必须不断地提出申请，以获得研发和推广的资金。因此，工程师们发现，如果想要把产品推向市场，就先要能够在公司内部推销自己的项目，我们首先得会表演。

无论推销任何东西，表演是其中的必要成分。介绍创新性、金点子、新颖的做事方式，要做很多口头的说服工作，但是一旦到了要付出真金白银的时候，项目却很可能会被拒绝。新颖的做事方式通常都有风险，普通人往往会拒绝改变，除非这个变化有巨大的潜在价值，值得去冒险。

所以，潜在价值的展示方式至关重要，这涉及所有销售技能和表演技能。口才是举足轻重的技能，幸运的是，从职业生涯的初期我就有这种能力。

在我与约翰·米切尔一起推广 IMTS 项目时，我们花了大量的时间站在"魔法桌"后面卖力演讲，想方设法用我们的新点子吸引观众。唐·林德（Don Linder）管我们叫"阿莫斯和安迪秀"（*Amos'n'Andy* 广播剧）。当我和他谈起我在写书时，他提醒我，约翰和我总在"完善对方的话语，补充对方的能量"，这就是游说和销售。你需要加入一定的表演成分，无论是在公司内部还是对外，这都很重要。

1965 年春，摩托罗拉通信部门的管理团队齐聚亚利桑那州斯科茨代尔（Scottsdale，Arizona）的 Valley Ho 酒店，他们在酒吧开欢庆会。此前，我们花了一整天的时间与半导体部门的同事谈判，并大获成功。这次会议对通信部门至关重要。我们请半导体事业部专门设计和制造一种独特的射频晶体管，以确保我们能继续保持对通用电气公司和 RCA 的竞争优势。与摩托罗拉相比，这些企业都是巨人，但在技术和市场份额方面我们是主导者。

半导体事业部门的经理们本来同意我们的要求，但在会面的前两天，他们说，与外部制造商相比，我们的购买量太小，因此我们的内部业务就不那么有吸引力了。汽车收音机的晶体管设计会带来几百万个晶体管的订单，而我们最多也不过是几万个。他们提议，若要他们满足我们的需求，唯一的方法就是下一个足够大的订单。

我们的团队没有被吓倒。要实现双向无线通信的突破性进展，必须由半导体部门设计和制造一个新的定制晶体管。如果得不到他们的承诺，我们绝不离开凤凰城。在当天的会议上，通信部门出席的有总经理比尔、二号人物约翰、我和杰克，以及首席工程师们。对方的半导体事业部团队由总经理助理带领，与通信部门团队的实干派相比，他更像是一个博学、文雅的美食家。他的最爱是香肠和意式香肠披萨，加橄榄和蘑菇，沾着辣椒酱。我在芝加哥和他一起吃过好几次饭，与他在一起很有趣。他那时才刚加入半导体事业部门，当他被调到凤凰城时，他坚持要公司付费，用一辆温控卡车将他收藏的葡萄酒也一起带上。接我们这个业务，他必须平衡部门效益和整个公司的利益。毕竟，能确保他奢侈的退休生活的是摩托罗拉股票期权，其价值是由公司的整体表现决定的。

约翰用一个绝妙的方式拯救了这次会议。他开始了："你们曾经说过需要一笔大的订单。好吧，就听你们的！"

他兴高采烈地打开了会议室的门。我们的两名员工抬着一张 4×6 英尺的胶合板漆成的白色支票模型进来了，这是一张模拟的超大尺寸的晶体管大订单。看，我们确实下了一个大订单！

当笑声平息下来时，我们解释说，这个业务将是一个长达若干年的承诺。而且，我们知道自己肯定会履行这一承诺。不知道是由于我们的幽默还是真诚，会议的氛围完全变了。半导体团队明白，如果拒绝我们，他们在公司内会受到董事会主席，以及上上下下各层的压力。于是，他们同意设计和制造我们所需要的晶体管。

几年后，即 1971 年，在凤凰城开启的一系列客户会议上，摩托罗拉发布了 Pageboy Ⅱ型寻呼机及多个版本的寻呼终端机。观众包括摩托罗拉的销售团队及一些重要客户，如荷马·哈里斯（Homer Harris）也在，几年后我娶了她的女儿阿琳（Arlene）。发布会的高潮是戏剧性地使用了 3 年前上映的影片，斯坦利·库布里克（Stanley Kubrick）的《2001 太空旅行》（*2001：A Space Odyssey*）的开场场景。一个穴居人把一块骨头扔向空中，骨头滚到远处，然后重新出现时变成了宇宙飞船，仍然在不断翻滚。与此同时，我们听到的是理查德·施特劳斯（Richard Strauss）的交响诗《查拉图斯特拉如是说》（*Alsosprach Zarathustra*）中的"日出"（The Sunrise）这段。

但不同的是，骨头重新出现时不是一艘宇宙飞船，而是一只翻滚的 Pageboy Ⅱ寻呼机。观众们欢呼雀跃，甚至销售人员也一片叫好，毕竟这个产品推介会延期，让他们等待了一年多，大家早已按捺不住了。现在总算将那一连串痛苦的延期和毁约全抛到了脑后。

为了安排我的演讲，公关团队租了一个魔术师的玻璃"笼子"，届时我会突然出现在"笼子"里。尽管我喜欢表演，但我还是告诉他们，我宁愿被介绍为一个工程师。不过他们否决了我的提议——他们想强调，做出这个寻呼机及其支持系统是个魔法般的过程。他们是对的。这时，我们确实需要一些表演元素。就像介绍第一部手机时一样，我们需要戏剧化的效果。

那块叫 DynaTAC 的砖头：
手机的诞生

09

"到目前为止，我们一直小心谨慎，不希望通过媒体或我们的言论或以任何方式向公众透露出贝尔系统有垄断的想法……但事实是，这是一个关于电话的工作，我们是专做电话的，我们是业内最顶尖的。在我看来，清晰、合乎逻辑的结论就是，我们迟早会去做这项工作，不管以哪种方式。"

——A. H. 格里斯沃尔德（A. H. Griswold），AT&T 执行官

这份声明概括了贝尔系统在 20 世纪 70 年代初对蜂窝电话的看法——带着假装的不情愿、对为公众利益服务盛气凌人的谦虚，以及不加掩饰的傲慢。实际上，这种观点也是 AT&T 在 20 世纪大多数时期对所有其他各类技术的态度。这一声明发表于 1923 年，当时 AT&T 已经是受政府监管的著名垄断企业。声明的背景是 AT&T 试图寻求在广播业务中的主导地位。是的，没错，就是广播——通过无线电播送的各种演出和节目。它们控制着长途通信网络及电话的基础设施，所以无线电只是它们垄断业务的一个延伸。它们觉得事物就该如此——至少贝尔实验室的思维方式是这样的。

后来，无线广播的主导权被转授给了美国广播公司 RCA。但是在 1972 年，贝尔系统就确定了它们对待手机和频谱的态度：如果必须有人来干这件事（当然是为了公众利益），那也应该是我们，因为我们是电话公司，不过，我们需要有完全控制权才肯干。

1973 年，FCC 确实打算把这个位子给贝尔——除非摩托罗拉能够改变它们的想法。这一次，光靠在听证会上戏剧性的撕纸条是远远不够了。

除了约翰提议的双向无线演示，我们还需要更多的东西。也许，也只是也许，这将会稍微引起 FCC 对摩托罗拉和其他公司的注意，为它们在陆地移动通信业务中留下一点竞争空间。但 AT&T 提议的关于蜂窝通信、双向通信和空对地通信的垄断计划马上会得到 FCC 的批准。FCC 要求 AT&T 提供一份提案，AT&T 也已经提交了。1972 年夏末，我们通过小道消息听说很快就会有决定，据说这个决定对摩托罗拉和我们的盟友们并不太友好。

我们需要一些实物来向 FCC 展示，在一个充满自由竞争的市场里，电信事业的未来蓝图是什么样子的。我们即将在 1973 年春天作证，到了那个时候我会直接批评 AT&T 并挑战它们的主张（有点戏剧性）——这需要强大技术实力的支持。

我们需要用实际演示来表明，而不是仅仅口头告诉 FCC，AT&T 声称只有它作为垄断企业才可以提供蜂窝网通信服务，这完全是一派胡言。如果摩托罗拉能够展示一个真正的移动电话的未来愿景呢？我知道这样的演示是完全可以做到的，我也知道一定要去做这个演示。"我们必须做些惊天动地的事"，我在一份内部备忘录中这样写道。

***

移动电话要有便携性，这个念头在我脑子里根深蒂固。多年来，在寻呼机和警用无线对讲机方面的工作一直推动着摩托罗拉朝这个方向前进。我们目前在电话方面的工作是紧紧围绕 IMTS 框架进行的，采用的是 AT&T 的汽车电话服务。说到电话的未来，它们必须是便携的，对吧？这意味着它们不能被局限在汽车上。几年来——早在贝尔实验室向 FCC 提出蜂窝网的提案之前——我一直在公司内研究部门的各个实验室之间四处"漫游"，我鼓励工程师们设计的设备和电路要适合未来通信的需要。因此，我知道摩托罗拉已经具备能力，拥有制造便携式电话系统的所有技术组件，这些组件优于贝尔系统的产品，至少据我们所知是这样的。

1972 年深秋，离听证会还有不到 6 个月的时间，我闯进了约翰的办公室："约翰，我知道在 900MHz 频段上展示无线对讲机这件事很重要。但是，如果要给 FCC 和政客们留下深刻的印象，我们还要做点比对讲机更华丽的东西。""我们可以做一款原型手持便携式的电话机，到华盛顿去做演示。这会直接让贝尔系统出局，你看怎么样？"

他想了一会儿。"我认为你是对的，马丁。可是这意味着在 4 月份的演示之前你就要完工。我对此不抱太大期望，除非你有办法证明能来得及做出来。"

和往常一样，他又是对的。"摩托罗拉 Pageboy 传呼机的问世晚了整整 18 个月"，他提醒我，"对我们来说，AT&T 的威胁太大了，哪怕是延迟几天都不行的。"

我可没有 18 个月的时间。现在已经是 1972 年底，来年的春天我们就得举行下一轮 FCC 听证会。杰克的小组已经在为华盛顿 FCC 会议准备双向无线通信的演示了。

我只有 3 个月的时间。更复杂的情况是，我还没有独立的可自由支配的资源。当时，我是通信部门的副总裁兼系统运营总监。但是，设计一台真正便携式电话所需要的资源分散在公司各个不同的部门。据我所知，我是少数几个知道（通过在公司各个部门"漫游"）所必要的技术元素都已经存在或正在开发人员手中。那是我的筹码，此外我还得设法笼络、说服和激励员工。为了启动项目，在 1972 年 12 月初，我拜访了 3 个人。

第一位是工业设计组的负责人鲁迪·克罗洛普（Rudy Krolopp），他的团队为摩托罗拉所有的通信设备做过工业设计。鲁迪负责美学和用户界面。我们需要产品外观能吸引人，而鲁迪正是工业设计方面的专家。他性格独立、有主见、坚忍不拔，而且富有魅力和想象力。更妙的是，他是一个天才，设计的东西既漂亮又实用。

"鲁迪，我需要你设计一个手持式的无线电话，一个便携式的蜂窝电话机。"

"便携式蜂窝电话机是什么玩意儿？"鲁迪问道。

我说："嗯，就是一部你可以随身携带的电话，而且外观一定得时尚，因为我们要用这个来做演示。"据鲁迪回忆，我当时拿起他的办公室固话说道："如果我拿起一把剪刀，把电线剪断，不管干什么我都拿着它，到处走来走去，这就是便携式的蜂窝电话。"

我们以前也有过类似的对话，有时闲聊会促成新产品的诞生，有时，它们只是一些想法，过于未来主义或是彻头彻尾的疯狂妄想，其中之一是手表式寻呼机，虽然它从来没有投产过，但后来催生出了蜂窝通信手表。

我继续说："我们正在和世界上最大的公司较量，让它们瞧瞧我们会制造便携式电话，它可以用来给世界上任何地方的任何人打电话，而且我们还可以比它们做得更好。"

鲁迪想了一会儿："这听起来很有趣，我的人肯定会兴奋不已。规格是怎么样的，你什么时候要概念设计？"

"没时间做概念设计了，鲁迪，我们需要在 3 月之前完成，所以我们需要在几周内就设计出模型。"

当我为本书采访鲁迪时，他告诉我："我当时没有说，但我内心在犯嘀咕，'你是疯了吗？'不过我倒是没有直接拒绝你。"

我又花了 1 小时描述了手持便携式电话的视觉形象、演示的观众，以及为什么这个演示对我们的业务如此重要。鲁迪明白了一切："我会去做的。"

鲁迪和工业设计组并不直接归我管。在我们的谈话之后，他暂停了所有公司内部其他客户的活儿，不过并没有停止收取它们的服务费。我想起了约翰曾经给我上的预算拨款课，纯粹纸上谈兵的数额和派一个有激情、有说服力的人去谈，两者之间的差别可大了。去鲁迪那边检查进展也不容易：如果我去得太过频繁，他会觉得我逼得太紧了；如果我出现的次数少，又会显得我不够关注。我想起约翰告诉我的平衡点，知道什么时候人们快靠近悬崖的边缘了，什么时候又该提供咖啡了。对于鲁迪，大约每三天出现一次似乎比较恰当。正如有一位同事所描述的那样，我的职责是"让大家继续前进，努力保持士气"。

我第三次去拜访鲁迪时，他说："我们已经离成功越来越近了。这个项目太重要了，所以，我决定只做一个模型是不够的。我把手下最好的 5 个设计师调到这个项目中了，他们一直在没日没夜地干。你这个计划有点疯狂，但我们也许能够按期完成呢。"

两周后，我们在兰瑟餐厅（Lancer's）一个宴会厅里聚餐，兰瑟餐厅位于我们办公室对面的高速公路旁。在一个足以容纳百人的大厅的中间，我们 7 个人围坐在一张桌子旁。设计师们急切地渴望向我和鲁迪，以及向彼此展示各自的成果。这点儿竞争气氛，为展示过程平添了些许趣味。尽管我给团队的日程安排要求很紧，但我希望看到效果渲染和设计图纸。结果，我的收获远远超过图纸本身。

每个设计师都站起身来，滔滔不绝地讲解各自的实物模型。他们个个洋溢着自豪感，使整个大厅蓬荜生辉。每人都解释了各自的功能设计及美学效果。每个模型都美丽动人，而且是面向未来的设计。有一个是带滑块的；另一个是翻盖式的，能像书一样折叠顶部和底部；还有一个看起来像一只靴子。每

那块叫 DynaTAC 的砖头：手机的诞生

一个设计都和今天的手机大小一样。

超越时光：鲁迪·克罗洛普的团队为摩托罗拉的 DynaTAC 手机
制作的翻盖喉舌式的概念设计，1972 年
（图片来源：摩托罗拉公司档案馆馆藏，经许可转载）

鲁迪·克罗洛普的团队为摩托罗拉 DynaTAC
手机制作的双翻盖式概念设计，1972 年
（图片来源：摩托罗拉公司档案馆馆藏，经许可转载）

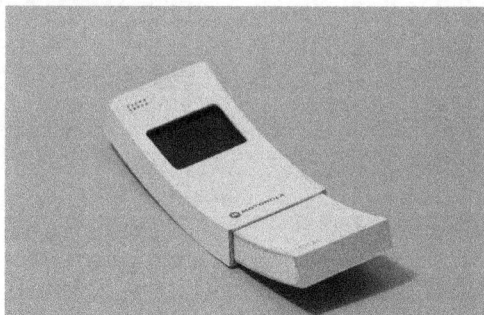

鲁迪·克罗洛普的团队为摩托罗拉 DynaTAC
制作的可伸缩式概念设计，1972 年
（图片来源：摩托罗拉公司档案馆馆藏，经许可转载）

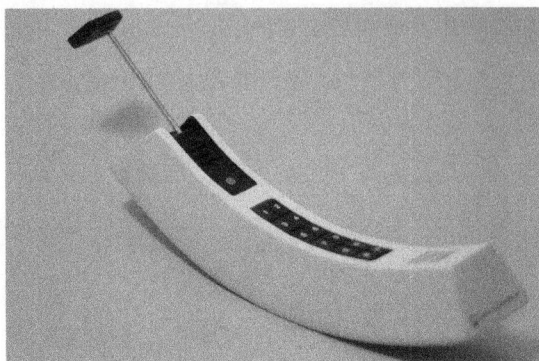

鲁迪·克罗洛普的团队为摩托罗拉 DynaTAC
制作的"香蕉"式概念设计，1972 年
（图片来源：摩托罗拉公司档案馆馆藏，经许可转载）

　　我们要马上拍板决定用哪款设计，选定的设计必须在几个月内变成一部真正能用的电话。我们谈到了目标和时间安排。很明显，鲁迪对每一个设计都有影响力，我们确保要让每个设计师都有机会表达自己的观点，这样大家都知道自己参与了最终的决定。

　　不到 1 小时，我们就达成了共识：采用肯·拉森（Ken Larson）的设计。虽然不是最有创意的，但"靴子"（或"鞋式手机"）呈现为一个完整的块状，看起来很有吸引力和原创性，而且与经典电话机有概念关联。简单、质朴使得这款设计最后胜出。我们希望尽量减少部件的数量以避免演示中可能出错，它必须能正常使用。

肯·拉尔森制作的"鞋"或"靴"式手机设计，
成为摩托罗拉 DynaTAC 的原型，1972 年
（图片来源：摩托罗拉公司档案馆馆藏，经许可转载）

　　设计是决策里相对容易的部分，接下来，肯·拉尔森的"鞋式手机"模

型还要制作成真实的手机，内含所有必要的零件。

这可以说是史无前例的发明，要知道，制造手持便携式电话所需的所有单一技术都还在我们的研究部门处于不同的开发阶段。例如，我们已经努力了好几年，尝试用集成电路，也即半导体芯片，来取代无线对讲机中原先需要几百个单独的组件建造的部分。把这些技术用于手持式电话只有几步之遥。不过，实际操作起来的难度相当大。

在使用这个新款便携式蜂窝电话时，我设想中的用户是在不断移动的。这个看似简单的设想需要若干不同领域的技术突破。首先，它需要全双工的方式：通话者要能同时说话和收听。这仅靠双向无线对讲服务的延伸还做不到。因此，我们首先需要一个射频功率放大器，它可以在 900MHz 频率持续可靠地产生 1W 的输出能量。这种器件当时还不存在，那时候，我们还在努力让 450MHz 的放大器能够可靠地工作。此外，无线接收器必须极其灵敏，才能从空气中提取微弱的 900MHz 信号。其次，我们需要一个三向选择器（Tri-selector），有了这种器件全双工方式才能在 IMTS 中实现。IMTS 版本的三向选择器几乎和我们整个电话一样大，我们需要做出微型的三向选择器，微型的三向选择器还前所未有，并且，IMTS 中的三向选择器是在较低频率下工作的；我们也缺乏其在 900MHz 频率下工作的经验。

此外，新电话需要使用几百个移动无线频道，但我们还没有超过 6 个频道的无线对讲机。现在的频率合成器可以调谐到几百个无线频道中的某一个上，不过那时我们的工程经理查克只在脑子里有过类似的设计，这个技术还没问世。如果摩托罗拉半导体事业部门能给我们一块当时处于实验阶段的计算机芯片，或许也可以成就新的便携式蜂窝电话，不过这都是后话了。要知道当时是 1972 年，大规模的集成电路还不存在，我们只能使用大量的小规模集成电路。幸运的是，当年我们的工程师已经在设计新一代集成电路了，虽然仍在研制阶段，但当时我希望他们能在实验室把东西赶制出来。[1]

所有这些部件在各自的技术领域都是突破，然后得把它们放入由电池供电的手持便携式无线电话中，使用的几百个元件完全靠手工焊接，因为当时无法做到把那么多元件放到一块芯片上。许多功能也尚未经过测试，但必须要让它们正常运行，否则我们的整个项目就失败了。

这些只是我们已知的难关，还不知道有多少未知的陷阱潜伏在我们面前。

鲁迪离开继续去忙他的事情后，我拜访的第二位核心人员是罗伊，他是我们的研究总监，从设计集群系统开始我一直在和他保持着联系。这一次，我说："罗伊，我们在做一个紧急的项目，需要你的帮助。"

他问道："是什么样的项目？"

我尽可能清楚地介绍了情况。"我们马上要去华盛顿展示摩托罗拉的技术。约翰觉得我们需要说服 FCC，我们是制造 900MHz 频段的设备的专家。杰克正在制造一大堆演示用的移动和便携式设备。我觉得这种方法有点落俗套了。相反，我们想用便携手持式蜂窝电话给华盛顿的政客们开开眼界，现在我们还有 3 个月时间。"

罗伊考虑了一会儿，可能想确定我是否在和他开玩笑。"这是不可能的！我可以告诉你为什么不可能，但我也知道你不会听的。"

"你说得对，"我回答，"对于其他人而言，这是不可能的。但是，你手里有技术和人手，可以做任何便携式的设计。如果还缺什么，我们可以从公司

---

1. 1971 年 6 月，我给罗伊·理查森（Roy Richardson）和查克·林克（Chuck Lynk）写了一份备忘录，里面只有一句话："有没有可能在厚膜基板上使用现成的集成电路芯片来制作便携式频率合成器？"那时，我还没有开始构想 DynaTAC，但显然我的目标是便携性和小尺寸。唐·林德在 2006 年 1 月 30 日接受我的采访时提醒了我这一点。

内部其他地方拉来。你可以动用公司内任何部门的任何资源。你只需要告诉我你要什么，或者你要哪个人。"

听了这话，罗伊开始对这个想法感兴趣了，不过，他还是小心翼翼地说道："嗯，唐可以设计无线发射机和接收机，我们还要找人做 900MHz 的功率放大器。唐没有设计过完整的便携式设备，不过，他目前是最好的人选。我想我可以派唐和他手下的一些工程师。"

我继续劝说道："我觉得你部门里所有能够出力的人员都应该用上。这事儿比公司眼下在做的其他任何事情都重要。我们必须按时完成，绝对不允许失败。"查克后来回忆，在摩托罗拉，在"如此之短的时间内"在一个项目上投入如此之多的人员和资源"是史无前例的"。

唐·林德，摄于 2007 年

罗伊摇了摇头，但还是与我一起去拜访了我想拉进核心团队的第三个人。唐在他的实验室里，和往常一样，他端坐在工作台旁，双眼盯着一台频谱分析仪。我走过去热情地拥抱了唐。

"要我帮你做什么，马丁？"唐困惑地问道。我已经不是第一次用拥抱来开启我们的对话了，我会提出一些不着边际的要求。我只和为数不多的、感觉特别亲切的人拥抱。我不知道其他人是不是也这样。对我来说，这是一个真诚的姿态，所以我一直希望被拥抱者能积极对待。不过，还从来没人对我的拥抱有不好的反应。

我给唐的任务是整合摩托罗拉现有的技术能力制作一台单一的便携式设备。虽然个别技术组件已经是现成的或正在开发中的，但我们还从未把它们整合到一个装置中。

唐对时间上的要求有点疑惑，当我给他看了肯的 3 英寸高的模型时，他更是表示难以接受。

唐说："这么狭小的空间，我们根本放不进去什么有用的东西。单单电池就有这个模型的三四倍大小。"

我料到他会有这个反应。约翰以前教过我所谓的"自行车打气方式"。他是这么描述的："当我们的天才工程师们接到新任务时，他们会尽可能地夸大难度，让它听起来是不可能的。然后，等他们完成不可能的任务时就会有荣誉感。但他们就是这么优秀，有能力做出我们需要的东西，所以我们也得陪着他们玩这个游戏。我们有业内最好的工程师，他们值得特别的夸奖。"

我告诉唐："没问题。你可以把它做成你所需要的大小，只是它必须是手持的，形状得接近肯的模型。这只是一个演示品，不是成品。而且你想派谁来做都行，只要这事儿能成。"

"不过，我觉得 3 个月时间很难完成，"他抱怨道，"但我会尽我所能。你们最好能说到做到，因为我要各种帮助。我们从来没有做过 6 个频道以上的无线电台，这台设备却要支持几百个频道。我们从来没有造过 900MHz 的电台，而且还是双工的。做不到呀，电池会很大块；我甚至连 900MHz 的天线都没有。"

换句话说，唐上钩了——他已经从"不可能"进入"跃跃欲试"的状态了，他像疯了一样给"自行车拼命打气"。他解释要如何解决这些一个又一个看似无法征服的技术挑战，结果他越讲越兴奋。

"查克一直在研究一种合成器，用它可以将电台调谐到十几个频道上。支持几百个频道只是一个细节问题。罗伊，告诉查克我们要他来团队里。"现

在唐已经"刹不住车"了。"上周便携式产品部门的工程师为我演示过一台
900MHz 的便携式设备；他们肯定有我要的天线。我得让他们来处理这块。滤
波器设计师以前为 IMTS 无线电话做过双工器，大小和整个手持电话差不多。
但他们这几年时间里应该有办法让它小型化，然后把它变成一个三路选择器。
我再去催催他们。"

唐已经说服了自己接受这个任务。"我不能保证一定能完成，"他说，"但
我会尽力而为。"

唐加入后，罗伊把另外几个人叫到了他的办公室。鲁迪在拉尔森的模型
上盖了一块蓝布。我谈到了便携手持式电话的构想，以及我们如何在几个月
内做出来。这时有人问道："会是什么样子的？"鲁迪把布掀开，他们一个个
惊得下巴都快掉了。

"谁要是不相信我们能做到，"我说道，"现在就可以走。"

没有一个人离开。

当唐的团队完成工作时，他已经从自己和其他实验室召集了几十个工程
师和科学家。和对待鲁迪的团队一样，我也是每隔 3 天左右就来拜访一次。
他的实验室简直像动物园一样，工程师们每天工作 10 ～ 12 个小时。整个实
验室都在开发手机，不同的工程师设计着不同的部件。约翰起初也没把握能
否按时完成，但他明白这个项目是多么重要，他也去视察了唐的实验室，这
大大鼓舞了团队的士气。

与此同时，我自己部门的其他工程组设计了 900MHz 的基站，并改造
了一个电话交换机，用来把新的手持电话连接到 AT&T 的电话网络。这
台便携式电话必须能够呼叫 AT&T 的固话网络所能通到的世界上的任何
地方。

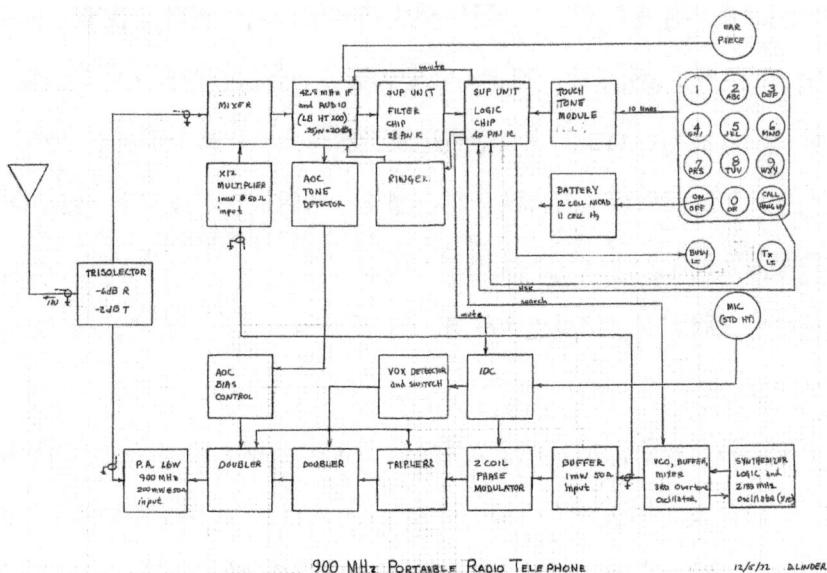

唐·林德 1972 年绘制的原始电路框图，后来成为 DynaTAC 的电路设计
（图片来源：唐·林德）

　　我可以把这个项目比喻成一首非常复杂的交响乐。我就是乐队的指挥，要时刻关注乐队中所有的声音和节奏。我甚至都没想过这个挑战有可能无法克服。虽然我在任何一个领域都不如我的团队成员那么专业，但他们把各自的专长教给我，而我则把他们融入整个愿景中。迪克·德龙苏（Dick Dronsuth）是功率放大器方面的专家；阿尔·里提起（Al Leitich）设计复杂的音频电路；吉姆·米库尔斯基（Jim Mikulski）对蜂窝网的频率重用模式比任何人知道的都多，罗伊的很多见解使得我们的这个愿景得以实现；尽管约翰起初对这个项目有点儿勉强，但后来他成了大家的"啦啦队"队长。

　　所谓创新，就是对社会有用的想法，并且证明是可以实现的。发明者，往往是那些在专利申请中名字排在第一位的人，获得了很多荣誉，其实，很多荣誉应该归功于那些创造了发明中最基本要素的专家们。我坚信，任何一项发明都是建立在以前发明的基础之上，并且依赖于以前的发明创造。

当我为了写本书和查克谈话时，他告诉我，"我们当时都认为你是异想天开"。不过我们这批直接从事项目工作的人——我、罗伊和唐及他的团队——都相信我们终会成功。公司的其他同事几乎没有人认为我们能在期限内完工。尽管旁人不信，但在我的坚持和约翰的支持下，团队得到了所需要的支持。部门内的其他大多数流程和项目都暂停，全力支持杰克的对讲机和我们的便携式项目。无论缺什么，我们的需求都得到了满足。

***

1973 年 3 月中旬，我一边忙着为即将到来的 FCC 听证会准备证词，一边密切关注着我们紧急的手机项目。唐把我叫到了他的实验室，揭示成果。肯设计的"鞋式手机"初始原型体积相对较小，甚至可以和后来的手机相媲美。但是，为了满足我提出的规格要求，唐的团队要往里面塞上千个部件，所以体积在不断变大。我们知道初始设计的模型需要撑大点，才能给电气工程师留出足够的空间放他们的那些部件，但我不知道究竟需要多大。

肯设计的原始模型有半英寸宽，几英寸深，几英寸长，而且十分轻便。现在，在塞进所有必要的零件后，唐给我看的是一部 10 英寸长，3 英寸宽，重达 2.5 磅的电话，上面还有一根 6 英寸长的天线。这仍然比我们给 AT&T 制造的 30 磅汽车电话系统轻便得多，而且它们还想用在更多的汽车上。

因为这样的大小和形状，"鞋式手机"开始被人们称为"砖头"。它可接入近 400 个无线频道，电池容量可以应付大约十几个 3 分钟的通话，在待机模式下可以保持长达 12 小时。

仅仅 3 个月，我们高度敬业的员工和团队不仅创造出了这个全新的通信装置（注：指手机），还设计建造了包含交换设备和无线基站的整个系统，从此我们的世界完全不同了。由于整合了新的、不同的组件及相关的新想法，我们最终从美国政府获得了专利——我成为这个专利的第一作者。不过，如果没有其他人的专业知识和经验，我的想法就一文不值了。我们把不同的部件和组件集成为一个系统，这已经不仅仅是一个产品那么简单了。我给新电话取了一个名字叫 DynaTAC，是 Dynamic Adaptive Total Area Coverage（动态自适应全范围覆盖）的缩写，用来描述摩托罗拉的蜂窝通信技术。

罗伊后来告诉我："马丁，你说服我们去做的事情，我们自己都从没想过能成功。"

到 1973 年 3 月的第 3 周，在组装了一个更紧密包装的版本后，我们有了一个完整的手机原型，准备拿给约翰看。虽然他一直在关注我们的工作，但这是约翰第一次亲眼见到整机，他简直爱不释手了，还当场打电话叫来通信部门的公关负责人杰里。接着，我们要准备一个演示计划。

***

1973 年 4 月 3 日早晨，我被一个电话惊醒。

"有个坏消息，马丁！"打电话的是丽贝卡·伍德沃德（Rebecca Woodward），杰瑞公关团队的高级成员。"我们不能上'早新闻'了。"

当时，我们一班人马正在纽约：我、约翰、杰里的公关团队，以及唐团队和其他团队的工程师们。在过去的一周里，我们一直在位于城中区的纽约希尔顿酒店进行准备和排练。原计划在华盛顿举行的技术演示已经升级为一场大型公关活动。杰里说服了管理层，把演示活动放在纽约，为了吸引全球新闻界的目光，因此纽约站被加入了议程。摩托罗拉的外场工程团队和部分销售团队负责寻找屋顶和塔楼，这些屋顶和塔楼必须有合适的位置，使得我们的展示具有战略意义，以突显 DynaTAC 手机能给人们生活带来的自由。

United States Patent [19]
Cooper et al.

[11] **3,906,166**
[45] Sept. 16, 1975

[54] **RADIO TELEPHONE SYSTEM**

[75] Inventors: **Martin Cooper**, Glencoe; **Richard W. Dronsuth**, Westchester; **Albert J. Mikulski**, Chicago; **Charles N. Lynk, Jr.**, Arlington Heights; **James J. Mikulski**, Deerfield; **John F. Mitchell**, Elmhurst; **Roy A. Richardson**, Skokie; **John H. Sangster**, Hoffman Estates, all of Ill.

[73] Assignee: **Motorola, Inc.**, Chicago, Ill.

[22] Filed: **Oct. 17, 1973**

[21] Appl. No.: **403,725**

[52] U.S. Cl. .... **179/41 A; 325/16**
[51] Int. Cl. **H04q 7/00**
[58] Field of Search .... 179/41 A; 325/16, 55, 64

[56] **References Cited**
UNITED STATES PATENTS

3,517,315	6/1970	Malm	179/41 A
3,586,978	6/1971	Van Gorder	179/41 A
3,663,762	5/1972	Joel, Jr.	179/41 A
3,745,462	7/1973	Trimble	325/55

Primary Examiner—Kathleen H. Claffy
Assistant Examiner—Gerald L. Brigance
Attorney, Agent, or Firm—Eugene A. Parsons; James W. Gillman

[57] **ABSTRACT**

A portable duplex radio telephone system includes at least one base station transmitter having a predetermined base transmission range, and a plurality of portable or mobile units each having a predetermined portable maximum transmission range predeterminately shorter than the base transmission range. Satellite receivers are deployed about the base station within the base station transmission range for receiving transmissions from the portable units. The base station transmitter transmits signals on a signalling channel and on at least one communications channel. Each transmitter signalling and communications channel has a frequency that is paired or associated with a receiving frequency of the satellite receivers. In a multiple base station system, the portable receiver has means for scanning the base station transmitter signalling frequencies and for tuning the portable transmitter to the signalling frequency associated with the frequency of the strongest signalling signal received from the base transmitter. When communication is initiated, the portable transmitter and receiver are automatically retuned to one of the communications channels as determined by the strongest signalling frequency received by the portable receiver and by channel availability. Means are also provided in the system to continuously locate a portable unit and switch the operating frequency thereof as the portable unit moves between base station transmitter coverage areas. Further means are provided to automatically reduce the output power of each portable transmitter to the minimum level required for satisfactory communications in order to reduce battery drain and the interference caused by the portable transmitters.

31 Claims, 10 Drawing Figures

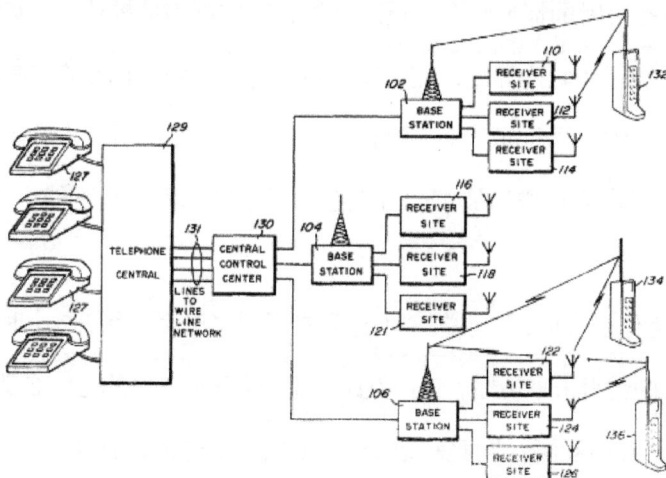

摩托罗拉的"无线电话系统"专利，于 1973 年 10 月 17 日提交申请，
在 1975 年 9 月 16 日被授予专利许可，这是真正实现了
手持和便携的 DynaTAC 无线系统专利
（图片来源：美国专利商标局，3 906 166）

公关团队已经预订了希尔顿的顶层套房，这些套房通常是为名人预留的。5 卧室套房位于酒店顶楼的 2 层，配有米克·贾格尔（Mick Jagger）在 1965 年演出时用的一架大钢琴，以及你想象一下，斯卡莉特·奥哈拉（Scarlett O'Hara）婀娜多姿地从上面走下来的那种独立的螺旋楼梯。虽然我们不会去向酒店打听求证，但许多人也知道，好莱坞大明星伊丽莎白·泰勒（Elizabeth Taylor）和理查德·伯顿（Richard Burton）夫妇每次来曼哈顿都会在此下榻。现在，工程师们正在把这套顶层公寓打造为实验室，用于维护那两台世上仅有的 DynaTAC 便携式电话。大家都知道，接下来的可是一场大秀。他们不停地测试、解决问题，一直忙到深夜。查克已经有点记不清那晚的情况了，不过有一点他记得，夜里他是睡在伊丽莎白曾经躺过的床上。

在酒店楼下，我们预订了一个房间，用于当天的盛会——下午的记者招待会。这就是当时的情形。在一周时间里，我们不停地排练，以确保我们的新手机能顺利工作。按计划，在记者招待会之前，我会出现在 CBS（哥伦比亚广播公司）的"早新闻"上，引起人们对这次活动的关注。我们来这里是为了向全世界讲述我们的故事。可现在丽贝卡告诉我，我不能上"早新闻"节目了。

"我知道你很失望，"她说，"不过我打了很多电话联系，2 小时后会有当地一家电台的记者来采访你。这虽然比不上'早新闻'，但总比什么都没有好。"我知道丽贝卡对这个变故有多失望，她工作非常努力，就像是一台发电机，永不疲倦。"早新闻"的时段是她费了好大劲儿才弄来的。

我安慰她道："我没事儿的，丽贝卡。记者招待会是我们今天的头等大事。但我向你保证，我会做好这位记者的采访。不过，请帮我一个忙。

让我们在街上进行采访，让记者感受一下移动通信的魅力。"前期我们的工程师相互之间已经做了大量的测试通话。但今天将是第一次公开使用 DynaTAC 通话。

"太好了，"她回答，"9 点钟他会在大堂等你。"

我在希尔顿酒店门前见到了记者，我们往南走，漫步在第六大道上。我一路向他讲述了摩托罗拉的技术突破，手里拿的就是 DynaTAC——它是此后世界上几百亿部手机的"老祖宗"。

我一边聊着，脑子一边飞快地转动，思考这第一个公开电话该打给谁。约翰？我妈妈？我的办公室？然后，我脑海里突然冒出了一个想法。

我从口袋里掏出电话簿，找到 AT&T 负责蜂窝网通信项目的工程师乔尔·恩格尔（Joel Engel）博士的号码。在眼下的技术战中，乔尔在 AT&T 是相当于我在摩托罗拉的位置。他和理查德·弗伦基尔（Richard Frankiel）搭档，手下带着一支 200 多人的工程师团队，专做基于车辆的蜂窝通信系统。乔尔是博士，曾在贝尔实验室工作多年，参与过很多工程，包括阿波罗登月项目。他曾公开表示，摩托罗拉是个麻烦，是手机通信发展的一大障碍。总之，我们就是冤家，所以我很乐意借此机会刺激他一下。

我用 DynaTAC 拨了乔尔的电话号码。电话通过无线电波将呼叫指令发送到希尔顿酒店对面的安联首都大楼 [Allianz Capital Building，当时叫伯灵顿大楼（the Burlington Building）] 顶上的天线。连接到天线的蜂窝基站将电子信号传至有线电话网络，然后将信号路由到乔尔在新泽西州的办公桌上。令我惊讶的是，接电话的是他本人，而不是他的秘书。

"你好，是哪位？"

"嗨，乔尔，我是马丁·库珀。"

"嗨，马丁。"他迟疑地说。

"乔尔，我是用手机在给你打电话。这可是一台真正的手机，一台个人的、便携式的、手持式的蜂窝电话。"

这是当时我能想出的最好的用词。电话线的那端是一阵沉默，也许他正在咬牙切齿。我不记得他当时的反应了，不过他很有礼貌，说了一些客套话后结束了通话。今天，乔尔说他不记得接过那个电话了，不过他也没否认有过这通电话。我想我不能怪他。在芸芸众生中，他接到了马丁的来电——人类首次用便携式蜂窝电话的公开通话——这毕竟是一个殊荣。

我向记者解释了这个手机的通话原理。一旦我按下了"on-hook"按钮——就相当于拿起传统电话的手柄——DynaTAC 会发送一系列数字信号来选择信号最强的基站站点。然后一台连接到这两个站点的专用计算机——称为交换终端——会通知 DynaTAC 的实验频率合成器，在几百个可用的无线频道中选择某一个频道。如果这个合成器正常工作，我就会听到拨号音，意味着我有一个连接到蜂窝站点的双向通话通道。

之后，我可以在 DynaTAC 的触摸键上输入一个号码（在 1973 年最常见的是旋转拨号盘），这样手机的电路就会发送一个与拨号号码对应的声音信号。接着，该信号会通过无线电波传输，就像通过普通的电话线路一样，到达我们的蜂窝站点。最后，我们的交换终端把呼叫接入贝尔实验室的全球电信网络，

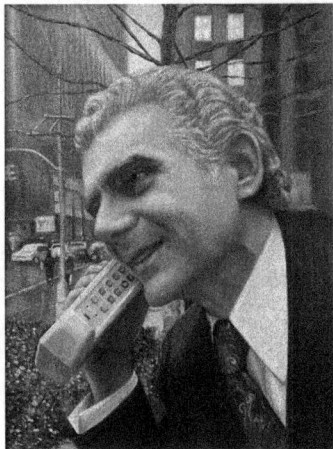

这幅图中的人是我，于 1973 年 4 月 3 日在纽约市的大街上，用手机第一次公开打电话

这样我就可以在任何地方与任何人通话了。

当时我滔滔不绝地沉浸在技术原理中，一不留神，差点儿跌倒。幸好记者从背后猛地拉住我的夹克，不然我就摔入迎面而来的车流了。我们的宣传攻势确实想吸引公众的眼球，不过可不是以这种方式。

The World's First Handheld Cellular Phone

The DynaTAC by Motorola, Inc.

*Conceived by Motorola Vice President **Martin Cooper***
November 1972
Demonstrated publicly
April 3, 1973 New York City, New York, USA

United States Patent Number 3,906,166
Weight 42 ounces, 1.2 kilogram
Over 400 radio frequency channels in the 900MHz band
Battery life, 20 to 30 minutes usable time

***

DynaTAC, Dynamic Adaptive Total Area Coverage

named by Cooper, describing his vision

reliable personal communications adapting to user traffic levels and environmental conditions

***

DynaTAC inspired by **John F. Mitchell**, Cooper's mentor for 25 years

DynaTAC designed and developed by many Motorola leaders:

Industrial Design Team Head, **Rudolph Krolopp**
Designer, **Kenneth Larson**
Applied Research Team Head, **Donald Linder**
Applied Research Department Head, **Roy Richardson**

Contributions made by numerous Motorola engineers and others including:

Charles N. Lynk	Albert J. Leitich	Michael Homa
James J. Mikulski	Ronald Cieslack	William Dumke
Richard W. Dronsuth	John H. Sangster	Bruce Eastmond
Richard Adlhoch	James Durante	Al Davidson
David Gunn	Maynard McGhay	William Rapshys
Merle Gilmore	Gene Hodges	George Opas
Robert Wegner	Robert Paul	Daniel Brown

Edition   Date

_____   _____

DynaTAC 团队特制的标语牌，附在摩托罗拉生产的手机原型上

***

我们那天下午还有一场重头戏——记者招待会。

information services

MOTOROLA INC.
Communications
Division

1301 Algonquin Road
Schaumburg, Illinois 60172
(312) 358-7900

Mobile FM 3-Way Radio
Portable FM 2-Way Radio
Radio Paging
Communications Control Centers
Visual Communications Systems
Signaling and Control Equipment
Car Telephone
Frequency Components
Microwave Communications
System Parts and Service

Contact: **Bob Walz**
             Rebecca Knesel

(312) 358-7900 Chicago
(212) 685-8154 New York

DYNA·T·A·C
Portable Radio
Telephone
System

FOR RELEASE AFTER 11:00 A.M. TUESDAY, APRIL 3, 1973

MOTOROLA DEMONSTRATES PORTABLE TELEPHONE

TO BE AVAILABLE FOR PUBLIC USE BY 1976

New York, April 3, 1973 -- A hand-held, completely portable telephone
which will allow its user to place or receive telephone calls from virtually anywhere in
a metro area equipped with the new DYNA T·A·C^{TM} system, was demonstrated
today by Motorola, Inc.

This new DYNA T·A·C portable radio telephone will operate over radio
frequencies and "talk" to any conventional telephone in the world, according to
Motorola Vice Presidents John F. Mitchell and Martin Cooper. Mitchell is general
manager of the company's communications division, and Cooper is director of systems
operations for the division.

"What this means," said Mitchell, "is that in a city where the DYNA T·A·C
system is installed, it will be possible to make telephone calls while riding in a taxi,

- more -

摩托罗拉为发布 DynaTAC 准备的新闻稿，1973 年 4 月 3 日
（图片来源：摩托罗拉公司档案馆馆藏，经许可转载）

结果有点令人失望。只有十几个记者到场，但我几乎没有注意到他们。我仍然在回味人行道上的那个电话。记者招待会开始后，我试着拨电话给我的办公室，结果按错了号码。"可惜，我们的新电话还无法解决拨错号码这个问题。"我故作镇定地说。

有一位记者问，是否能用 DynaTAC 打电话到澳大利亚。"当然可以，"我说，"试试看，但你要知道那边现在是半夜。"结果电话接通，叫醒了她母亲，这震惊了在场的每一个人。其他记者们纷纷开始用那两部 DynaTAC 拨打电话，本地的、长途的，还有国际电话。他们兴奋地对着话筒说："猜猜我从哪里打电话给你！""猜猜我用什么给你打的电话！"

记者招待会结束后，我们邀请所有人到顶层公寓去吃吃喝喝，然后继续试用电话。查克一刻不停地向记者展示，如何按下"off-hook"摘机按钮来挂断线路，然后按另一个按钮关机，以免 DynaTAC 上的 14 伏 NiCad 电池很快耗尽。[2]

约翰带着一些记者和摄影师来到街上，在一些付费电话亭前摆姿势，用 DynaTAC 打电话。第二天的报纸上报道：路人看到有人用无线电话说话"大为震惊"。

那一周，全国和世界各地的报纸都报道了手机如何令人惊叹，所有的文章都是好评。许多人提到迪克·特蕾西（Dick Tracy）的手腕电台，称之为手机的前身。《纽约时报》（*the New York Times*）在"摩托罗拉推出无线电话"的大标题下写道，"尽管记者的妻子对他说，'你的声音有点轻……没有共鸣音。我知道你不是从普通电话打来的。'但是声音非常清晰"。当然，类似声音轻的抱怨今天仍然还有。《时代周刊》（*Times*）的报道还指出，手机将是"电话成瘾者的终极解决方案"。美联社（Associated Press）的一篇文章颇有先见之明地指出，"如果摩托罗拉公司开发的便携式电话能被公众接受，若干年后有线电话可能就淘汰了"。

如果 FCC 的委员、参议员和代表们看了报纸，他们肯定知道了 DynaTAC 的故事。

---

2. NiCad 是镍镉的缩写。

information services

MOTOROLA INC.
Communications
Division

1301 Algonquin Road
Schaumburg, Illinois 60172
(312) 358-7900

Contact: Bob Walz
             Rebecca Knesel

(312) 358-7900 Chicago
(212) 685-8154 New York

Mobile FM 2-Way Radio
Portable FM 2-Way Radio
Radio Paging
Communications Control Centers
Visual Communications Systems
Signaling and Control Equipment
Car Telephone
Frequency Components
Microwave Communications
System Parts and Service

FACT SHEET

Motorola DYNA T.A.C TM

Portable Radio Telephone

What is it?

      A portable telephone which operates as simply as an ordinary telephone, but can go wherever a person can go since it operates over ultra-high radio frequencies.

Who will the portable phone user talk to?

      Anyone with a conventional telephone anywhere in the world and any other portable phone user.

Where will portable phone operate?

      The unit will operate almost anywhere in a city equipped with the system. It will work inside buildings, in cars and taxis and on the street. The only places it won't work will be elevators or sub-basements where radio signals cannot reach.

- more -

摩托罗拉制作的 DynaTAC 概况介绍封面，1973 年 4 月 3 日
（图片来源：摩托罗拉公司档案馆馆藏，经许可转载）

    演示结束一周后，《商业周刊》（*Business Week*）刊登了我的照片，把 DynaTAC 描述成一只"装在可手提的小盒子"里的"无线电话机"。3 个月后，《大众科学》（*Popular Science*）用"新颖的可随身携带的电话"作为封面标题，上面展示的是用户在用 DynaTAC 拨打电话，背景则是一辆抛锚的汽车。文章中称它为"令人惊叹的"，可惜文章用的是黑白色，但是同期杂志中的另一篇介绍"即将成为世界最高建筑（多伦多的 CN 塔）"的文章则用的是彩色编排。可以理解，像《大众科学》这样的出版物，聚焦的是手机的技术功能。直到文

章最后，才对其社会和文化含义表示首肯："最终，这个手机可以放进你的衬衫口袋。"

在希尔顿酒店召开记者招待会和首次拨打公开电话的当天，约翰对没有电视报道感到很失望。比尔·巴伯（Bill Barber）无意中听到约翰在抱怨。比尔是我们的技术人员之一，他在前一周一直在爬上爬下搭建和测试我们的蜂窝网站点。他仍然在设备上忙碌着，以防 DynaTAC 从顶层公寓到伯灵顿大楼通话时出错。

"我认识一个人。"比尔说。听到一位初级工程师过来插嘴，约翰有点懊恼，他朝我这边翻了翻白眼。不过，他接着说道："我认识比尔·伦纳德（Bill Leonard），哥伦比亚广播公司（CBS）新闻副总裁。他与我在同一个业余无线俱乐部。"接着，比尔拿起电话，很快与哥伦比亚广播公司的那位高管通了电话。"比尔，我知道你喜欢电子产品，"比尔·巴伯对比尔·伦纳德说，"你想不想看看一台便携式的无线电话？"答案是："非常想看。"于是，约翰、丽贝卡和比尔·巴伯挤进一辆出租车，前往 CBS。在乘车过程中，比尔突然意识到他都不知道我们的设备在 CBS 的办公室是否能用，他顿时紧张得直冒汗。他后来向我解释道："我们从来没有在手机和基站离那么远的距离时做过测试。"

出租车一停，比尔就立即打开手机上的电源按钮。当他走进大厅时，他按下了"on-hook"按钮，然后大大松了一口气，因为他听到了拨号音，真及时！他的朋友，CBS 副总裁，此刻正从电梯朝他们走来，伸出了手。比尔把 DynaTAC 递给他的朋友，这位电视台主管在走进电梯上楼时拨通了他秘书的电话。

"你去哪儿了，伦纳德先生？"她问道，以为他从其他办公室打来电话。"我是用一台便携式的电话打给你的。"他笑着说，话音刚落，他们正好走到秘书办公桌前。CBS 的一名记者以最快的速度写了新闻稿，于是 DynaTAC 的消息就在当天的晚间新闻里播出了。

视线转回到希尔顿的顶层公寓，我正和一位澳大利亚外交官相谈甚欢。他停下来看看新闻里有什么大事发生，恰巧看到了 DynaTAC。于是我们向他介绍了一番，并给他看了真实的手机，外交官便问是否可以打电话给他的妻子。

人类就是希望随时随地进行交流——无论何时何地，他们都需要沟通——我们的目标就是让他们能做到这一点。

***

给华盛顿政界大佬们的演示活动也进行得很顺利。摩托罗拉工程师在两辆大型工具车上配备了无线对讲机和 DynaTAC。尽管手机的出现很激动人心，但我们仍然需要说服 FCC，摩托罗拉可以在 900MHz 频段运营双向无线通信。我们仍在努力纠正库尔特早些时候传达的错误信息，即双向无线通信在 900MHz 频段上无法实现的说法。

这些工具车穿过华盛顿市区，走的是精挑细选的路线，为了确保 DynaTAC 能连通到 3 个已安装好的蜂窝站中的任意一个。这项任务很艰巨，因为便携式电话的发射功率非常低，最多只能达到 1 英里。工具车里装备了舒适的沙发，供华盛顿的决策者们使用。

政客们对无线对讲机已经感到厌烦，但对 DynaTAC 非常兴奋。他们对移动电话并不陌生，他们都听说过。即使电话的性能不佳，可用的无线频道很少，他们当中的不少人也已经找来了车载电话。这台电话机不需要接电线到车上，他们很兴奋能够把玩一番。

FCC 专员夏洛特·里德（Charlotte Reid）对 DynaTAC 大加赞赏。她曾

是一位全国著名的歌手和女议员，是当时 FCC 里第二位被任命的女专员。她不惧偏见和世俗眼光，在理查德·尼克松（Richard Nixon）总统任命她担任 FCC 职务前，她已经在众议院任职近五届。

1973 年，当时还没有互联网，没有万维网，没有个人计算机，没有数码相机，甚至连无绳电

我向 FCC 的专员本杰明·胡克斯（Benjamin Hooks）展示 DynaTAC 原型机，1973 年（图片来源：摩托罗拉公司档案馆馆藏，经许可转载）

话都没有——无绳电话的专利也是几年后才有的，然而，我们却创造出了 DynaTAC。

反观 AT&T，他们的眼里仍然只有车载电话。在 1970 年发表的一篇文章中，贝尔实验室的迪克·弗伦基尔（Dick Frenkiel）写道，他们"假设目前注册的机动车中只有百分之几会成为移动通信的用户"。在 AT&T 看来，有线电话是通信的核心，蜂窝电话仅仅是一个附属设备，是有线电话网络的附件。

摩托罗拉在 DynaTAC 方面的技术进步也是蜂窝网系统发展的重要一步。我们所做的不仅仅是一部手持电话，我们创建了一个系统。我们推进了贝尔实验室蜂窝系统的最初想法，因为我们是从可携带性的角度来看待蜂窝通信的。基于我们在芝加哥警局所做的工作和寻呼机方面的经验，我们知道还会有其他困难有待克服。比如，当你拿着手提电话走进大楼的电梯时，会发生什么？在当时的技术下，便携式电话信号会"捕获"来自其他无线电话的信号并和它们相互干扰。如果有人从高楼内拨打电话，他们的信号会跳过小区和由 7 个小区构成的蜂窝族群，与某处的另一个电话形成干扰。从建筑物里

发出信号与开车时在蜂窝网小区间平稳移动的情形是非常不同的。要实现真正的便携性，这些问题都有待解决。

这些我们现在都做到了。摩托罗拉为 DynaTAC 获得的专利包括一个功率降低系统，该系统将最大限度地减少相互干扰。功率的降低使每个城市可以支持更多的用户，并延长了便携式电话的电池寿命。如果没有这种功率降低功能，贝尔实验室的林（Ring）和杨（Young）在 1947 年提出的蜂窝网系统是无法支持便携式电话的。这种功率降低功能已经被应用于全世界正在使用的 60 多亿部的手机中。

如果 FCC 为 AT&T 的垄断提议开了绿灯，那么移动电话在此后几十年里就只能被锁定连接在汽车、卡车和火车的笨重设备上。垄断的主导地位还会扩大。如果 FCC 将 30MHz 的频谱分配给了 AT&T，那么它将容纳 600 个语音频道。在蜂窝网之前，政府分配的频道还从来没有超过十几个。

***

我在纽约市人行道上的通话，在记者招待会、媒体报道、华盛顿的演示——所有这些都达到了我们想要的效果。FCC 决定更仔细地研究蜂窝网技术，并最终拒绝了 AT&T 要垄断蜂窝网服务的提议。相反，FCC 只授权了一小部分无线频谱，供将来使用，并要求第一步先进行系统试验。FCC 同意了摩托罗拉的观点，通过要求各个区域支持多系统（而不仅仅是一家的系统）来提高市场竞争力。试验成功后将会分配更多的频谱。FCC 还为摩托罗拉和其他公司预留了 20MHz 频谱供无线对讲机服务使用。我最开心的时刻是看到罗伯特，这位长期对摩托罗拉持怀疑态度的 FCC 专员，在用 DynaTAC 拨打电话。

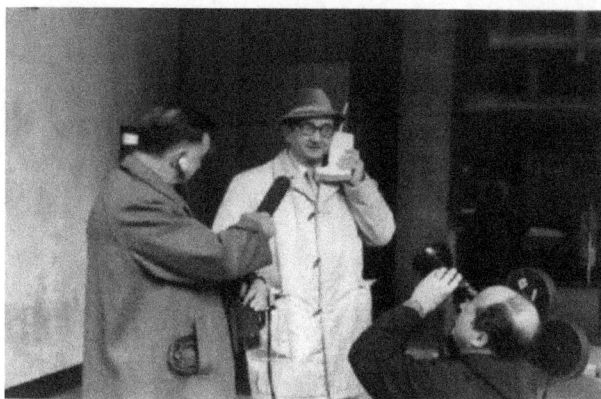

在所有 DynaTAC 的照片里，这张是我最喜欢的。
FCC 专员罗伯特·李是对摩托罗拉持怀疑态度的代表，
他正在用 DynaTAC 打电话

普通大众成了 FCC 举措的最终赢家。其余的，就像人们说的，都已成为历史。

但是，有时候也有例外情况。

***

我们工作的影响力比我最初想象得还要大。我们的近期目标是通过 3 个月的努力，向 FCC 表明，竞争可以比垄断更好地刺激创新。但最终这不仅仅是一场演示，实际上还是摩托罗拉要建立一个崭新业务线的建议；这也不仅仅是新频谱和新产品，它为摩托罗拉开启了通向未来的另一扇大门。当然，从不同的出发点，也有人持不同意见。

摩托罗拉的高管们——尤其是鲍勃、比尔和约翰——支持我们的 DynaTAC 推进工作和演示。摩托罗拉内部对 AT&T 的态度都是一致的：不能让它们扩大垄断地位。市场竞争至关重要，我们必须向全世界证明，运营蜂窝网业务不需要垄断。我们必须打败它们，我们必须打败垄断。

然而，摩托罗拉里其他一些人则对手机业务没有太多热情，而且还存在相当大的内部分歧。这一次，分歧在于摩托罗拉是否要制造和建立一个完整的蜂窝网系统。

几十年来，摩托罗拉最大的商业成功是无线对讲机，这种成功是基于直接面向用户的销售。摩托罗拉拥有全世界首屈一指的直销大军，销售代表们直接与使用对讲机的警察总监、消防队长、水管工和电工们打交道。在管理层的鼓励下，销售代表完全了解各种客户的独特要求。我们的企业文化和成就牢牢地植根于这些关系。尽管约翰支持 DynaTAC 的研发，但他对手机业务持保留态度。由于我们与用户和庞大的销售队伍的直接关系，约翰认为公司会在蜂窝网市场失去战略价值。

如果摩托罗拉开始生产蜂窝设备，我们将要和通信运营商打交道，这些运营商会把设备视为一种商品，它们的目标是获得最低的价格。运营商会制定设备规格以确保兼容性，也将控制一切。这可不是摩托罗拉熟悉或擅长的领域。

约翰最终还是改变了主意。尽管有所保留，但他最终成为了摩托罗拉创建蜂窝网业务的热情支持者。约翰是启发我并教会我个人通信价值的引路人，他的支持使我深受鼓舞。

摩托罗拉在此后 10 年内花费了约 1 亿美元，用于制造手机及其基础设施。我们真的把公司的命运都押在这次演示上，鲍勃当时就是这样看的。

摩托罗拉并不是唯一有内部分歧的公司。贝尔实验室内部在开发蜂窝网电话时期也对哪种技术有前途、具体如何做和应该往哪个方向努力方面存在分歧。在通往新技术、新的通信系统的过程中，分歧是不可避免的。当我和鲁迪谈起这本书时，他告诉我，在开发 DynaTAC 时，只有区区几个人认为手机的需求会"呈指数级增长，数量无限"，我是其中之一。

摩托罗拉给自己的定位是做行业先锋，引领手机及配套所必需的基站和交换设备市场。要让 FCC 和业界接受的规则和标准不会限制移动电话行业的增长，需要付出巨大的努力。如果没有唐、鲁迪、罗伊等的创造力和坚持不懈，没有那些努力把愿景变成现实的人，那么我们的通信世界将大不相同。

第 10 章

"灵光乍现" 时刻并未出现

10

在开发 DynaTAC 之前的 19 年及之后的 10 年里，摩托罗拉始终是一个思维开放的环境，我可以享有超乎寻常的自由以不断接受各种工作挑战。

几十年来，"（加尔文家族）为大家创造了一种工作环境，人人都敢于发明、失败、学习、再发明。摩托罗拉以其勇于冒险的企业文化、注重员工培训和投入企业发展，以及近乎狂热地坚持员工之间相互尊重的态度而闻名"。

在摩托罗拉担任首席执行官的 30 年里，鲍勃一直强调创造力和创意。他称，摩托罗拉"无论何时何地……都试图不走寻常路。"鲍勃总是鼓励大家要制订更有利于发明和创新的公司流程。流程和创新两者之间并不矛盾。创新是一个可以管理而且必须管理的流程。

摩托罗拉通过象征性的现金奖励、公开表扬等方式鼓励员工申请、获得发明专利，并为发明者提供独特的升职路径。对我们来说，能得到认可最为重要。我们每年都会举行一次专利奖励晚宴，在宴会上，工程师们受到英雄般的礼遇。但真正的回报是看到一个人的聪明才智转化为产品，能为公司创造盈利，并能改善人们的生活。摩托罗拉鼓励创造发明最终也得到了回报，公司的产品是行业的引领者，同时在美国国内和国际上也获得了数以千计的专利。[1]

不过，世界上完全原创的发明几乎是不存在的。我们也难以界定究竟是谁"发明"了某样东西，是谁真正第一个产生想法或组装了某台设备，或者又是谁发明了某项具体的工艺。亚历山大·格雷厄姆·贝尔（Alexander Graham Bell）被公认为电话的发明者，但他和伊莱沙·格雷（Elisha Gray）进行了一场专利申请的竞赛。同时期在意大利，安东尼奥·梅乌奇（Antonio Meucci）已经提出了一种"会说话的电报机"的设计方案。他们的成就都要

---

1. 通过先收购再出售摩托罗拉，谷歌公司得到了 2 万多项专利。

归功于电报机的存在，以及留声机方面的前期工作。

作为通信发展的推动者，无线电的情况就更复杂了，发明者的荣誉往往取决于当时所处的地理位置。古列尔莫·马可尼（Guglielmo Marconi）在英国受教育，是英国和其他许多国家公认的无线电发明者。马可尼领导了无线电的商业化，他确实应该得到认可。但在美国，由于最高法院在1943年做出的一项裁决，尼古拉·特斯拉（Nikola Tesla）被认为是第一个获得无线电专利的发明人。在俄罗斯，人们将5月7日定为"无线电发明日"，以纪念亚历山大·波波夫（Alexander Popov）发明了无线电。在印度，贾格迪什·钱德拉·博斯（Jagadish Chandra Bose）在1894年演示了无线电，不过他无意申请专利。

早在发明电话和无线电之前，就有诸如迈克尔·法拉第（Michael Faraday）、安德烈-玛丽·安佩尔（André-Marie Ampère）和海因里希·鲁道夫·赫兹（Heinrich Rudolf Hertz）等在电磁学方面取得了突破性进展。一项新发明总是建立在前人的发明之上。在DynaTAC上，我们集成了许多之前已经开发但还没有集合到一起的单一的技术。唐后来说，"我们有一个良好的开端，因为我们早就做足了功课（在电话机和整个系统涉及的其他技术方面）。这不是仅仅因为有人坐在办公室里说了句'我们需要一部便携式的电话'那么简单"。

发明就是这样发生的，很少有灵光乍现的一瞬间，可能需要一辈子（甚至几代人）去学习，经历成功和失败，才能培养起创新所需的判断力和自信心。从技术上讲，人类必定会发明手机。即使没有我和摩托罗拉同事们的贡献，作为一种商业消费品，手机也还是会诞生，只是也许会需要更长的时间，或者以完全不同的方式出现。总之，发明需要有人来推动。

　　就像发明一样，经验和技能也是相辅相成的。一旦时机成熟，它们就会凝聚起来，成为创新的精髓。我们很难，也许根本无法准确地知道经验会把我们引向何方。我的职业生涯既没有秘诀，也没有长远规划。我全身心地投入到每一个项目中，并尽我所能。这种方法对我是很有用的，但是不一定适合每个人。在我开始热衷于跑步时（大约是在 49 岁），我明明知道应该控制节奏、保持足够的体力完成比赛，却总是无视这一点。我的策略是在整个过程中都用尽全力地跑。这个策略在 10km 比赛中效果非常好，但我从来没能跑完过马拉松比赛。某一年我参加过芝加哥马拉松比赛，为了体验一下兴奋状态，我计划跑到 2 英里处，经过家门口时就退出比赛。但真到那时我兴奋得停不下来了。等跑到上气不接下气的时候我到处都找不到出租车，因为道路全被人流堵住了。最后，在 13 英里的地方，我遇到路人向我打听终点，他要到那里去接他的妻子。于是，我提议如果他愿意开车捎带我一程，我可以给他指路，而且在我家的车道上给他留一个好停车位。终点线也恰巧离我家不远。

　　我在摩托罗拉学到的是，通过鼓励和激励能推动发明，实践和奖励可以鼓舞发明过程。相比之下，扼杀他人的创新精神要容易得多。我都记不清曾经有多少人对我说，人人都拥有一部手机这样的想法荒谬可笑。

　　在任何一个创新项目中，人们都会面临这样一个局面：如何管理和激励他人，尤其其中的一些人并不是自己的下属。你要让他们团结协作，去完成一个他们觉得不可能完成的任务。我的有效经验是，给他们描述一个美好的愿景，然后下战书让他们去挑战。我们一起来创造人类首部手机！我对自己也是这么做的。这恰恰是一个梦想家的本质吧。

　　管理创新的另一项技能是学会识别和获取必要的资源，包括人力资源和其他资源。现代科技已经发展得十分复杂，靠个人是无法独立完成重要的开发工作的。在技术的世界里，取得任何进展都需要依靠团队、组织和领导力；需要与分散在各处的人们建立联系，无论是公司内部还是外部的人；还需要获得管理层的支持。

反过来，这种支持也要求管理层对技术的发展方向（或可能的发展方向）有一个愿景，使他们能够越过短期的经济效益来评估创新项目。

***

在摩托罗拉，我们一次又一次面临机会，去销售新产品或争取合同。我们从来不会满足于只做最基本的事。我总是问自己和其他人这样一个假想的问题：如果我们能生产出一个完美的石英晶体会怎么样？如果我们把不同的接收器滤波器组合起来会怎么样？如果我们能把它塞进一个只有 3 英寸的小空间里又会怎么样？等等。

提出这些问题是基于对基础科学和社会需求的理解，以及做出"有所为有所不为"的判断。没有什么比创造一个不一样的世界、一个可能的新未来更大的挑战了。一旦有了这一愿景，你就可能说服团队去实现他们曾经认为不可能实现的目标。如果你遇到了阻力，何不反问那些怀疑者：为什么不呢？

举一反三，我们也要记住，创新的并不一定总是新产品，也可能是新工艺，甚至是回收再利用和重新利用曾经的某种创新。

我的朋友巴里·斯威特（Barry Sweet）是一家从事垃圾处理的家族企业的第三代，当今社会面临着可持续性危机，他就是处理这一难题的人。我们的海洋充斥着塑料制品，垃圾堆放场变得越来越稀少，而我们还没有想出办法如何让人们为丢弃的手机、计算机和路由器的隐性成本买单。巴里家的三代人一直在购买人们丢弃的垃圾，对垃圾进行加工和再利用——从破布到废金属再到电子产品。现在，巴里在一家位于美国中西部城镇的芬兰公司工作。这家公司拆卸各种类型的电子设备，它们所用的工艺从手工到大型机器都有，它们用刀和锤子粉碎设备，用磁铁分离钢，用化学物质溶解和重组铜。与他祖父辈的工艺流程不同，现代企业的盈亏往往取决于混着铜的那些黄金和白银的残留量。其他一些工艺则用来回收钴、镍和钼，制造特种钢。

创新一直是站在前人肩膀上的相互合作。创新不是少数人的特权，它对任何人都是开放的。然而，能否接受这一观念是我们面临的挑战之一。人们经常将创新视为一种精英活动，对其他人来说，我们的"期望值远低于实际贡献值"。相反，我们应该鼓励人们更广泛地参与创新过程。如果要实现无比光明的科技未来，这一点至关重要。

第11章

能放进衣服口袋的手机

11

1973 年我给乔尔打的那个电话是手机发展史上的里程碑，但还是过了很多年才终于实现了人人拥有手机。

1973 年后，这场"战争"的方向转到了技术层面，摩托罗拉努力将其对无线电技术的高超理解注入新的蜂窝通信行业的规范中。我们最初的计划是"于 1976 年在纽约市完成第一个系统的安装"，事实证明这个预测过于乐观了。联邦通信委员会花了很长时间起草规章制度，导致蜂窝系统延迟完成。开发便携式电话所需的技术也是一项重大挑战，花费的时间比预期要长得多，这也是造成延期的原因之一。后来的便携式电话更小、更轻、更易于制造，但这需要时间。在接下来的 10 多年里，摩托罗拉的研究团队至少制作了 4 个版本的 DynaTAC。最大的技术难题是，我们无法生产出一个包含上千个零件的可商用的产品。当时，每次打电话都需要有工程师站在一旁指导该如何操作。我们需要一些可复制的东西。

在经历了 1973 年的兴奋和激动之后，摩托罗拉内部的热情在几年内逐渐减退。5 年之后，我们在蜂窝系统开发上花费了几百万美元，经历了几代更新，但是仍然没有产生任何收入。我的通信部门团队继续投资并开发新版本的 DynaTAC 无线电话、固定式的无线电台和交换机，所需的资金来源主要是盈利的 IMTS 业务。

用无线电话取代有线电话，要人们接受这个观念还存在很大的文化障碍。正如一位评论员所说："既然到处都是 10 美分打一个电话的电话亭，为什么还会有人愿意支付包月费和高额的通话费去使用无线电话呢？"AT&T 聘请了一家市场调查公司，想了解人们是否愿意为便携式无线电话服务付费。结果表明人们普遍没有太大兴趣，这个市场很小。AT&T 继续沿着车载电话的方向前进，他们急于证明只有 AT&T 有技术和资金来开发车载电话系统。

到 1979 年，摩托罗拉和 AT&T 都在测试蜂窝系统：AT&T 在芝加哥测试，使用的是车载电话；摩托罗拉则在巴尔的摩和华盛顿测试，使用的是手持式便携电话。AT&T 在测试中使用的一些车载电话也是摩托罗拉制造的，但摩托罗拉并没有从蜂窝业务中获得可观的收入。

***

1980 年，约翰成为摩托罗拉的总裁。1981 年，联邦通信委员会宣布分配 800MHz 的频谱资源给移动电话业务。

1982 年，摩托罗拉首席执行官鲍勃与其他商界领袖一起，受邀去白宫与里根（Reagan）总统讨论贸易政策。他到得很早，顺便拜访了副总统乔治·赫伯特·沃克·布什（George Herbert Walker Bush）。他们俩是老朋友，他们的交情可以追溯到布什还在领导中央情报局的时候，鲍勃是中情局的顾问。

鲍勃带了他的孙子和摩托罗拉的 DynaTAC 手机样品一同前往。那时，我们已经在华盛顿和巴尔的摩进行了通过 FCC 授权的蜂窝系统试验。摩托罗拉的系统部署了几百部手持式便携电话，以及许多台车载电话。在摩托罗拉总部所在地芝加哥，AT&T 的试验只部署了车载电话。

副总统布什起先没有看出加尔文手里拿着的"砖头"是一部手机。鲍勃建议道："你想不想打电话给芭芭拉？"于是，布什用 DynaTAC 拨通家里的电话，问他夫人："猜猜我在干什么？我正在用一台手持式电话和你说话。"

通话结束后，副总统把 DynaTAC 交还给鲍勃，问道："罗尼看到这个了吗？"罗尼是指里根总统。当天晚些时候，贸易政策会议结束后，布什劝鲍勃留下来，并对总统说："罗尼，你一定要看看这个玩意儿。"

总统看着鲍勃手里的砖头一样的东西，问他拿着的是什么。

"总统先生，这是一部便携式电话。它本来应该已经上市了，估计也快了。"
鲍勃告诉他。

里根把它拿起来，打了一个电话。[1] 然后他问鲍勃："那么现在进展怎么
样呢？"

鲍勃本是一个非常谦逊的人，但身为首席执行官，他雄心勃勃、果断干练，
他可不会把眼前这个好机会白白浪费掉。

"好吧，总统先生，说实话这事不大顺利啊。我们已经准备好把这项服务
推向市场，但 FCC 还没有想好怎么选择提供服务的运营商。电话公司想要垄
断业务；我们希望 FCC 能拍板让市场自由竞争。他们这么磨磨蹭蹭，或许是
希望日本成为第一个进入这个市场的国家吧。"

里根感觉到了鲍勃的言外之意，但他笑着转向一名助手说："你去找一下
FCC 的主席，就说我要他把这件事解决好。"

鲍勃在向总统游说的时候是冒了很大的风险。在过去 10 年里，他带领的
摩托罗拉投资已经超过了上亿美元，却没有一分钱的盈利。他把摩托罗拉的
未来押在了这一产品上。在公司内部也有很多反对者。我们倒也不能仅仅因
为他们质疑新产品的可行性就责怪他们。在商言商，他们每天也是兢兢业业
地，维持着公司在双向无线通信行业的主导地位和盈利能力。新产品毕竟还
没有经过测试环节。

大部分投资是用在我前面提到的技术上，还有一些用于游说 FCC 和国会。
唐、鲁迪·克罗普（Rudy Krolopp）和其他许多摩托罗拉工程师开创的便携
式电话的开发是一个耗资巨大的项目。我们在 1973 年展示的重大技术突破，

---

1. 鲍勃后来说，他不知道里根总统当时打电话给谁了。但至少有一个消息来源说，他是打给第
   一夫人南希（Nancy）。

还必须以很低的成本制造出来，以满足市场需求。从 1973 年的初次演示到在华盛顿的试验，我们已经为这块"砖头"创建了至少 4 个迭代版本，每一个都更加坚固和便于制造。

DynaTAC 还离不开交换设备和无线基站。我在手下的系统操作部门中组建了一个新部门，由安德鲁·达斯卡拉基斯（Andrew Daskalakis）领导，他是我从贝尔实验室招来的。安迪（安德鲁的昵称）是一流的工程领导者，他的管理技能和他在实验室所展示的才华同样出色。安迪这次表现出色，他还从贝尔实验室带来了其他人，比如菲尔·波特（Phil Porter），也是一位十分出色的工程师。

当鲍勃拜访布什和里根总统时，摩托罗拉已经制造出了一款可批量生产的便携式电话和相应的蜂窝网基站设备。我们已经一切准备就绪了。终于，FCC 也准备好了。我们希望 FCC 能确保让移动电话服务和便携式电话继续走一条保护竞争的道路。

对于 FCC 和所有介入的相关人员来说，这是一项艰巨的监管工作。20 世纪 60 年代末，FCC 曾要求 AT&T 提出一项蜂窝频谱规划的建议。当摩托罗拉 1973 年推出 DynaTAC 时，我们向全世界宣告，我们将在短短几年内建立并运行移动通信服务。我们的承诺如此乐观，是基于对手机技术的突破和期望 FCC 能迅速采取行动。但我们还是太天真了。FCC 花了整整 4 年时间才授权摩托罗拉和 AT&T 各自在一个城市建立实验性的系统。结果我们把这大部分的时间用在改进 DynaTAC 便携式电话的工程设计和配套的基础设施上了。

在鲍勃白宫之行的几个月后，FCC 开始授权手机服务的商业许可证。1983 年年底，摩托罗拉和 AT&T 着手提供商用服务。贝尔系统在 9 月份在芝加哥商用。AT&T 档案馆的一张图片显示，"第一个手机用户"使用的是一台车载电话打电话。同年 9 月，FCC 也批准了 DynaTAC 手持式电话机的使用，从而使得摩托罗拉能于 12 月在华盛顿开启运营蜂窝业务。摩托罗拉的第一个商用蜂窝系统于 1983 年 11 月开始在巴尔的摩和华盛顿投入使用。我在纽约市人行道上用手机打电话的 10 年后，第一部商用手机以将近 4000 美元的价格发售。这相当于现在花 1 万多美元买 1 部手机。

3 年后，两个相互竞争的蜂窝系统开始在美国 90 个最大的市场上运行。

为什么商业化过程花了这么长时间？一些分析人士认为，通过限制无线频谱的数量，FCC 故意"延缓"了蜂窝业务的推出。虽然进展很慢，但我认为这不是全部原因。FCC 在强大的游说团体（包括 AT&T、电视广播公司、无线公共运营商，当然还有摩托罗拉及其盟友）的巨大而有分歧的压力下，面临着一系列棘手的问题。例如，当时日本等其他国家为早日启动蜂窝通信系统，快速做出了技术和监管决定。最终，这些早期起步的公司不得不重新改变技术和监管方法，以适应便携式电话；为了使手机服务更具有竞争力，它们改为采用美国的技术标准。在手持式电话技术出现之前的几年里，贝尔系统也已经具备推出车载电话系统的能力。但是，FCC 推迟出台政策，最终使大家能以更低的价格、更好的服务及两种不同的方式同时进入市场：手持式电话和车载式电话。

另一个重大事件也使得移动电话难以监管，政策推出过程变得更加复杂。经过所有的游说和在技术上的努力，最终和摩托罗拉一起提供商业手机服务的并不是 AT&T。事实上，这是"贝尔婴儿"中的一个——具有讽刺意义的是，它是伊利诺伊州的贝尔子公司，正好位于在芝加哥，在摩托罗拉的"后院"。联邦政府在对贝尔系统的反托拉斯诉讼中占了上风。那场诉讼最初是由司法部在 1974 年提起的。华盛顿在通信政策方面，一向都进展缓慢。

就在 AT&T 看到了胜利的曙光，即将获得所希望的蜂窝频谱垄断地位时，致命的危险也在逼近。它是世界上最大的公司，拥有 100 万名员工，是成功企业纵向整合的缩影。它控制着本地电话业务、长途业务和电话系统设备的生产，所有这些业务背后都有顶尖的研究机构的支持。不过所有这些子公司都没能一家独大，到最后，贝尔系统接受了解体的决定。1984年年初，联邦法院下令对其资产进行剥离。

在经历了10年的诉讼和监管拖延之后，美国通信业的格局几乎在一夜之间发生了变化。在短短几个月的时间里，手持式便携电话就可以在商业上投入使用了，而20世纪最具统治力的公司之一，也是大多数美国人生活中最大、最老牌的公司之一就此分崩离析了。手机业务在AT&T被归入"弃儿"业务。一位前高管表示，AT&T"当时对电话黄页比无线通信更感兴趣"。这就是垄断企业的思维方式，它们完全听从高级顾问们的意见。10年后，为了重新进入移动通信市场，AT&T不得不斥资126亿美元收购McCaw蜂窝通信公司。

***

乔尔没觉得我在1973年打给他的DynaTAC电话有什么了不起。

这没什么大不了的，也没有影响FCC做出决定。当然，人们觉得手持式电话是一种新鲜事物，他们认为蜂窝电话的主要用途是在汽车上。在20世纪70年代，我们每一个人，包括FCC、摩托罗拉和AT&T，都没有预料到手机会火。我们认为这项业务是纯粹的商业用途——用户是房地产经纪人、维修房屋的人和那些经常坐在车里的人。我们没想到十几岁的孩子会用手机。我们没有预料到个人也用手机。我们也没料到这些手机会是手持式口袋大小的。没有人预测到电池技术的进步使这一切成为可能。手持设备是一个小众产品。我们完全忽略了它的个人用途。

当然，他们没料到手机会做到口袋大小，青少年会对手机如痴如醉，当时很少有人能预想得到。但我知道手机会变得很小，传呼机甚至手表不就是前车之鉴吗？但是十几岁的孩子会沉迷其中，甚至拥有手机？这可能会在一两代人之后才能猜到（确实需要一代人才成为现实）。

在 1973 年，没什么人能够预测到手机能用来定位或预订餐厅。科技总是朝着发明者当时无法（或不愿）预见的方向发展，原因有可能是路径依赖、偏见、傲慢等因素。

把注意力集中在所有我们能预料或没能预料到的事情上是一个错误的策略。创新不仅仅是技术上的成就，它需要认识和理解用户的内在特性，并使技术符合这些特性，而不是与之相反。客户和用户将成为你的合作伙伴，共同将技术带入未知领域。

DynaTAC 的演示是新技术前沿的标杆。我们做的很多事情都是行业第一，比如：把手机组装起来，让它能够同时接收和发送信号，支持多达 400 个频道，降低功率等技术。摩托罗拉在寻呼机、警察和消防部门的便携式对讲机及车载电话的设备制造方面的各种经验塑造了我们的理念。40 年来，公司的整个发展前景都是建立在使设备越来越便携的基础上的。

我们受专利保护的移动电话功率控制系统意味着它可以在高层建筑或拥挤的地区使用。这种密度使下一代手机变得更小。功率控制不仅使便携式设备得以工作，还增加了通信容量，确保了频谱容量定律的延续。通过这项技术，我们改变了个人通信的整个理念。人们打电话给其他人，而不是打电话给某个地点，这意味着手机需要为人服务，而不是人为手机服务。

"人天生就喜欢移动"，这是摩托罗拉在二十世纪六七十年代的理念，从那时起，这句话也一直是我的信念。一百年来，想用电话交谈的人总是被一根电线束缚在办公桌前或家里，后来是被禁锢在车里，那是不行的。人们想和其他人交谈，而不是和汽车、办公室、住宅或电话亭交谈。[2]

＊＊＊

我在摩托罗拉的职业发展历程包括了便携电话技术及其他一些方面。

作为通信部门的副总裁和系统运营总监，我创建了手机业务，参与了摩托罗拉在 FCC 对 AT&T 的挑战，并推动了集群无线系统的创建，后者正在成为摩托罗拉通信业务的核心。我和管理层都清楚，我的优势是有远见，擅长的是创业和从事科技工作，我对财务管理的细节缺乏兴趣，也没有什么天赋。为了保持摩托罗拉"尊重事实和尊重技术"的传统，他们专门为我创造了一个职位，就像他们当年让我担任便携式产品的产品线经理，然后又让我担任系统运营主管。

就这样，1978 年，我又有了一个新设立的头衔：副总裁兼公司研发总监。除了其他一些职责外，我主要负责集成电路研究实验室 [来自半导体集团的 MICARL（ Motorola Integrated Circuit Research Laboratory ）] 的工作，石英晶体制造业务也再次由我掌管。集成电路研究实验室和我的研发部门为 DynaTAC 开发项目提供了最先进的集成电路。公司团队仍由罗伊管理，并在唐的领导下，继续制造更先进的便携式电话。集成电路研究实验室还为福特汽车制造了第一个汽车发动机管理用的大型集成电路。我还接手并继续支持摩托罗拉的调幅收音机立体声技术的开发，使它一度成为市场主导者。

我的新办公室（与佛罗里达州种植园建筑师事务所创建的办公室一模一

---

2. 几年前，我在一次采访中说，"100 年来，想打电话的人们一直被电线束缚在书桌旁或家里，现在我们还要把他们束缚在车子里面吗？那可不好"。

样）在芝加哥郊外舒伦伯格（Schaumburg）的摩托罗拉公司总部顶楼，这大概是我职业生涯的巅峰了。但对我来说，这是一场损失惨重的胜利，有点得不偿失。我现在是公司高层的一员，但没有权力。根据经验，我知道运营部门的人对公司高层的看法。当我在管理系统部门时，每当公司高层的人提出建议时，下面的标准答案是："谢谢！这是一个好主意，我们会马上调查的。"意思其实是："你对具体业务了解多少？"

***

不过，我对战略倒是有所了解，而且我在新岗位上学到了更多的东西。

战略是战争术语，而应用于商业的战略概念使公司能够持续不断地相互竞争。赢家获得盈利、市场份额、资产的回报和其他商业成功的要素。

战略是一个组织区别于其他组织的东西。它不是计划、希望或渴望。在一个专注的公司里，战略潜伏在幕后，影响着每个经理和员工的每一个决策。一个没有清晰明确战略的公司是不稳定的——它可能在短期内做得很好，但成功的概率很小。战略必须被公司的每个人接受和拥护。摩托罗拉通信业务最重要的组成部分就是：对客户需求的深入了解、与客户的直接接触、对竞争对手的敬畏及对自己公司优势和劣势的客观认识。

被提拔为公司高层之后，我开始参与为公司的各种业务制定战略，方法则是绘制技术路线图。鲍勃最初设想了这一概念，目的是刺激公司加速发展，使我们比竞争对手更快采用新技术。鲍勃的想法是："技术在进步，我们应该知道它的发展方向，找出应对方法。"

1968 年 6 月，我和摩托罗拉的鲍勃·加尔文在一起，鲍勃是一位有远见卓识的领导人

作为摩托罗拉公司的副总裁和研发总监，制订技术路线图的责任落到了我的肩上。鲍勃有他的远见卓识，约翰和比尔也有自己的看法。我正好夹在中间，负责执行所有运营部门的具体实施。在这三位领导的不懈支持下，我们创造了一个系统，多年来，它是摩托罗拉处于技术领先地位的要素。制订技术路线图成为公司长期规划过程中不可或缺的环节。

感谢摩托罗拉这些优秀的导师，给我机会从头到尾管理整个项目。从职业角度来看，无论你从事的是什么样的工作，这点都是非常重要的。通过一个项目可以让你对整个过程有一个全面了解，无论你担任哪个行业的管理者或领导，都需要经历这个过程。但这样的机会不会凭空砸中你，你必须去努力寻找机会。我就利用了创建和执行技术路线图过程中的经验。

技术路线图变成了汇编预测工具，各个运营部门需要定期应用、维护并向最高管理层报告进展。鲍勃、比尔和约翰要在与各部门开展的会议上审查公司的每一张技术路线图。

参加这些会议总能让人兴奋不已。鲍勃、比尔和约翰会坐着他们各自的喷气飞机（用于公司危机处理计划）前来。我们在机场见面，他们的飞行员会运用各自的飞行技巧，争先到达目的地。在技术路线图审查过程中，我们要飞往亚利桑那州、佛罗里达州和得克萨斯州。

乘坐豪华轿车来到飞机悬梯底部时，我自我感觉甚好，就像置身于平流层。我经常乘鲍勃的私人飞机。他也欢迎我和他一起坐飞机，那样他就可以借机向公司收取一张商务舱机票的费用。尽管有那么多财富，但他花钱还是很谨慎的。每次我坐他的飞机，他都会提醒我不要把花生掉在地板上（我可能不是太整洁的人）。

即便在我离开摩托罗拉 20 年后，有几次受邀去位于维尔（Vail）的鲍勃家参加晚宴，包括与社交名流探讨的时候，他还是会把我当成公司里的初级工程师对待，如果他认为我的内容不切题，就会直接提醒我："你得注意点，马丁。"

虽然用技术路线图做预测并不是尽善尽美的，但它能敦促我们思考。每当你认真对待它时，就会非常有成效。鲍勃认为，技术路线图提供了一种"观察未来的惊人能力"。[3]

技术路线图并不能取代愿景作为预测技术的未来的手段，有了它也不能保证万无一失。丹·诺布尔（Dan Noble）是摩托罗拉的高管，他富有远见，创立了公司最成功的三大部门：通信、半导体和政府产品，深受管理层和工程师的尊敬。到了 20 世纪 70 年代，虽然他已不再担任运营部门的高管，但并没有放弃对未来技术的思考。丹设想了一种摩托罗拉以前没有经验的创新型

---

3. 罗伯特·麦克法登（Robert D. McFadden）在《纽约时报》2011 年 10 月 12 日发表的文章中援引哈里·马克·帕特拉基斯（Harry Mark Petrakis）的话说，"带领摩托罗拉进入现代的是罗伯特·加尔文（Robert Galvin），他终年 89 岁"。

消费品：腕表。他确信石英驱动的电子手表最终会取代弹簧驱动的机械手表。我相信他。

有一次，我和一群同事坐在公司的餐厅里，我问大家："有人知道现在几点了吗？"我得到的回答很有那个时期的特点，大家报出的时间至少有五六分钟的差别。"总有一天，"我预言，"当我再问这个问题的时候，每个人的时间会相差不到几秒。"

丹·诺布尔，20 世纪 60 年代中期任摩托罗拉副董事长
（图片来源：摩托罗拉公司档案馆馆藏，经许可转载）

电子表走时精准是因为它里面有一个叫石英晶体谐振器的东西。丹认为摩托罗拉应该走多元化发展的道路，进军手表制造业，他通过申请成立了一个新的部门，并为此聘请了专门的工程师和营销人员，开发了一系列石英手表。

手表所使用的晶体与用来调谐移动电话的晶体有很大不同。因为现在的目标是要精确到秒，所以它们必须要小很多，工作频率也要很低。手表用的晶体本质上是一个很小的音叉；早期的一些产品版本实际上看起来就像音叉。与机械式手表的齿轮功能类似，晶体在某个精确的频率振动，再由电子线路把振荡频率从几百千赫兹转换为秒。我们设计了一种晶体，它与温度补偿电路相结合，可使手表保持走时精准。有了这些，我们开始了手表用的晶体业务。

当时的时机非常理想。优质的生产工艺虽然是我的团队在 20 世纪 60 年代早期开发的，但到此时仍然是同类产品中的佼佼者。鲍勃·努纳马克（Bob Nunamaker）经管这项业务。努纳马克是工程师，同时也是一名技术娴熟的业务经理，他的执行力很强，手里掌握着技术知识和专业人才。传统的手表公司创建了石英表产品线，而新兴的计算机行业也对这个市场产生了兴趣。我们公司的手表晶体产量高达数百万，是世界上最大的制造商，拥有当时 65% 的市场份额。我们每颗晶体的售价是 2 美元，赚了一大笔钱。我那时候身处的是一个美轮美奂的消费品行业。在一次与 Timex 公司总裁的会面中，我曾建议，手表不一定非得是圆形的。不到一个月，Timex 的产品线就多了一块矩形的石英手表。国家半导体公司（National Semiconductor）首席执行官查理·斯波克（Charlie Sporck）也来找我，要求为他的新手表公司（但是最终公司经营不善）提供更多数量的石英晶体。

好景不长，糟糕的情况很快就出现了。日本供应商开始以低于我们的价格销售，而且降幅很大。不到一年，一块晶体就只卖 50 美分了，这个价格甚至远远低于我们的成本。为了降低成本，我们把制造工厂搬到了墨西哥的蒂华纳（注：位于美墨边界的墨西哥小镇 Tijuana）。约翰意识到，虽然通信部门擅长为无线对讲机定制晶体，但是大批量生产是另一回事。他将石英晶体业务划归摩托罗拉的半导体部门管理。

一个企业的战略规划需要有明确的任务、目标和宗旨，但最重要的是了解自己的优点和缺点。我发现，很多时候，相当多的人和公司都不清楚他们自己的弱点（比如在面试中人们常说，"我工作太努力"或"我太善良了"），并过度夸大了自己的优势。仅仅相信自己比其他人强是不够的，还必须有一些实质性的东西；这就是技术路线图所做的。我在石英晶体手表上的失败就是忽略了这些准则。

可以肯定的是，路线图或计划中做出的某些具体预测或许有误；任何商业计划都可能如此，但是计划有助于组织资源，有助于准备好应对改变或失败。

***

尽管技术路线图的流程很好（我后来在为公司提供咨询时也能完全适用），但它不足以阻止日益分裂的公司的内部冲突。在20世纪80年代初，公司正处于成功的顶峰，摩托罗拉终于开创了商用蜂窝服务和便携式手持电话的先河。

可是，到了21世纪，正如约翰所预见的那样，摩托罗拉手机的魔力消失了。

手机业务迷失了方向。这究竟是怎么发生的？这个过程就像这个行业的诞生一样是个谜，也许有时间我会在另一本书中讲述自己的看法。简而言之，20世纪80年代，摩托罗拉一直是手机和基础设施设备的主要制造商。在一场灾难性的大崩溃中，诺基亚和爱立信分别在手机和基础设施领域瓜分了摩托罗拉的份额。我们公司的估值于20世纪80年代和90年代稳步上升，在互联网泡沫破灭前崩溃，随后又稍有回升，然后再次暴跌。

2011年1月4日，摩托罗拉被分成两家独立的上市公司：摩托罗拉系统公司（Motorola Solutions Inc.）和摩托罗拉移动公司（Motorola Mobility Inc.）。摩托罗拉系统公司（纽约证交所代码 NYSE：MSI）为企业和政府客户提供关键通信产品和服务。摩托罗拉移动公司（原纽约证交所代码：MMI）生产移动蜂窝设备和有线视频管理设备。2012年5月，谷歌以125亿美元完成了对摩托罗拉移动公司的收购。不到两年，谷歌又以29亿美元的价格将摩托罗拉移动公司的剩余股份出售给联想。

考虑到其他细节，谷歌实际上已经为摩托罗拉的专利组合支付了约35亿美元。20世纪80年代中期，我参观过位于伊利诺斯州利伯蒂维尔（Libertyville，Illinois）的摩托罗拉工厂，那里陈列着几百项公司的专利。作为一种荣誉，DynaTAC的专利被单独放置在一边。当谷歌收购专利组合时，我们的专利保护已经过期，没有了实际价值。

今天，摩托罗拉系统公司是一家价值几十亿美元的公司，在陆地移动和双向无线通信领域处于领先地位。换言之，当今摩托罗拉系统公司的核心业务，正是摩托罗拉在二十世纪五六十年代如此成功的核心所在。

摩托罗拉（译者注：这里应该是指摩托罗拉移动公司）衰落的原因有很多，我只知道其中的几个，其中一个重要的因素是傲慢自大，傲慢使得蜂窝网业务的经理们放弃多年的发展战略，这些战略是靠勤奋磨炼出来的，曾为通信业务带来了极大成功。公司领导们飘离了原先那种"直接与客户打交道，比客户更了解他们的业务"的理念。公司在双向无线通信的成功和移动电话的发展助长了某些新领导的傲慢。他们以为自己可以控制市场，就没有紧跟客户的需求。例如，当数字革命开始超越传统的蜂窝技术时，摩托罗拉的一些高管还在坚持使用模拟技术。这可能是一些高管对鲍勃的格言的曲解："有时候，待在原地，实际上是走独特道路的进一步体现。"当市场已经认定数字蜂窝电话是发展的方向时，摩托罗拉还持"模拟手机技术仍然存在"的论调，这就使得客户、移动运营商失去了兴趣。

摩托罗拉系统公司则调整了战略，使其通信业务仍处于主导地位。这也是它今天依然是一家成功且盈利公司的部分原因。

第 12 章

传承家风

12

20世纪70年代末至80年代初，我的情绪特别低落，这种状态持续了几年。于是我开始认真考虑离开摩托罗拉。我花了一段时间才想出下一步该做什么。当时，我的生活正经历一些很大变化，在这段时期，我的第一段婚姻宣告失败了，我的那匹叫卡什的马也死了。我隐隐感受到了家族传统的召唤：融入骨子里的企业家精神，这是我尚未达到的标准。毕竟，心底里我不想成为哈里那样的人，他是罗斯阿姨的丈夫，也是我母亲那边家族里唯一一个为其他人打工的男人。

1983年，我终于决定离开摩托罗拉。当时，FCC正在颁发蜂窝系统运行的许可证，第一个使用手持蜂窝电话的商业服务也正式上线。我离开舒伦伯格（Schaumburg）富丽堂皇的办公室，搬到芝加哥湖畔一座古老建筑的小隔间里，办公室的一扇窗户对着消防通道。在当了30年的大公司职员后，我改变了方向，成为了一名企业家。与众多合作伙伴一起，协助它们创办了一系列蜂窝通信行业内的企业。

在我考虑离开摩托罗拉时，一位技术初创公司的投资人拉斯·希尔兹（Russ Shields）来找我。他提议成立一家公司，旨在为新兴的蜂窝行业的非有线公司承担计费和信息系统业务，特别是那些尚未由大型有线电话公司提供服务的公司。我们首先把这个机会给了摩托罗拉。但我明确表示，无论摩托罗拉的决定如何，我都会去新公司工作。经过详尽的分析后，鲍勃说："马丁，这件事你还是自己去干吧，因为我们恐怕会把事情搞砸的。"接下来就举办了我的离职派对。

我在1983年与拉斯和阿琳·哈里斯（Arlene Harris，是我的第二任妻子，也是一位技术创新者）共同创立了Cellular Business Systems公司，为通信运营商开发计费软件。到1986年，公司已经赢得了70%的市场总份额（包括有线通信公司），不过，后来我们还是被迫将公司出售给竞争对手辛辛那提贝尔公司。我们最大的投资者，第一国民银行，已经决定退出风险投资业务，对此拉斯大发雷霆，他把公司关门的时间一直推迟到午夜时分。他原希望我们能保住这家公司，直到公司赚到足够他买一个棒球俱乐部的钱为止。我反而十分兴奋。由于公司的招聘一直不顺利，最终只好我做公司的首席执行官。天哪，我太讨厌这个职位了。同年，我和阿琳共同创立了 Dyna LLC，该公司至今仍然存在，通过这家公司我们为市场带来了许多创新。除了 ArrayComm 公司，我和阿琳的所有业务都是她的主意，而且一个比一个更加雄心勃勃。例如，在 1988 年，我们成立了用户计算公司（Subscriber Computing Inc.），并开发了一种系统，为低信用或无信用的消费者提供服务，即现在所谓的预付费蜂窝服务。这是一项创新，投入使用后在新兴市场和发展中国家大受欢迎，现在已成为几十亿用户获取基本的手机通信服务的最常见方式之一。

另一个例子，GreatCall 公司则诞生于一场潜在的灾难之中。一家本来声誉不错的大公司，在履行为我们的 SOS Wireless 公司生产紧急移动电话的合同时，因经营不善破产了。阿琳去收拾残局，成立了 GreatCall 公司。后来出售 GreatCall 公司的时候，阿琳将部分交易的收益赠予了投资者，本来这些投资者会在 SOS Wireless 中蒙受损失。这家公司现在归百思买（Bestbuy）集团所有。现在老年人的市场服务匮乏，GreatCall 的技术致力于结合老龄市场与医疗服务。该公司还开发了 Jitterbug 手机，这款手机的优势是简单易用，并在 2006 年登上《纽约时报》评选的十大科技创意榜单。

除了 Dyna LLC，我还与其他人合作创立了专门开发智能天线的 ArrayComm 公司。智能天线在经过精细的调整后可以聚焦对准目标，为个人用户提供专属的微小频谱切片。该公司在一系列技术上拥有超过 450 项专利，而这些技术至今仍未得到充分的应用，我们太过于超前了。几经周折，该公司现在归拉斯所有。2011 年日本福岛海啸期间，ArrayComm 公司所提供的通信技术成了当地很多地方的唯一通信手段。

除此之外，我还创立了其他一些公司，开展了其他一些创新并获得了成功，这使得我们与金融危机的灾难擦肩而过。我对科技世界的痴迷和投入是坚定不移的。这也是我对这些技术的社会价值的信念和承诺。

我主动辞去了一些上市公司董事会的席位，因为这需要我经常出差，而我并不喜欢旅行。我继续为几家初创公司提供咨询，并支持加州大学圣地亚哥分校（UCSD，University of California San Diego）的一个研发项目，我将在后面的章节中介绍这件事。我在联邦通信委员会技术咨询委员会任职，每周我会花几个小时持续努力，尽管心生怯意，但还是要去敦促政府能更有效地利用无线频谱。为了继续感谢我的母校伊利诺伊理工大学（IIT，Illinois Institute of Technology），我担任了学校的终身受托人。

除了在离家不远的 UCSD 偌大的校园里贡献我的专业知识之外，我现在还热衷于努力激发年轻人，我们这个乱糟糟的世界要靠他们去改变。外面都传开了，说是马丁愿意随时和任何年龄从 8 ～ 30 岁的孩子们对话。孩子们似乎乐在其中；每当我感觉到好奇心的火花、学习的渴望和梦想的冲动，知道这些都可以转化为现实的时候，我也倍感激动。

与此同时，我也一直在梦想着，我这一生一直都在造梦。本书第二部分要讨论的问题是：走向未来，在未来世界里，技术不断发展，让世界变得更美好。

过渡：马丁的格言

　　我想提供以下这些原则作为思考未来的一个框架，这些原则是我多年来致力于无线电技术工作和梦想所得到的感悟，它们引导着我的好奇心。有些感悟在前面已经提到了，我们在本书的后半部分深入探讨未来时，你将会看到它们是如何发挥作用的。

　　◆ 跳出固有思考模式的最好方法是先不要建立框架。

　　◆ 人与人发生联系，而不是与地点。

　　◆ 出于自然本质，人一生下来就是要移动的。

　　◆ 我们称之为"技术"的东西就是应用科学，目的是创造改善人们生活的产品和服务。现在是，以后也同样如此。

　　◆ 定制化是产品和服务发展的必然方向。每个人都是独一无二、不同于其他人的。

　　◆ 在美国，无线频谱是公共财产。

　　◆ 无处不在而且价格价廉的无线连接是必不可少的，尤其是在教育和医疗保健领域。

　　◆ 频谱资源极其丰富，并不短缺。

第二部分

第 *13* 章

手机改变生活

13

2001 年，大约 45% 的美国人拥有手机。手机的拥有量是 4 年前的 2 倍，是 6 年前的 4 倍。那年的 9 月 11 日，恐怖分子劫持飞机，在纽约、华盛顿和宾夕法尼亚发动袭击。至少在其中一架被劫持的飞机上，乘客们用手机与地面的家人联系。然而，当年许多地方尚未安装手机基站，或已有站点但没有能力承载突然增加的移动电话呼叫，许多急救人员和政府官员无法联系上，哪怕是通过有线通信网络也是一样。

在那可怕的一天，无线寻呼机（许多人称之为 BP 机）是传播信息的主要途径。尽管手机的数量是寻呼机的 3 倍，但民众也包括美国政府在内的最高层，在联系和提醒时仍然普遍使用寻呼机。

随着袭击的消息传开，乔治·布什总统（President George W. Bush）随行的白宫工作人员，"每个人的寻呼机都嘀嘀响个不停"。"空军一号"上没有电话，飞机一边载着总统在全国各地飞，一边试图弄清楚该采取什么行动。[1] 白宫新闻秘书有一只双向寻呼机，而不是手机，只能发送和接收一些预定的信息。布什总统的随行人员只能在飞机上通过收看当地电视信号来了解袭击事件的最新进展。在世界贸易中心的北塔，寻呼机是那些正在逃命的人们的主要消息来源。曼哈顿附近的公用电话排起了长队。

这些寻呼机是摩托罗拉 30 年前推出的第一款寻呼机的后代。人们都需要方便、经济且能够在紧急情况下保持相互联系。20 世纪 60 年代末，人们靠寻呼机保持联系，在手机还是一个遥远的梦想时，我就有过一个科幻小说般的预言。当时，我告诉任何愿意听我说话的人，以后会有那么一天，每个人出生时都会得到一个电话号码。如果有人打电话过去而他没有接听，那就意味

---

1. "空军一号"的军事通信能力十分有限，而且那天基本被用于协调飞行的秘密目的地。由于手机服务的成本比较高，因此，政府和高层人士都不愿意使用手机。

着他已经去世了。

9月11日，我们经历了这个预言的黑暗面，如果你要找的人一直无法接听电话，你就会担心他是不是已经去世了。

早在20世纪70年代初，我就预料到未来每个人都会需要一部手机。摩托罗拉的其他人大多也有这种期望，因为我们的无线对讲机业务已经向我们展示了，当人们可以相互联系时，商业效率会得到成倍的提高。西奈山医院、机场的工作人员和芝加哥警察都告诉我们，保持相互联系可以使组织运转起来。我们记得去西奈山医院维修设备时那些医生拒绝交还他们的寻呼机。无论是在日常生活中，还是在遇到像"9·11"事件这样的灾难时，寻呼机和手机这样的便携式设备已经成为人们随时随地的"伴侣"，成为身份的一个组成部分。

这些经历展示了一个技术原理，几十年来，这个原理塑造了我的世界观。当用户对某个产品变得依赖和依恋，到了不管产品有什么样的缺陷或负面影响他们都不愿放弃它的地步，这时，就证明了产品的实用性。手机已经多次证明了这一点。在2014年最高法院的一项判决中，首席大法官约翰·罗伯茨（John Roberts）写道，手机"现在已经成为日常生活中一个不可或缺的组成部分，即使火星访客到来，他们也会得出结论，手机是人类解剖学的一个重要特征"。

让我更吃惊的是手机使用的速度和范围。我没料到最终世界上拥有手机的人数远远超过使用抽水马桶的人数。

我们常常会高估技术在短期内的影响，而低估其长期影响，这被称为"阿玛拉定律"，这个定律是以斯坦福大学科学家罗伊·阿玛拉（Roy Amara）的名字命名的，他管理未来智库研究所长达20年。手机就是这样一个典型的例子。摩托罗拉于1973年4月提供给媒体的DynaTAC的产品介绍中写道，"这款便携式电话是为人们'外出时'使用而设计的，供人们离开办公室或家，周围没有传统电话时使用"，我们相信大多数人的大部分时间是"外出"的。现在的情况与当年相比就更是如此。

在移动电话成为一项正常运作的业务之后，我和我的团队点燃的火花却没能在摩托罗拉的财务部门燃起多少火光。在我们编制手机开发的预算时，我的市场经理吉姆·凯尔（Jim Caile）给我看了一份便携式电话的销售预测。我们一致认为第一批手机将在 20 世纪 70 年代中后期上市，然而，预估的产品出货量却让我完全无法接受。

我知道研发一款商用手机所需的工程师和其他人才的成本，我有多次实践经验，并且很多次都低估了成本，因此，这次我对自己估算的数目非常有信心。我也知道，如果只卖出少量手机而无法收回这笔投资，我们的领导层是不会接受这一项计划的。另外，如果我们过于乐观，那些反对者，尤其是财务经理只会对我们一笑置之。

我又看了一遍预测数据。"把所有的销售预测翻一番，"我告诉凯尔，"让我们再看看能不能把计划推销出去。"他照我说的做了，最后管理层批准了这一计划。

我们的销售预测其实也不是那么离谱，因为早期的移动电话大多是车载电话。便携式设备太贵了，而且没有足够的站点来支持可靠的便携式通信。到 1990 年，便携式电话的性能和尺寸得到优化使其变得更加实用，销量也迅速增长。到了 2000 年，车载电话在市场上难寻踪迹；此时便携式手持电话已经占据上风。到 21 世纪初，有线电话用户数开始直线下降。我在 20 世纪 70 年代曾经预言有线电话将在遥远的将来会被彻底淘汰，但没人相信我。

然而，摩托罗拉没能预测到手机上会带有摄像头这样的功能。毕竟，

1973 年还没有数码相机，所以它甚至不可能出现在我们的预测范围内。整个 20 世纪 60 年代，摩托罗拉一直都是半导体晶体管领域的主导者，并将其应用于消费电子产品中。这其中包括了 DynaTAC，所以我们的想法是，为了提高性能，手机中将有越来越多的晶体管。但我们完全没有预料到，最后手机会变成智能的，等同于一台计算机。当时，个人计算机仍在开发之中，而互联网也只是构想。

绝大多数人对手机的使用和普及做出了可笑的错误预测。

1984 年，《财富》(Fortune) 杂志预测，到 1989 年美国的手机用户数将达到 100 万。实际上最后达到了 350 万。1994 年，咨询公司估计，到 2004 年，全球手机用户数将达到 6000 万～ 9000 万。实际误差是极其巨大的：2004 年的实际用户数达到了 1.82 亿。

20 世纪 80 年代初，AT&T 委托麦肯锡公司研究手机的未来，它们想要一份 2000 年使用情况的预测。这家咨询公司指出了当时困扰人们使用手机的所有问题：电池寿命短、成本高、覆盖范围不全、太重等。这些都是真的。麦肯锡表示，到 2000 年，全球手机市场总规模将达到 90 万部。咨询公司和 AT&T 都没有意识到它的规模会如此巨大。

因此，1983 年，当美国政府在反托拉斯诉讼中胜诉时，法院命令该公司剥离其大部分经营资产。当时，AT&T 认为将手机业务纳入剥离部分是明智之举。于是它的区域性子公司（贝尔婴儿们）接管了本地电话服务，而 AT&T 保留了其全国范围内的长途电话和交换机网络。贝尔管理层还将初期的蜂窝网业务分发给了各个区域性公司。毕竟，长途才是它们真正盈利的生意。

不过，到 1999 年，在麦肯锡当年所做的预测期限接近尾声时，"每 3 天加入世界移动电话服务的新用户数就达到了 90 万"。

***

人们很容易拿那些被证明大错特错的技术预测开玩笑。IBM 当初没认为计算机会有很大的市场，更不用说个人计算机了。托马斯·爱迪生（Thomas Edison）最初认为留声机将被用来"通过邮政系统发送有声信件"；而亚历山大·格雷厄姆·贝尔（Alexander Graham Bell）则认为电话将会成为"分享现场音乐的媒介"。这些例子说明我们不仅常常低估技术的长期影响，甚至完全误判了技术的使用方式。

今天我们有幸知道手机的影响力有多大，它的规模更是巨大的。本书的读者都不太可能对这一影响的统计数据感到震惊，但还是让我们回味一下其中一些最主要的数字吧。

在我写这本书的时候，全球有超过 50 亿人拥有手机，占世界人口的 2/3。全球手机注册用户数（80 亿）比总人口（77 亿）还多。在美国，96% 的人拥有手机。要知道，在 30 多年前，这个数字还是 0。手机的普及率在美国历史上比其他技术的普及率更高，普及速度也很快，可以与冰箱和彩电的普及率相媲美。下面这张图是我最喜欢的，它比较了美国移动电话和固定电话用户的普及率曲线。

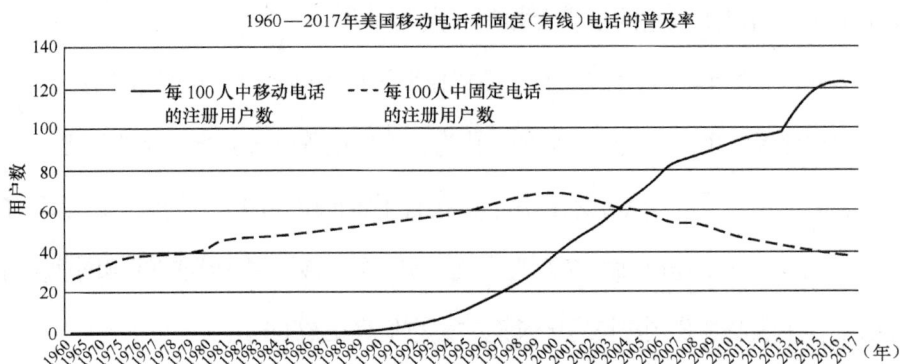

这张图显示了每 100 人中移动电话注册用户数，超过 90% 的美国家庭都有有线电话（这些数据是根据 Our World in Data 出版的 *Technology Adoption* 中的数据进行计算的，来自世界银行和世界发展指数）

正如我们早就已经看到的，在 1983 年开始商业服务后的最初几年里，移动电话主要是车载电话。手机价格昂贵，而且由于基站站点的数量不足，服务也相对较差。但是，到了 20 世纪 90 年代末，车载电话已经不再销售了。与此同时，固定电话数则呈现断崖式的大幅下滑，现在的固话数量和 20 世纪 70 年代差不多。

在 2012 年的一项有关手机对个人影响的调查中，有 2/3 的受访者表示，手机使人们"更容易"与他们所关心的人保持联系。这绝对是这次调查中最大的影响因素了。人们想要相互联系。

2010 年，一项关于人们如何在家里消磨时间的调查显示，将近一半（43%）的时间用于看电视，宅家时间的 1/4 花在台式计算机上，8% 的时间花在手机上。

到了 2018 年，人们宅在家的时候，手机的使用时间赶上了看电视的时间（分别为 33% 和 34%），花在台式计算机上的时间下降到了 18%。2010—2018 年，人们每天花在上网设备（手机、台式计算机、平板电脑）上的总时间增加了 2.6 小时，其中，每天花在手机上的时间增加了 3.2 小时。手机占用了越来越多使用其他设备的时间，尤其是台式计算机。广告费用不可避免地随之倾斜，目前手机的广告费用约占所有广告费用的 33%，而 2010 年这一比例仅为 0.5%。

将近一半的美国人（47%）说他们"大部分时候"用手机上网。与 2010 年相比，2018 年，人们每天观看的视频中，数字视频占了 28%。其中，大部分的数字视频是在手机上观看的。

虽然我们用手机的最基本功能仍然是通话，但我们还用它发短信、分享照片和视频、看电视、付账单、查看天气、听音乐和播客、预订旅行、玩游戏、看书和做研究。现在，我们不再需要在互联网上输入网址查询信息，只需对着数字助理说话即可。这让我们有更多的时间来讨论诸如安卓手机和 iPhone 谁更好用这样的问题。

手机的众多用途扩展了手机上的标签名称的效用。比如，"蜂窝"或"蜂窝电话"这样的术语只有技术工程师才会喜欢，它是基于背景技术架构而非任何特定用途的名称。其他国家使用的标签名称重点在描述功能而不是形式上。在英国，"蜂窝电话"用 mobi 或 mobile 表示；在西班牙，是 móvil（移动的意思）；在德国，是 handie；在日本，是 keitadenwa（字面意思是"便携式电话"）。每一个都比"蜂窝电话"更准确。当然，现在我们有了智能手机，言下之意，也有非智能手机；对许多人来说，简单地说成"移动设备"就是最好的描述。

不管我们今天把手机称作什么，它的主要功能仍然和 20 世纪 70 年代初我们称之为手持式便携无线电话的功能一样，它使人们能够相互联系。这正是推动我们在摩托罗拉所做的工作的基本观点，它也一直激励着我的整个职业生涯：人与人之间发生联系，而不是与地点之间发生联系。手机提供了在任何地方、任何时间与他人进行交流的自由。

对我来说，"人与人，而不是与地点发生联系"的想法已经成为技术和人类行为的核心原则。这个原则最显著的例证之一就是社交媒体的兴起，手机使其成为可能并加速其发展和应用。

大多数人都把社交媒体看作当下我们使用的某些服务，比如，Instagram、WhatsApp、微信、LinkedIn，等等。这些代表性的社交媒体领域中最知名和最成功的公司都是在 21 世纪的前 10 年里成立的，这绝非偶然。这是一个被称为"互联网 2.0"的时期，在 2001 年，互联网泡沫破裂之后，新的软件公司致力于构建互联网的新阶段，而社交参与是其中的一个重要部分。同时，这也是世界各地手机普及速度加快的时期。电话正在成为"移动设备",黑莓手机更是引领了这一潮流。随着 2007 年 iPhone 的问世,这一潮流达到了顶峰。

社交媒体就像是为这种软件和硬件的结合而量身定做的,比如 WhatsApp、微信和 Instagram 都是移动应用,它们直接针对的是手机用户。在某种程度上,这并不是什么新鲜事,至少有一种观点认为,社交媒体已经存在几千年了。它使人与人之间可以进行双向的横向信息交换,这种信息交换是通过以各种形式的技术作为媒介的社交网络进行的。

19 世纪和 20 世纪,各种信息系统充斥着社交媒体。信息是被单向传递,而不是双向交换的。手机作为一种不受电线和地点限制的交流方式,有助于在人与人之间突破这种单向信息系统。今天的社交媒体,又成为真正的社交工具了,但这都多亏了手机的出现。

社交媒体的使用者通常是年轻人,不过,并不只有他们。虽然 86% 的"千禧一代"表示他们使用社交媒体,但 59% 的"婴儿潮一代"(指"第二次世界大战"之后出生的人)和 28% 的"沉默的一代"(20 世纪 20 年代中期至 20 世纪 40 年代初出生的人)也在用社交媒体。从 2012—2019 年,老年人使用社交媒体的人数比例翻了一番。父母担心孩子们,尤其是青少年"看屏幕的时间"及他们花在手机上的时间太多。诚然,不得不承认,孩子们花在手机上的时间确实很多,但他们在干什么?调查显示,84% 的美国青少年用手机"与他人交流",83% 的人在"学习新东西",超过 50% 的人说他们很少或从来不会在使用手机时不与其他人交流。

手机有负面影响吗?有,但任何普及的技术都是如此。我还记得 20 世纪40 年代和 50 年代电视机的出现曾引起人们担忧,如果那些反对使用电视机的人的预言成真,那么我们现在将处在一个没有思想的"僵尸"世界,人们醒着的全部时间只会用眼睛盯着电视屏幕。我们在电视上幸免于难。手机的诞生还不到 40 年，智能手机的大量出现也还不到 15 年。我有信心，人类有足够的智慧会消除手机带来的负面影响，手机的总体影响将会是正面的。今天来看，确实如此。

第 14 章

向贫困宣战

14

南亚的劳动力市场正面临着挑战。近年来，由于科技的发展，快递、零售、物流、酒店等行业创造了几十万个新的就业机会。幸运的是，社会上有数以百万计的潜在劳动力可以填补这些工作的空缺，但是这里有几个问题。这些工人中有许多是流动人口，例如，在印度，他们"穿越"全国来填补这些季节性的工作，把赚到的钱寄回家。这意味着企业很难管理员工队伍，工人们在一年之内就可能全部转岗。人员的招募永无止境。另一个则是工人与岗位匹配方面的问题。对他们来说，没有什么好办法可以找到和他们的技能相匹配的工作，现有的平台都是面向白领阶层的，不适合技能较低或是刚入门的工人。

解决这些问题就需要手机。更准确地说，企业家应该用手机和社交媒体来实现我为解决这些问题而得出的两条见解。

2016 年，马达夫·克里希纳（Madhav Krishna）创办了瓦罕（Vahan）公司，专注于改善员工与工作机会之间的匹配效果。使用 WhatsApp（和其他手机社交应用程序），瓦罕公司应用人工智能收集工人的基本信息，向他们发送空缺职位的信息，并帮助他们申请工作。所有的一切都在短短几分钟之内就能完成。

我的朋友（也是我的远足伙伴）苏伦·杜蒂亚（Suren Dutia）提醒了我瓦罕公司的存在。苏伦是一位连环创业者，他还在 TiE（The Indus Entrepreneur，印度企业家）全球公司担任了 4 年的首席执行官。TiE 是一个长期为南亚企业家提供帮助的公司。在我们一起沿着南加州海岸线远足时，苏伦一路耐心倾听我（或者说是容忍了我的唠叨！）谈自己在手机和无线通信方面的经历。

说到我的两个见解，他给我举了瓦罕公司的例子，这两个见解推动了我们在摩托罗拉便携式技术方面的工作，并在后来继续影响了我的职业生涯。第一个见解，我已经在这本书的前面提到过：出于自然本质人一出生就是要移动的，任何干扰或试图对抗这种移动性的产品或服务都不是最理想的。第二个见解，我们所说的"技术"，本质上是应用科学创造出改善人们生活的产品和服务，这是而且应该永远是我们的目标。

瓦罕公司背后的团队正在创造一种与人的内在移动性相匹配的技术。特别是在南亚，由于各区域内和各区域之间有大量流动打工者，因此有数以百万计的求职者在不断地流动着。以前的求职工具要求他们要么出现在某个特定的地方，要么端坐在一台计算机前。需要员工的公司现在可以在瓦罕公司的帮助下利用这种流动性。这些都能改善生活，对许多工人来说，这将帮助他们摆脱贫困。在 2020 年新冠疫情期间，瓦罕公司与印度一家大型电信公司合作，利用其服务向工人提供信息，告诉他们可以在哪里找到救援资源。

瓦罕公司为开发手机应用做了重要贡献，这有助于在全球范围内消除或接近消除贫困。

手机已经在消除贫困方面发挥了重要作用，特别是在一些低收入国家。将手机进一步与更多的活动整合，并在这种整合中不断创新，将进一步扩大减贫范围。缺乏手机并不是导致数十亿人长期贫困的原因。但是，造成世界各地贫困的一些主要问题可以通过手机直接解决，如缺乏资源、基础设施不足、缺少（或难以获得）工作、性别不平等，等等。

在许多低收入国家，正是对流动性的限制或存在反对流动性的机构，才导致了贫困的持续存在。手机本身并不能减轻贫困，但它帮助人们摆脱了这些限制，从而有助于摆脱贫困。无线连接仍然很有必要，网络基础设施也是如此。公共和私营部门需要做出企业变革，以促进手机的应用和广泛使用。人是移动的，人们希望技术能够反映这一点；这也必然推动一些必要的变革。

与其他地区相比，新兴市场和发展中国家普及手机的速度更快，部分原因是它们原有的有线电话就少得多。低收入国家已经越过使用固定电话阶段，直接转而使用移动电话。那些地区的固定电话网络很差，所以，对许多人来说，手机是他们的第一部电话。例如，在一些国家，固定电话用户数几乎没有增长，而移动电话用户数激增。与在富裕的国家一样，手机的注册用户数往往比总人口还多。

电话注册用户数的变化：固定电话 vs 移动电话

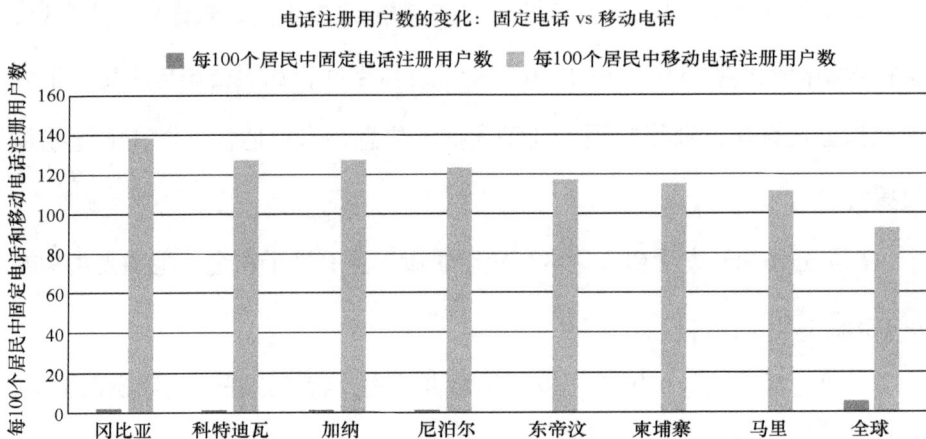

根据联合国贸易和发展会议（UNCTAD）"跨越式发展：三思而后行"的数据计算，2018 年 12 月

尤其有趣的是，再次与固定电话形成对比，移动电话的普及似乎与收入无关。固定电话似乎存在一个收入门槛，超过这个收入门槛以后，固定电话订购率才会上升。然而，移动电话却没有任何明显的收入门槛：即使是最贫穷的国家的人均手机拥有率也和富裕国家的相当。

中低收入国家的手机普及曲线甚至比美国的手机普及曲线更陡峭。

中低收入国家移动电话和固定电话注册用户数

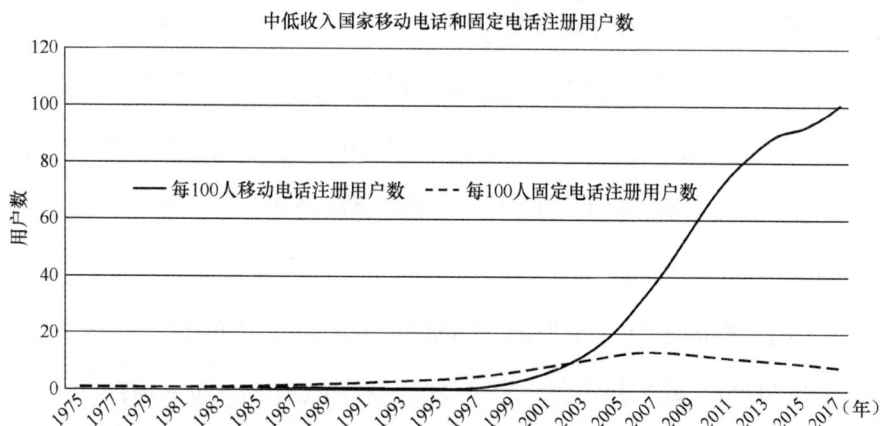

根据 Our World in Data 出版的 *Technology Adoption* 中的数据进行的计算
（数据来自世界银行和世界发展指数）

固定电话从来都不是生活必需品，它的地位远不及移动电话。在许多新兴国家和发展中国家，在上网的方式上，手机也超过了计算机和平板电脑。

由于移动电话快速普及，围绕移动电话发展的技术和服务的移动生态系统每年产生约 4 万亿美元的经济价值。这听起来是一个天文数字，的确如此，它在全球经济中占了大约 5% 的份额。不过，数字相当抽象，它们并不能完全说明移动电话如何真正改变了人们的生活。确实，我们每天都会在手机上花费几个小时，用它来协调我们的日常活动。但正是在占世界人口很大比例的新兴市场和发展中国家，我们可以看到手机最显著的影响和最具创造性的应用。

今天，在亚洲和撒哈拉以南非洲的许多发展中国家，手机正在填补个人身份识别方面的一个关键空白。全球大约有 10 亿人无法证明自己的身份，因此他们无法开立银行账户、投票选举、获得医疗保健，等等。但他们大多数人有手机。而这些手机已经变成了一种建立和证明身份的手段。非营利组织、营利组织、援助机构和政府机构都在将手机全面整合到个人身份等基本事务中。例如，在布基纳法索，手机被用于出生登记；在乌干达，手机里的每一张

SIM 卡都是用个人身份证注册的。在其他一些地方，手机被用于医疗保健和金融服务的身份验证。有意思的是，事实证明，手机还被用于证明难民身份，是政府及为难民服务的人道主义机构鉴定身份的重要工具。许多难民将个人身份信息存储在手机上。联合国不止一次把手机号码作为识别号，以追踪难民，从而更好地帮助他们。

正是由于有这样的创新用途，手机已经成为发展中国家经济增长和减少贫困的"最具变革性的技术之一"。《终结贫困》（ *The End of Poverty* ）一书的作者，经济学家杰弗里·萨克斯（Jeffrey Sachs）说："手机成为全球减贫的最大贡献者之一。"1981 年，全球 44% 的人生活在极度贫困中，这一比例低于 1950 年的 72%。今天，只有 10% 的人生活在赤贫线下。[1]

这是一项非凡的纪录，任何人都应该相信，良好的势头还将继续。原因有很多，19 世纪，工业革命先后在欧洲、美国、日本发生。在 20 世纪，最大的经济增长发生在东亚和拉丁美洲。仅中国就在全球减贫中占据了巨大份额。在每一种情况下，推动经济增长和减贫的驱动力都可以归结为一个相当简单的公式："如果人们足够自由并且拥有知识、技术和资本，他们就能像其他地方的人那样同样富有生产力。"请记住我的上述观点：人天生就是移动的；人要与人发生联系，而不是与地点。

手机促进了减贫，因为它象征并提供了人们想要的行动自由，人们利用这种自由移动性来创造、创新和改善生活，在以下方面具有代表性。

经济增长。手机推动了经济的整体增长。手机普及率每提高 10% 就可以使低收入国家的年 GDP 增长率提高 1.2 个百分点。1 个百分点听起来可能微不足

---

1. 世界银行对赤贫的定义是人们每天的生活费不到 1.90 美元。世界上有 1/4 的人口处在"中等贫困"，即每天生活费只有 3.20 美元。这相当于大约有 20 亿人处在中度或极度贫困中。

道，但想想经济学家和投资者使用的"72 法则"吧。经济以每年 2% 的速度增长的国家，其经济规模将在 36 年内翻一番。现在，手机的普及将经济年增长率提高到 3%，那么经济将在 24 年内翻一番。这对人们生活产生的影响是巨大的。已经有迹象表明，对个人和整个社会来说，使用手机可以提高 20% 的收入。

移动货币。 如今，全球注册的移动货币账户有近 10 亿个，其中一半在撒哈拉以南的非洲地区。在许多国家，移动货币——使用手机转账、支付和储蓄——规模远远超过了传统银行业务。印度的统一支付接口（UPI），是一个基于移动设备和消息应用的大规模数字支付系统。在 2020 年新冠肺炎疫情期间，它在帮助印度政府向公民提供援助方面发挥了关键作用。

移动货币已经帮助几百万人进入正规金融服务领域，使他们能够构建资产，并降低生活中的意外风险。由移动货币推动的"普惠金融"是人们摆脱贫困的最重要途径之一。使用手机转账，可以帮助打工者（无论在国内还是国外）给家人汇款，为他们带去希望。对于发展中国家的许多人来说，这种汇款可能是一个巨大的收入来源。移动货币还可以帮助个人建立信用记录，从而获得更多的金融产品。

获取市场信息。 对于渔夫和农民（这些人在发展中国家的低收入人口中占很大的比例，尤其是在农村地区）而言，手机使他们能够保持相互联系，了解商品的市场价格，有助于他们与批发商和分销商谈判，最终获得更好的价格。在洪都拉斯，那些通过短信知道多个城市的市场价的农民比那些没有收到信息的农民收入更高。通过手机获得信息也有助于降低成本，比如，现在农民无须花费大量时间去了解行情和天气预报，这有助于提高产量和生产率。

促进创业。 手机也帮助更多发展中国家的人们开始创业。创业精神对经济增长很重要，因为它能创造就业机会，而且往往能促进创新。对政府来说，通过手机进行创业有助于更多的企业家加入正规经济的行列，可以增加公共收入。加纳一家移动货币公司的负责人说，"很多企业就是因为移动货币而产生的"。根据美国相关机构的数据，41%的人使用手机"是为了增加收入和增加就业机会"。移动货币的普及也对企业家有帮助，因为它降低了支付成本——如果可以在手机之间进行简单的转账，企业就不需要POS机，也减少了相关费用。

缩小性别差距。从全球来看，赤贫似乎不分性别，男女各占一半。但妇女在许多国家面临歧视，她们的机会比男子少，而且没有改善这种处境的工具。手机并不是一颗灵丹妙药，但它有助于缩小人们在许多领域的性别差距，其中包括帮助妇女获得金融服务及更多的消费商品和服务。尤其是移动货币，它为妇女创造了更多的就业机会。金融惠普和获得金融产品的机会使妇女能够离开田地，外出工作。这提升了她们的经济地位，有助于减弱歧视造成的障碍。

***

你肯定已经看出来了，我是一个乐观主义者。我对人类和人类的未来持乐观态度。历史已经证明了这一点。从所有方面来衡量，今天的世界都比昨天更美好，这包括但不限于贫困人口的数量在稳步下降。

儿童和产妇死亡率大幅下降，在过去的几十年里，新兴市场和发展中国家的死亡率下降得尤为迅速。多年来，遭受饥饿和死于饥荒的人口也一直在下降。与此同时，学校教育已得到大力发展，这帮助整个世界提高了生产力。虽然我们减少了工作时间，享受更多的闲暇时间，但是创造的财富反而比以往任何时候都多。

这一巨大的进步使得人类从饥饿、疾病和早夭中"大逃亡",而且除了少数不幸的例外,在世界绝大多数地方是这样的。这一切又是怎么发生的呢?

用一句话概括,那就是:人类的智慧、技术的创新,以及对更美好世界的愿景。

但我们还远未完成大业,这个世界仍然有太多的贫困、太多的狭隘和太少的建设性合作。此刻我们正处在更多物质和社会进步的潮头。我们的学习方式、我们的教育系统正在经历一场革命。医疗保健方式正在发生转变,甚至我们沟通的方式——虽然已经出现了重大变革——也将迎来一次飞跃。

当然,我也知道气候变化的灾难性后果;即使是现在,在撰写本书时,我们也在与新型冠状病毒肺炎疫情做斗争。但我对人类生存进步的能力有着坚定的信念。一旦我们决定认真对待气候变化,科学家、工程师甚至政治家们将会找出减缓气候变化的方法,或者,即使做不到这一点,也会在不造成灾难性后果的情况下适应气候变化。

我对人类持乐观态度——技术将解决社会的物质和环境问题,剩下的都交给教育吧。

很少有一种技术比个人便携式手持电话给世界带来更多益处了。手机已经对世界各地的人们产生了重大影响。然而,手机问世还不到 40 年——它真正的重大影响才刚刚开始。

***

根据我的乐观和经验,我有一个愿景,即如果我们允许自己创造这个世界,世界将会怎样?这也是我向往的,对更多的人来讲是更美好的世界。我的愿景既不是我的一厢情愿，也不是天马行空的幻想，它基于科学和事实，特别是基于无线通信技术的发展方向及对不同领域的影响。本书随后的章节将阐述这一愿景。我的看法或许有不对的地方，但肯定也有正确的。

我对未来技术的展望基于对无线通信 60 多年工作的观察和见解。这是本书前面"马丁的格言"里已经讨论过的内容。并非所有的读者都赞同我的观点，同意我的预测，不过这没有关系。我的目的是提供信息，发人深省。而且，我坚信我的那些作为愿景基础的见解，无论我的愿景是否有错误，我相信，其所基于的基本见解应该还是正确的。

在描述这个愿景之前，我需要先谈谈政策。我对技术前景的展望和手机持续产生积极影响的预测是否会成功在很大程度上取决于公共政策。在二十世纪下半叶，政府在塑造便携式无线通信的发展路径方面扮演了重要角色，在未来几十年里，政府起的作用仍将是举足轻重的。如果我们没有正确的政策，未来技术的前景就无法实现。

第 *15* 章

便宜好用是王道

15

二十世纪七八十年代我经常要飞往华盛顿特区，虽然现在不用去得那么频繁，但每年仍然不少于 4 次（至少在疫情之前如此）。我为 FCC 的技术咨询委员会工作，我们大约有 50 位技术专家，大多是行业内的领袖。我是天线系统技术工作组的联合主席，也是第五代移动通信（5G）和物联网（IoT）工作组的成员。

在过去的 40 年里，航空旅行的很多方面都发生了变化。上飞机前安检队伍更长了，飞机的燃油效率提高了，机上餐大多被压缩成椒盐饼干，飞机上也禁止吸烟，等等。还有，现在我们可以用手机订机票。然而，在华盛顿参加有关频谱管理和电信政策的会议时，我常常觉得时间停滞了，因为一切照旧，几乎没有变化。事实的确如此，我发现自己眼下处理的是与 20 世纪 70 年代初相同的问题。

现在的大型电信公司也在试图说服 FCC 和公众，它们需要大量的频谱资源以适应市场的持续增长。和以前一样，有人声称我们的频谱资源不够用了，然后又是喋喋不休地争论频谱的某些部分应不应该用于这些情况。当然，每家公司都在努力以求获得更多的频谱专有权，每家公司都认为自己的需求是最紧迫的。谁也不愿意与人分享，全都坚持要独家享用频谱。

原因并不是技术发展停滞不前了。我们今天使用的无线电技术比 40 年前要先进许多。对政策的讨论陷入僵局是因为我们一直无视无线频谱的基本原理。

这让我很担忧，大家也都应该重视起来。

如果我们在频谱管理方面的公共政策框架没有跟上技术的步伐，也没有考虑到基本原则，那么许多领域的进展就会变得缓慢，也将无法看到在教育、合作和医疗保健方面的显著进步，我在本书后面的章节中将具体讲述这些内容。我们将无法释放手机对社会发挥积极作用的全部潜力。对企业家、大公司、整个工业界来说，无线频谱这种自然资源又被称为"经济的氧气"，也有人称之为"对社会福利影响最显著、最广泛的共享资源"。我认为，它是 21 世纪最宝贵的经济资源。

不过，"无线频谱"和"频谱管理政策"这样的术语并不能让人提振精神，恰恰相反，普通大众听到这些词汇很有可能一头雾水，不知所云。如果不是自己的手机信号或通话中断了，一般人不太会想到频谱，更别提频谱管理政策了。本来这也无妨：毕竟我们的社会也不需要四处走动的几百万名频谱专家。但我相信如果每个人都掌握一些基本原理总是好事，这些原则将指导我们未来几十年的频谱管理。对我而言，这些原理是帮助我们走向技术进步、光明未来的基本真理。

***

我们从最基本的原理开始讲吧。无线频谱在手机和基站之间传送信息，它是公共财产。换句话说，我们的人民大众拥有频谱，通过发放许可证的方式，允许诸如蜂窝网运营商和电视台等实体使用频谱资源。根据法律，这些实体必须遵循"符合公众利益、方便和必需"的原则使用资源。这听起来相当简单，但是对"公众利益"一词的概念有着不同的解释。一些政策专家称这一标准"在实际操作中毫无意义"。FCC 前董事长汤姆·惠勒（Tom Wheeler）曾表示，他在其任职期间发现，"公众利益"是一个"相当有可塑性的概念"。

在 21 世纪，频谱管理的首要目标应该是为每个人提供无所不在、价格合理的无线连接。人们不太关注频率的带宽（例如，下载一部电影需要多长时间），更关心的是他们是否有能力负担无线接入。这才是真正的"公众利益"。

在我与 FCC 打交道的几十年中，我知道 FCC 无法同时让所有人满意；"公众利益"一词的含义也在不断变化。当初，贝尔系统的垄断被认为是符合"公众利益"的，因为它实现了大众化的电话服务。消费者（公众）得为大众服务付出高昂的代价。限制自由竞争的理由恰恰是"公众利益"。

借"公众利益"之名的歪曲行为并不局限于电话服务。在二十世纪三四十年代，"公众利益"被用来保护地方电视台。首先，这放慢了调频广播的发展速度，然后，在电视网络运营商的要求下，又移动了整个调频广播波段。到了 20 世纪 60 年代，FCC 通过拒绝和撤销有线电视新业务等新兴运营商的许可证，保护了传统的电视网络。所谓的"公众利益"其实是保护地方电视台，允许已有电视公司向公众传送信息。哦，对了，这样有线电视无论如何也不会成为全国性的市场了（这个说辞听起来是不是很熟悉？）。在二十世纪七八十年代，移动电话的发展速度十分缓慢，部分原因也是出于"公众利益"，当然保护的也是已有用户的频谱。

FCC 的工作非常艰巨，这是它最具挑战性的任务。它得在诸如应急响应、娱乐公司、未经许可的频谱使用（包括 Wi-Fi）、蜂窝网供应商、卫星公司等不同的用户间保持十分复杂的平衡。此外，包括军事在内的联邦无线频谱的使用则由美国商务部下属的国家电信和信息管理局（NTIA，National Telecommunications and Information Administration）管理。FCC则监督管理其他事务。从 NTIA 制作的频谱分配"挂图"中可以看到 FCC 任务的复杂性。

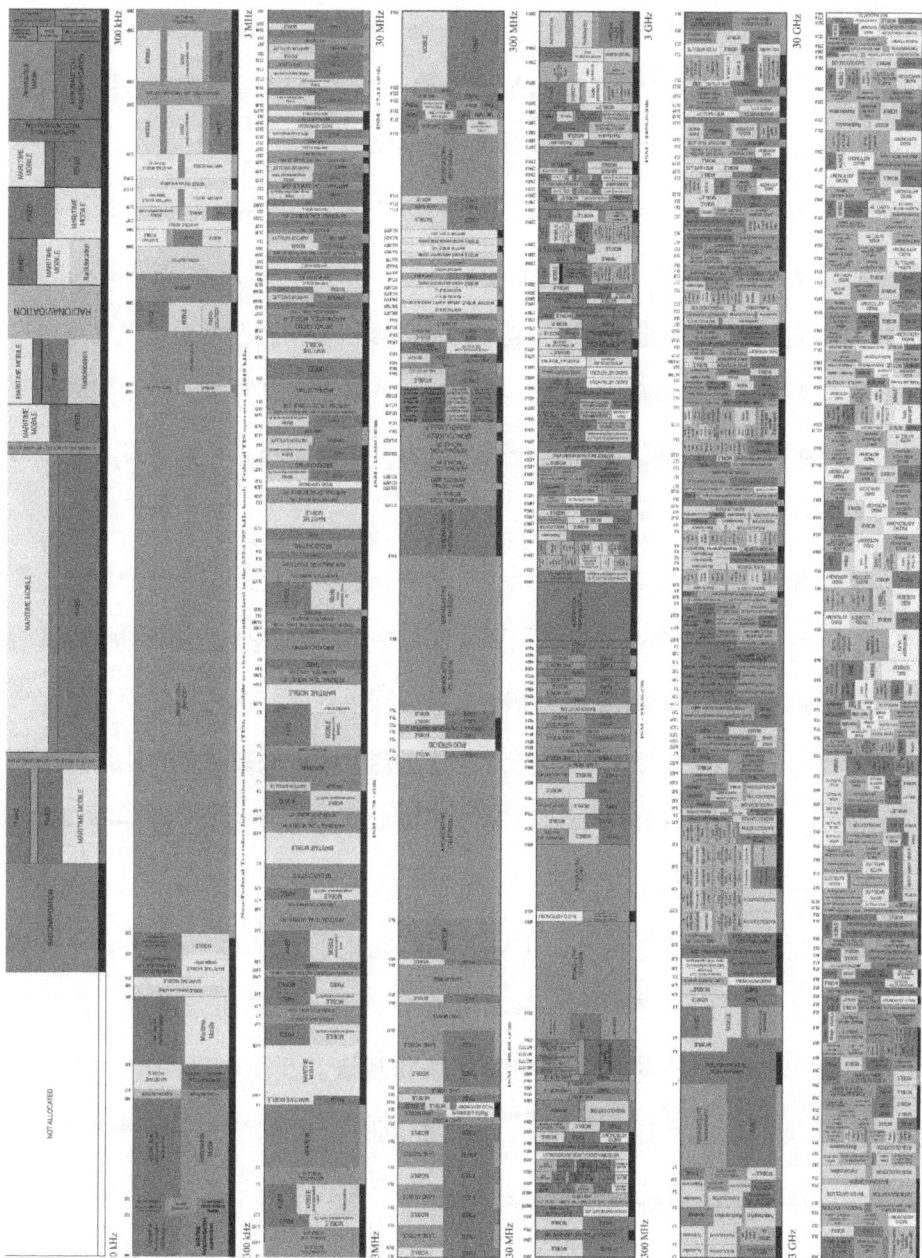

美国的无线频谱分配图
（图片来源：美国商务部，国家电信和信息管理局，2016）

在实际的分配图中，水平条形图表示既定频段内允许的一般活动，例如，联邦专用、联邦/非联邦共享和非联邦专用；彩色部分表示哪些无线服务被授权使用该频段的频率，这包括 30 种不同的服务，如航空移动卫星、广播等，当然还有移动通信。在无线电发展的早期，唯一有用的波段是位于频谱分配图顶部的频段：低频段（在频谱分配图中，下部或底部的条形图是更高的频率）[1]。随着技术的不断进步，越来越多的高频波段被使用。商用无线电最初的应用是船用的莫尔斯电码发射机。多年来，广播和电视占据了大部分可用频谱，但现在，卫星系统、双向陆地无线通信、蜂窝网和许多其他服务都在争夺频谱的使用权。

FCC 和 NTIA 本身并不提供无线电业务。它们的责任是确保公众能从使用无线频谱中获得诸多益处。你只要快速瞄一眼 NTIA 频谱分配图就可以清楚地看到，有数以百计的服务种类在争夺着频谱资源。这些服务大多数都是至关重要的，缺了它们，社会就无法正常运转。随着越来越多的社会活动依赖频谱，竞争也变得越来越激烈。现在，FCC 要负责管理所有这一切事务，还有人会羡慕 FCC 做的工作吗？

自成立以来，在关乎公众利益和其他问题上，FCC 一直饱受各方责难。我个人认识的许多委员都是尽忠职守、为人诚恳的。当然，作为政府任命的官员，他们各自有不同的立场和观点。我所熟悉的很多决策都是出于公众利益的考虑而做出的。我们的政府在 FCC 中保持了一种平衡，这使得美国在通信政策和技术进步方面处于世界领先地位。在 1970 年和 1973 年的听证会上，我特别敬佩迪克·威利（Dick Wiley）和尼克·约翰逊（Nick Johnson），他们如今已经 80 多岁了，仍然活跃在这个行业。

---

1. 请注意，这里每个水平条形图所覆盖的条带比上面的条带要宽 10 倍。

最近，我很幸运地与罗伯特·麦克道尔（Robert McDowell）委员成为朋友，他是一位彬彬有礼的学者，从他身上我对这些公务员做出的奉献有了更具体的了解。

当涉及频谱管理和无线通信时，FCC 要遵循一个公众利益的理念，即为每个人提供无处不在且价格合理的无线连接。

***

除了将健全的政策建立在共享频谱的重大公众利益之上以外，管理频谱时，许多争议都源于一种观点，即频谱的稀缺性。它被视同为"海景房"———一旦被别人占用，它就没了。

20 世纪 60 年代，所谓频谱资源"无声的危机"（Silent Crisis）正是基于这种观点。现在，我们又一次听到这类说法，我们正陷于另一场可用频谱危机之中。移动设备激增推动了对频率带宽的需求。越来越多的人用手机观看体育直播、电视节目或 YouTube 视频。卫星系统正在激增，为更多的人带来更实惠的宽带接入。额外的频谱正在分配给 5G 网络（系统是一连串数字越变越大的"G"）。新技术带来的不仅仅是更大的需求，还有关于频谱优先权的争夺。在撰写本书时，FCC 和美国交通部（DOT）之间就频谱使用问题爆发了一场争执。FCC 提议重新调整"安全频谱"的一部分给 Wi-Fi 使用，而美国交通部则建议将其保留，供自动驾驶汽车相互连接使用。

最高法院的两项裁决甚至在法律上明确规定了频谱的稀缺性。1943 年，法院声明"无线频谱根本不足以容纳所有人"。25 年后，法院写道："频率成了一种稀缺资源，政府可以对其加以管制和使其合理化。"

NTIA 频谱分配图也直观地传达了这种稀缺性的观点。大小不一的彩色条框肯定让人觉得，几十年来的频谱碎片化分配已经没有留下多少空间可增加通信容量了。

然而，20 世纪 60 年代的"无声的危机"从未成为一场真正的危机。NTIA 频谱分配图变得更大、更丰富多彩，因为它已经容纳了越来越多的频谱使用。事实证明，最高法院对频谱资源稀缺的定性是错误的。现在我们所看到的频谱短缺现象或许会消失。为什么呢？

在无线电的历史上，频谱资源从来就不稀缺，将来也不会稀缺。自从无线电发明以来，技术人员不断创造新的频谱，创造的速度比使用这些频谱的速度还要快。频谱利用和效率方面的技术进步一直领先于不断增长的需求，而且是通过广度和密度两个方向的扩张实现的。我们一直在不断地扩大使用越来越高的频率，与此同时，我们也不断找到提高频率使用效率的办法。

在这一过程中，技术人员和工程师们继续证明频谱容量定律的持久真理，有些人称之为"库珀定律"。自从无线电问世以来，技术进步使我们每两年半就可以使无线电波的容量增加一倍。现在的频谱容量是马可尼时代的 1 万亿倍。在撰写本书时，我们已经知道，利用现有的技术，我们还可以继续以这样的高速度发展 60 年。

对频谱的限制不是限制其可用性，而是指如何提升技术能力和想象力来有效利用频谱。正如总统的科学技术顾问委员会承认的那样，频谱短缺是一种"错觉"。对其他人来说，这只是一个"传说"。相反，我们是在"未充分利用的频率资源中游泳"。

频谱资源十分丰富，并不短缺。

对无线频谱短缺的错误认知在频谱管理的整个历史中一直困扰着人们。

公共监管机构、私营公司及许多外国公司都在制造"人为的稀缺性"。[2] 这样的结果是效率低下，即使无线频谱在社会和经济方面的使用潜力已经很明显的情况下，大量的频谱仍然未得到充分利用。这违背了公众利益。

在监管和频谱管理方面，FCC 应该相信技术创新将会不断继续下去。

目前在使用频谱资源进行通信方面，我们的效率仍然非常低。无线基站和手机中的发射机向空间的各个方向发送信号能量。其中只有一小部分能量是有用的，其他方向的能量都是无用的，此外，它还干扰了其他设备的通信。现有的智能天线技术已经可以将信号能量直接传送给某个用户，而不会造成任何浪费，实际上，这就像是创建了一个针对个人的小区，其结果是频谱容量的成倍增加。

用目前已在开发中的技术来实现的未来通信系统，将至少比现有的蜂窝系统多出几百万倍的容量。这些系统将在节点网络中实现，这类似于现在的小区站点，不同的是将由人工智能不断优化频谱的使用。浪费性的频谱独占分配将不复存在。竞争激烈的蜂窝网运营商将管理虚拟系统，这些系统将针对不同类型的应用进行优化，重点是使客户的业务和生活更加高效。嵌入式人工智能系统将确保每个节点的设备都能自动优化频谱的使用。时间和带宽将实现最小化，通信时延将适配应用，用户的每次数据传输都将被分配到最适合的频段；将会有更多的频谱能用于共享，FCC 已经在不同的应用和用户之间分配了更多的共享频谱。科技的进步将继续提高这种能力。

---

2. 虽然我以前曾用过"人工稀缺"这个词，但我必须引用费尔·韦泽（Phil Weiser）在他的早期论文 *The Untapped Promise of Wireless Spectrum* （Discussion Paper 2008-08，The Hamilton Project，July 2008）中所做的论述。对某些人来说，FCC 的整个存在都是以"假想的电磁频谱稀缺"为前提的（*The Need for Speed：A New Framework for Telecommunications Policy for the 21st Century*，Washington，DC: Brookings，2013，11）。

当所有这一切都实现的时候，我们才真正实现了 DynaTAC 最初的承诺：动态的、自适应的、全区域的覆盖。

***

自从美国国会首次授权并鼓励 FCC 拍卖频谱许可证以来，这种频谱稀缺性的观点得到了重视。然而，频谱拍卖通常靠牺牲长期有效地利用频谱资源来换取短期利益。无线频谱的拍卖往往将频谱许可证的所有权集中在了少数最有钱的运营商身上，这些运营商通常会专注于最有利可图的市场，而忽视了广大农村和城市中贫困地区的客户。

应该停止拍卖大多数频谱。

在20世纪的大部分时间里，FCC 采用"比较听证会"的方式分配部分频谱。选择频谱许可证持有人的依据是他们对未来所能提供服务的承诺。在 20 世纪 80 年代，由于蜂窝频谱许可证申请的泛滥，FCC 尝试采用了摇号的方式。然后，到了 20 世纪 90 年代，拍卖频谱成为频谱分配的主要方法。

拍卖频谱的方式将市场规律引入频谱分配中。与被称为"选美比赛"的比较听证会相比，拍卖被视为是促进频谱利用的最佳利用方式。如果一家公司认为某一频段具有巨大的经济潜力，那么它可能会出高价，然后充分利用该频段，以收回它所付出的高昂代价，同时也希望这为消费者带来相应的利益。拍卖频谱也为政府筹集了数十亿美元的收入。不过，拍卖频谱所筹集的资金通常只占该频谱实际价值的很小一部分。

频谱本身并没有价值，真正有价值的是频谱所传输的信息，这是授予私营公司某个指定频段的部分原因；它们应该事先对其经济价值进行评估判断，并且最有可能通过利用频谱来获得这种价值。

拍卖频谱的效果似乎优于以前的方式，但它并没有解决频谱管理上的关键问题。拍卖频谱保证了那些最有经济实力的人得到最多的频谱。如果这能保证最大限度地利用产能，那倒不成问题。但由于有那些独占频谱和人为制造稀缺性的老观念，拍卖频谱仍然导致频谱的利用效果不大理想。我们的整个监管制度造成了这样一种局面，一旦占有就有价值，而不是充分利用频谱。

出现这样的结果是完全可以预料到的。尽管之前分配给电信公司的频谱还没有被充分利用，但是它们仍然想要更多的频谱，例如，它们完全可以通过更广泛的覆盖和更低的成本来惠及消费者和公众。

我们告诉自己，频谱之所以有价值，并不是因为它的潜在用途，而是因为它的容量有限。因此，我们必须以限制干扰和尊重拍卖赢家专属权的方式分配频段。我们假定，他们的出价代表着他们希望从中产生的最低经济价值。

这种方法创造的短期利益是：政府收入、有效的频谱分配过程、明确的权利，但是以牺牲长期利益为代价的。我们错过了最大化利用频谱的机会。

实践和优化频谱管理的关键是市场竞争和事后监督，这在现在是不会发生的。通过拍卖频谱，政府最终将市场机制纳入频谱管理，但改进措施还是有可能且有必要的。政府可以通过拍卖频谱获得经济利益，但无法确保许可证持有人一定会有效地使用频谱。

如果一个公司不使用，或者没有高效地使用手里的频谱，就应该没收其许可证，这与矿产资源管理的做法类似。然而，我也不赞同过去"选美比赛"那种比较听证会的做法。监测频谱的效率可以有很多方法，其中一种是在FCC过去运行的"查找者优先权"（Finder's preference）计划的基础上进行的。我们可以用技术手段监测频谱的利用率，我相信可以制定新的政策来实施这一计划。

另一个有意思的方法是对许可证进行折旧。在这个计划中，许可证是永久的，不需要定期更新。被许可方将支付相当于许可价值10%的年费，实际上是从FCC购买10%的折旧部分。问题在于，许可证的价值是由被许可方自行声明的，它充当了要约声明。如果有人出价，许可证持有人得愿意按这个价格付款。

我不知道这些方案是否可行，但关键是我们要确保有效利用，而不是囤积频谱资源。拍卖频谱是其中重要的一步，不过，我们还没做到最好。

***

最重要的是，我们的频谱管理公共政策框架应该鼓励以人为本的技术，而不是以地点和事物为中心的技术。这是一个世纪以来的挑战。如今，5G技术已经深入人心，它在全球地缘政治事务和大型电信公司的战略计算中占据重要地位，呈现出许多经济和社会的可能性，这其中包括：更好地管理公用事业和资源；通过监控设备高速传输数据来提高公共安全；对无人机救护车、机器人外科医生、新型医疗等数据进行整合；农场设备的预测性维护；由自动化仓库辅助的增强现实和虚拟现实购物；在几秒内将电影下载到设备端；无处不在的连成一体的云设备，等等。

这就是电信公司广为宣传并到处推销的5G所承诺的诱人的技术和物联网。然而，为了实现它们的目标，这些公司的立场是，它们需要对更多额外的频谱资源，拥有独占的访问权限。

但是现有频谱完全可以满足大多数技术和潜在的技术需求，这是因为现有频谱容量的使用效率一直很低。物联网是一种很好的营销说辞，但推动物联网的公司忽视了应该打造的人联网（Internet of People）。

最好的解决办法是促进无线通信领域的竞争，这是鼓励公司把用户的需求和利益放在首位的竞争。今天，我们发现历史正在重演：某些在业内占主导地位的电信公司本身已是近乎垄断，却还在不断要求更多的频谱——这是一种公共资源。同时，它们既不利用现有的技术来扩大自己手里已有频谱的使用容量，又不增加无线覆盖的范围和降低使用价格，这自然无法让更多的人享受到无线连接带来的益处。高成本和低覆盖是几百万美国人至今仍然无法充分享受最基本的无线连接的原因。

保护垄断和促进竞争之间的紧张关系从一开始就是电信政策的一大矛盾焦点。AT&T 在 20 世纪鼎盛时期的口号是"系统就是解决方案"。20 世纪 20 年代，当电视机开始发展时，其对大型广播公司（如 RCA）及其网络（RCA 拥有的 NBC）构成了威胁。RCA 负责人戴维·萨尔诺夫（David Sarnoff）"反复游说 FCC 采纳他们的观点，即电视机只是广播的衍生产物，只有广播公司才能带来丰硕成果"。美国广播公司向 FCC 提交的一份报告指出，"只有像美国广播公司这样有经验和负责任的公司才配获得广播许可证，因为只有这样可靠的公司才能维护崇高的服务理念"。这话听起来应该很耳熟吧。

大公司相互角逐，也会和那些年轻公司、小公司进行残酷厮杀。二十世纪五六十年代，摩托罗拉凭借其优越的技术和营销优势，有效垄断了双向无线通信领域。然而，我们并不是一个政府认可和保护的垄断企业。我们也不是没有竞争对手——我们在一些合同上落败于其他美国公司和日本公司。

是竞争，而不是整合，才能为大家带来更好的结果。通过对不同国家情况进行的比较可以发现，在电信领域竞争激烈的国家，消费者可以在服务质量没有任何损失的前提下享受更低廉的价格。我们不能让垄断或近乎垄断的企业来决定技术的未来。

***

我确信，在频谱管理方面，我们还没有达到终点。例如，在频谱容量方面，还有很多可改进的空间。这要求政策制定者相信技术创新，促进竞争，并将"让人们获得负担得起且无处不在的无线连接"作为频谱政策的最终目的。

第 16 章

颠覆传统的学习方式

16

20 世纪 30 年代，在我上小学的时候，教室里有一个共同特点，那就是老师的桌子上都挂着一根令人生畏的皮条。那些打架或辱骂老师的学生会痛苦地发现它的用途。

如今的学生很幸运，皮条撤下了，但教室里出现了一个新东西，那是教师们的噩梦——手机。美国大多数高中生有手机，超过半数的初中生也有，甚至 40% 的小学生也拥有手机。手机不仅用来上课发短信，还有合作完成课堂项目、查看老师布置的作业、查收自己的成绩等其他更多用途。

这只是一个例子，说明了无线电技术对美国和其他地方的 K12（中小学）教育有多大的影响，我们还需要走多远。长期以来，要在课堂上使用更多的技术一直是教育工作者和政策制定者的既定目标。历任总统和政府都试图推动在学校部署宽带网络，大型科技公司向学校提供免费或廉价的软件和硬件，许多慈善项目也在推动教育技术的发展。许多学校正在利用技术来改变课堂教学方式，在校外提供课程内容，传统的家庭作业转变为在课堂上完成，教师们充当顾问，来满足学生的不同需求。

然而，技术促进课堂教学的承诺往往是炒作而非现实。其中最大的挑战之一是获取必要的技术。数以百万计的美国学生获得互联网或无线连接服务的条件还很有限。相当数量的学生即使有网络也买不起终端设备。只有 38%的美国学区达到了 FCC 公布的数字学习的网速要求（1Mbit/s）。[1] 学校之间的平均带宽速度只有 676kbit/s，仅仅是 FCC 标准的一半多。

这是美国所谓"数字鸿沟"的一部分，无线连接的不平等是收入和地理位置等因素导致的。

• 在农村地区，63% 的美国人拥有家庭宽带，相比之下，城市和郊区分别

---

1. 1Mbit/s 相当于 1000kbit/s。

为 75% 和 79%。

• 在贫困线以下家庭中，有 1/4 的家庭没有互联网接入（或仅使用拨号上网）。

手机完全可以成为而且应该成为一个新型基础设施的基础，以弥合数字鸿沟。我们的教育系统非常重要，也非常脆弱，我们完全有必要创建一个专用、独立的无线宽带系统，为每个 K12 学生带来更实惠的通信连接。每个学生都应该享受到便宜的无线通信服务，应该规定高中及以下的学生使用专门为教育而设计的搜索引擎。我把这个愿景称为"教育 2.0"。[2]

半途而废的措施是行不通的。我们已把付不起无线接入费的学生关在门外，把农村和城市低收入地区没有无线覆盖的学生抛下。我们不仅应该缩小数字鸿沟，还应该确保每个人都能在任何地方学习。

技术，还只是一个开端。

***

当年，刚到伊利诺伊理工大学上学时，我学的是物理。攻读物理学位的一个要求是修化学课，其中包括化学实验。正如一些读者所知，想要完成化学实验需要守规矩，还要掌握理论知识。

我从来没有完全掌握过这些技能。在所有实验中，我都会无意中丢失某些元素或化合物，然后得到错误的结果。物理专业的第二年需要更多的化学知识，我实在撑不下去了，于是改学了电子工程。

工程学让我兴致盎然，因为它致力于解决现实世界的问题。你当然需要

---

2. 我在博客上描述了对于"教育 2.0"的要求和解决方法。

了解某些东西是如何工作、为什么工作或为什么不工作的，比如，晶体管是如何工作的。不过，最重要的是先得会鼓捣那些东西。当然，我们需要理论；蜂窝网服务的整个概念都是先在理论上构想出来的。但一直吸引着我的是动手去做事情，去想办法做出东西来，而不是先停下来搞清楚原因。

这其中一部分原因是我当年就读的是技术高中、技术大学，然后又去海军服役。与被动地坐在教室里听课不同，我接受的教育完全是为了解决现实世界中的问题，都是要综合多门学科来解决问题，而不是把重点放在数学、语言和地理等单独科目的学习上。我觉得被调动起积极性去解决问题的学生能比那些死记硬背的人学得更快、更好。

据我所知，这种方法在教育界很流行。许多学校都认识到传统的讲课模式不够理想。它们把现实世界中的问题直接摆在学生面前，要求学生应用经验和知识去解决问题，从而不断积累经验和知识。无论是我住的德尔马市（Del Mar）附近的一所高中——峡谷顶学院（Canyon Crest Academy），还是伊利诺伊理工大学都是如此，有越来越多的学校把实践视为有效学习的基础。

已经有先进的学校在尝试用新的教学方法取代老师讲课，我可以提供两个教学例子——电子游戏和项目式学习（Project Based Learning，PBL）。

第一个例子是电子游戏，想想那些成功的电子游戏的本质是什么？它们集娱乐性、趣味性于一体，令人上瘾，它们还具有自适应性，一个落后的玩家可以选择重玩，或者选择一条更容易的路径。一场游戏结束后，玩家已经经受了能力极限的考验，都不需要评分了。这听上去不就像是一个理想的教育平台吗？

教育技术领域的一个令人鼓舞的趋势是开发游戏来教育学生，挑战他们，评估他们的进步，同时又有娱乐功能。于是，课程就变成了各种各样的科目，将评估进度的测试嵌入游戏中。作弊几乎是不可能的，因为这是游戏，作弊马上就会被抓住。在这种模式下，教育无时无刻不在进行，根本不必局限在学校内。当然，要使这些游戏真正寓教于乐，还有许多工作要做。

第二个例子是项目式学习。近年来，越来越多的学校支持和采用项目式学习模式。顾名思义，这个概念指学生们一起或单独完成一些项目（有时又被称为挑战），这些项目要求他们将多学科领域学到的知识应用到实践中。

假设我们面临的挑战是提高球棒击打棒球的性能。首先，学生们可以随意摆弄球和球棒，以了解它们在不同的角度和速度下是如何工作的。然后，他们要了解球棒击球的物理原理。此外，还需要深入研究球棒和球的工程原理。下一部分的任务是要求他们展示自己的解决方案，就如同销售员在向潜在客户做推销时，需要引入一些经济和商业手段来调整价格，学生们必须准备一个演讲来磨炼他们的口才，同时要懂得使用最直观的可视化图形，以提高他们的销售宣传效果。此外，他们一直都在使用各种计算机程序来辅助工作，从而积累使用这些工具的经验。

当然，在完成整个项目期间，学生们无论是在学校还是在家里都应该有同样可靠的无线连接。

项目式学习方法不仅适用于理工科的学生，同样适用于艺术专业，例如，音乐教育。掌握音乐理论和作曲结构很有用，但是在小学音乐课上，首先要做的是什么？是摆弄乐器。练习乐器是与理论教学同时进行的，而不是从属于理论教学。

***

我算不上是个教育专家，但在过去的 70 年里，我在很多不同的环境中学习过。我在克莱恩技术高中、伊利诺伊理工大学和海军服役时受的正规教育是学习的关键基础。在摩托罗拉工作的这些年里，在我协助创业和成长的各个公司里，我的学习从未停止过。基于这些经验，我确信有两件事会使我们的教育体制变得更好：一是，随时随地为每个人提供价廉物美的无线连接；二是，解决现实世界中的问题。

如果我们缩小了在获得无线接入方面的差距，我们就扩大了参与、学习的范围。如果给大家机会，让他们去解决问题，那么科技带来的潜力就更大了。

我们还要学习如何更好地合作。这是下一章的主题。

第 *17* 章

加强合作

17

不久的将来有那么一天，下面这一幕将会发生：当你正在冲澡的时候，脑子里突然冒出来一个绝妙的想法——金点子似乎总在淋浴的时候出现，于是，你大声讲述自己的想法，好像是在自言自语，但是唯一的听众是你的手机。

一听到你的声音，手机马上就把你的想法存储为可搜索的格式。它会分析内容、提取关键点、做好标记；它还会挑选出你的工作团队里有哪些成员与这个内容相关，然后把你的想法以不同的紧急级别分发给他们，与此同时，你的手机还会给你回复。"我已经存储了您的想法。看起来您指的是欧米茄项目。我该把您的想法贴到集团的布告栏上去吗？"手机继续说道，"我已经搜索了您刚刚描述的概念，我在几家公司的网站上找到了参考资料，所有的相关内容现在都在您的欧米茄文件夹里。我还发现，我们公司一位在德国的工程师刚完成了这一领域的一些原创工作，您可能会想邀请他进入欧米茄项目团队。"

等你淋浴结束时，欧米茄项目团队的其他成员已经认真考虑了这个想法，并且已经将研究结果分发到协作组里所有其他用户的设备上，也许，他们会觉得你的点子不错。

欢迎你来到协作办公的未来世界！那时，你的手机将成为一个真正的平台，使你能够与他人无缝协作。当下的技术已经提供了各种方法。比如，谷歌文档（Google Docs）、Whatsapp、推特（Twitter）、Slack、Asana ——用于协作办公的工具名单在不断变长。由于新型冠状病毒肺炎疫情，我们学会了使用一些全新的视频平台，如 Zoom、团队（Teams）、Google Meet、BlueJeans，等等。

在疫情期间，这些视频平台强化了人们面对面交流互动的重要性，也使得协作办公成为可能，而且富有成效。电子邮件和消息类的应用程序是必需品，但它们不能替代人与人的直接交流。在我职业生涯的大部分时间里，面对面的交流往往导致工作效率低，那是因为需要花费大量时间坐飞机、去各地出差。现在，对许多人来说，情况仍然如此。疫情期间，视频平台的升级可能标志着远程协作的新时代。

然而，正如我在这个淋浴的例子中所表达的那样，我们尚处在无线通信协作技术的早期阶段（当然，还是存在种种限制，比如，可能很少有人会在洗澡时进行视频会议）。虽然科技的进步不断为我们提供相互沟通交流的新方式，但我们还得应对其他挑战。我们需要弄清楚如何走出自己设定的思维局限，以及如何更好地与团队成员相处。

***

跳出固有的思维模式——现在，这句话已经成了老生常谈，频频出现在企业的海报上，多半是用来激励员工，而不是教授如何协作工作。

但是我们其实还没有弄清楚如何才能真正跳出固有的思维模式。不管是在公司、大学，还是非营利组织、政府机构中，人们往往喜欢在自己周围划出界线、设立一些条条框框。我们总是爱把解题流程、知识获取、教学方法等分门别类地归纳为相互独立的、自成一体的东西。与此同时，我们还不断创造新词，比如多学科、跨学科、跨职能、交叉培养，等等。

所有组织机构都有自然本能要划出界线、设定条例，当然，这其实也是机构存在的首要原因。但是，创新和解决问题的方法往往需要借鉴来自多个学科的专业知识和心理模型。让人们跳出固有的思维去思考的最佳方法，就是从一开始就不要设定条条框框。[1]

在 1972—1973 年开发 DynaTAC 的过程中，我能够直接越过组织框架，召集来自多个领域的人员。我擅长向他人传达我对新想法的热情，这有助于克服他们与我合作时所面临的障碍。我鼓励团队成员去拜访客户，了解他们的经验和诉求，并采纳客户反馈来优化产品设计。

便携式手持电话的创意正是跳出固有思维的结果。我经常在摩托罗拉各实验室和部门间四处转悠，与同事聊天向他们讨教，同时给具有互补技能和想法的同僚相互引荐。在这个过程中，我了解了各种技术处在开发的哪个阶段，以及哪些技术可以汇集到新的设备中。发明手机不是坐下来对新的社交方式做理论性的研究，而是去了解技术的发展方向，引导其朝着便携式的方向发展，以此满足人们对移动的需求。

任何公司都会面临这种挑战，即如何在不设定新的条条框框的情况下，有目的地使本来很随意的创新过程更正式化。这一挑战的核心是组建高效的团队。对创新而言，组织（团队）极为重要。商业精英沃伦·本尼斯（Warren Bennis）有所谓的"伟大的团队"一词。在任何领域，"伟大的团队"一直站在协作和创造性解决问题的前沿。我们的 DynaTAC 就是这样一支"伟大的团队"。团队有一个共同的、人人皆知的目标，每个成员都因此变得更强大。

如何根据参与者的贡献能力，而不是他们在机构内的职位，来组建协作小组？一个成功的团队最大的优势是多样性，即技能、经验、性别、种族、年龄的多样性。然而，组建多样化的团队仍然是各类公司所面临的一大挑战。

---

1. "跳出固有的思维的最佳方法，就是从一开始就不要设定条条框框。"如果用谷歌搜索，你就会发现，这句话最早出自于我。我已记不清第一次说这句话是在何时何地了，然而，它确实定义了我这辈子大多数时候的工作模式。

因为公司内部和公司之间的沟通效率很低，也无法高效打破时间、地点和时间节点等各方面的界限。

传统的协作主要是通过各种线下和线上的会议展开的。我们以一位主管为例吧，为了解决一个重大问题或做出一个关键决策，她的首要工作是挑选团队成员。传统的方法是通过组织架构图，但是它有约束，使得我们不能邀请在组织架构上相隔太远的人。然后，需要选择一个会议地点，以及一个大家都适合的会议时间。团队成员最终召集完毕后，团队领导宣布，"好了，各位，我们有一个小时时间来解决问题"。最后会议解散。一离开会议，团队成员就开始各自忙碌了。

每个团队都需要不断更新进展，最好的方法仍然是面对面的会议。但是，无论团队成员是分散在不同地点，还是在同一栋楼，这种方式的效率都不高而且非常耗时。

其实我们可以做得更好。尽管我们中的许多人已经能熟练使用社交媒体进行娱乐或是完成具体的任务，但现今大多数的相互协作还不甚理想。面对需要立即采取行动的问题、决策，大家的交流还不够——而在这个时候，恰恰最需要的是协作！我们其实已经有工具了。我们在手机上聊天、发短信、发微博、发帖子、发电子邮件和召开视频会议，做这些的成本并不高，而且也很方便，只是我们还没有形成新的习惯和过程来更好地利用它们。情况应该很快会有所改观。协作工具会改善我们的人际网络和沟通的质量，从而提升团队合作的质量和成功率。

***

加州大学圣地亚哥分校的科学家哈里纳斯·加鲁达德里（Harinath

Garudadri）博士正在推动跨界使用协作工具来寻求解决听力受损的办法。

哈里说："听力好的人更快乐，他们有更多的生活体验，也更长寿。"那些听力受损的人，则情况正好相反。"我们的研究可以帮助那些听力受损人士过上正常人的生活。"

哈里的部门主管，拉杰什·古普塔（Rajesh Gupta）教授把他介绍给我。哈里是一个天才，有着狂热的工作激情，他正在把科研变成现实。拉杰什和我都有听力缺陷的亲身经验。

在人类所有的感官中，听觉可能是最不被重视的，这是因为随着年龄的增长，每个人的听力损失是逐渐发生的。这个过程很慢，平时大家甚至都没有意识到问题，直到有一天他们发现自己与同事和亲人已经"隔绝"了。"隔绝"通常是从以下这些问题开始的："什么？""对不起，你能再说一遍吗？""你刚才说什么？"最后，你会尴尬到不得不反复提问，于是再也不能正常地与人交谈了。

大多数人在步入老年之前听力都还行，他们不得不承认听力受损是衰老的必然结果。对某些人来说，听力受损可能是毁灭性的。随着听力的下降，他们发现很难再与他人交流，尤其是在嘈杂的餐馆、教室和剧院里，那里的噪声太大，他们无法听懂对方的话。助听器可能会有所帮助，但是，除了价格高昂的因素以外，佩戴助听器还会带来社交歧视。最重要的是，助听器效果不佳。因此，有听力障碍的人在生命的某个阶段，都会选择逐渐退出社会，他们会变得没有创造力，变得沮丧和伤感。许多人饱受极度孤独之苦——尽管他们其实仍然有智慧可以与世人分享。

或许有人觉得，听力受损的人就应该被社会抛弃。哈里、拉杰什和我都强烈反对这种观点，我们相信，科学技术可以把人们的听力恢复到年轻时的水平，而且成本会远远低于如今那些不能令人满意的助听器的成本。

为了找到解决方案，哈里和拉杰什召集了6个不同领域的专家，其中最困难的任务之一是让所有团队成员都了解项目的广度，此外，由于资金非常有限，他们的工作必须十分高效。

除了这支由学生和研究人员组成的核心团队外，他们还需要心理学、集成电路设计、微型扬声器和麦克风、脑电波传感器，以及设备制造方面的专业知识。这一大堆知识复杂得如同机械手表精密的内芯。团队需要听力学家与人种学家一起合作，而且他们各自还要和技术专家们一起协同工作。更复杂的是，每个领域都有自己的专业语言和术语。这个项目很有可能变成一座没有成效的巴别塔（译者注：Tower of Babel，"巴别塔"源于《圣经·旧约·创世纪》，是混乱和语言不通导致失败的代名词）。

在手机和互联网同时存在之前，这个听力项目是不可能成立的，因为需要协作的范围和复杂性太大了。根据拉杰什的说法，专业知识和技能已经存在几千年了，是移动科技使得基于这些知识或技能相互协作成为可能，从而跨越了他们的界限。

他说，手机"使边界变得可渗透"，从而跨越了学科边界。

哈里有一张架构图，哈里描述了他们这个协作团队的工作方式。从 A 到 H 的每个字母代表了一个专家或一组专家，这些专家是项目的基本要素。每个方框都是一门独特的技术学科。架构图中涉及的人很少是直接为哈里工作的。哈里要用自己的工作激情去感染他人，并激励不同的团体参与到他的项目中来。他还得让他们互相交流。

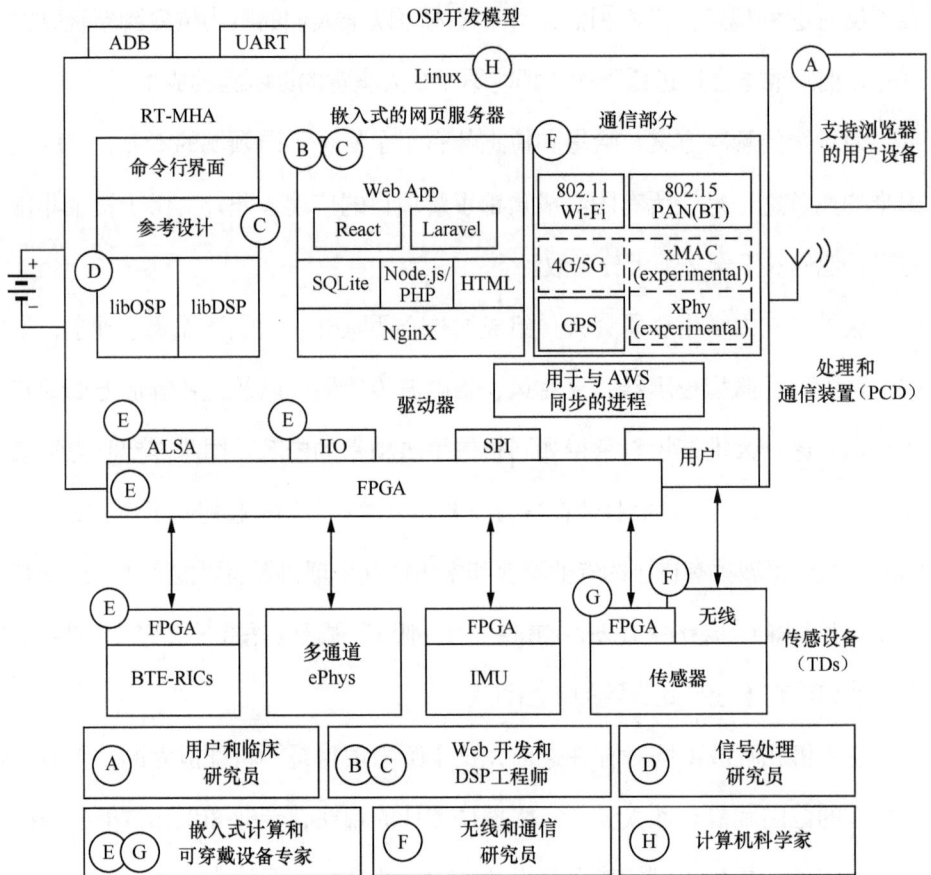

哈里的协作团队架构图；如果您不是技术人员，
请忽略方框内的细节部分，这些只是不同知识领域的人员和技术
［图片来源：加州大学圣地亚哥分校，哈里纳斯·加鲁达德里（Harinath Garudadri）和
拉杰什·古普塔（Rajesh Gupta）］

　　哈里和拉杰什使用了一种完全基于移动设备的"生态瞬时评估"（EMA，Ecological Momentary Assessment）方法，打破了语言和知识专业化的界限。EMA 在每个人的手机上运行，并为助听器佩戴者提供持续的反馈，科学家可以看到输入的信息，然后互相沟通并决定下一步该怎么协作。

　　这种新的协作方式正在运行中，它建立在我们日益习惯的、通过社交媒体进行交流和分享的基础上。此外，互联网上还有数以百计的各种论坛、博客、播客等，人们可以通过多种方式来交流思想和智慧，比如发布一段文字、出版物、视频教程等。

这就是哈里和拉杰什项目的精髓。这个项目是一个经典例子，全世界各国的实验室和科研人员都在研究各种复杂的技术，这些技术不仅要消除听力损失，还要消除贫困、文盲和疾病。

为了有效合作，人们需要用轻松、高效、频繁且经济的方式进行沟通。这是一个艰巨的任务。系统在不断发展演进，这些系统结合了社交媒体和其他协作应用程序的属性，并针对特定的目标优化通信方式。但是，所有的协作系统都依赖于人们相互连接的方式——最佳的方式就是通过无线通信。

听力项目尚处于初期阶段，他们正在创造协作工具，我相信他们正朝着正确的方向前进。

***

若干年后，当我们回顾 21 世纪初，可能会把这一时期视为协作工具的原始时代。现在已经远不是第一部手机刚问世的那个时侯了。但是，我们很快就会发现，在未来无线电技术的加持下，我们跳出固有的思维模式并在团队中创新工作的能力将会大大提升。

第*18*章

从疾病护理到医疗保健，再
到 Human 2.0

18

"你知道吗？每一种疾病都是能预防的。"

这个问题把我的注意力从太平洋上灿烂的夕阳拉回现实，带回到托里·派恩（Torry Pine）酒店的餐厅。外科医生苏珊·托波尔（Susan Topol）正在侃侃而谈。

人体是一个生物学的奇迹。这是一套极其精密又平衡的系统，但从生物学上讲，这却是一团糟。我们体内含有很多病毒、细菌、毒素，以及突变或损坏的细胞。当我们的免疫系统和其他修复或替代机制正常工作时，它们控制着这些坏元素，这时，我们被定义为"健康的"。而当我们的身体稍有异常时，我们又把身体称为"患病的"，这时，我们就要依赖医院和药品，也就是所谓的医疗保健系统。

"我们并没有医疗保健系统；我们拥有的只是一个疾病护理系统。"

这第二个惊人的声明来自苏珊的丈夫，埃里克（Eric），一位心脏病专家和教授，他是斯克里普斯研究翻译所（Scripps Research Translational Institute）的创始人和主管。

埃里克继续说："我们都是在生病后去医治，而在大多数情况下，现代医学治标不治本。但是，如果有一种方法能够预测免疫系统的异常，感知病毒或癌细胞何时占上风（或失去控制），我们就可以直接打击那些病毒或癌细胞，阻止疾病。"埃里克和苏珊说，这种情况迟早是会出现的。

他们所看到的是和当下完全不同的、更加光明的未来医疗。他们指给我看医学的明天，技术会照顾人类、预防和治疗疾病。与他俩聊天也让我意识到，以手机为核心的无线通信技术是人类与疾病斗争的关键武器。

手机会继续演进，会帮助我们战胜疾病，会带领人类在进化的路上走得更远。

***

美国迫切需要一场革命。30 年来，我们一直在讨论如何为更多的人提供医疗保险，以扩大保险的覆盖范围。这场辩论肯定会继续下去。但是，如果我们扩大的仅仅是增加人们获得治疗疾病的机会，那么，扩大保险范围的意义就变得非常有限了。移动健康——即手机在保健和医学中的应用——正在帮助我们提高诊断水准，改善现有的治疗方法，并扩大提供护理的范围。

移动技术使我们可以把我的另一个见解应用于医疗健康领域，那就是：定制化是产品和服务不可阻挡的发展趋势，这个见解是我在过去几十年的工作中提炼出来的。这句话有两个含义。其一，专门针对某个人设计的产品和服务往往难以适用于其他人。其二，声称对所有人"包治百病"的产品或服务在大多数情况下无法达到最佳效果。

不难看出，我们目前的"疾病治疗"系统正好在反其道而行之。一般的治疗方法是基于这样一个概念，即一个"规范"的病人有"典型"的症状，他的疾病可以用"规范"的方式治疗。然而最近，越来越多的人认识到，人体在对不同治疗的反应上存在着巨大的差异。这引发了"个性化医疗"运动，其已经得到了很多的关注和支持。例如，美国在 2015 年宣布启动精准医疗计划（Precision Medicine Initiative）；美国国家卫生研究院（National Institutes of Health）的"我们所有人研究项目"（All of us Research Program）旨在对几百万个基因组进行测序。越来越多的研究日益表明个性化医疗能给患者带来益处。

手机为个性化医疗提供了更多的功能：手机收集的数据越多，意味着医疗越个性化和精准化，也意味着病人能获得更好的治疗，有更好的疗效。无线电波能将手机和病人身体上佩戴的传感器及其他设备相连接，这些设备可以根据个人的基因组和疾病史选择配置。手机将不再是一种适用于所有人的大众通用设备——通过数据和反馈，它将演变成一个个人的专用设备。

***

无论是"健康"还是"患病"，都不是绝对的状态。例如，喉咙痛、打喷嚏是普通感冒的典型症状，但可能几天前此人已经感染了新型冠状病毒肺炎，几天后她才会有症状。癌细胞可以在原本健康的身体内繁殖多年，然后才表现出明显的症状。健康与患病之间的门槛并不存在，这是一个持续的发展过程。

更复杂的是，人体内的免疫系统在努力解决特定的紧急问题时，如吸入病毒时将会减弱管理其他良性健康问题的能力。也就是说，免疫系统在控制这些问题时会变得不那么有效——它会"不堪重负"。

为检测这些新生疾病，现代医学能做的就是最好每年体检，"体检"的目的在于使人们定期去看医生，以建立他们的健康基准数据。但是，从"早预防，早阻断"的角度来讲，体检的价值并不大。

我们人类的体型、胖瘦、样貌各不相同："每个人都是独一无二的复杂存在"。我们的生命体征反映了这种多样性。心率较慢对某个人来讲可以是身体健康的标志，但对另一个人来说则可能是一个危险信号。一个特定的血压值对某个人来说可以是完全正常的，但对另一个人来说可能危及生命。DNA 让我们对身体和环境中的不良元素产生不同的敏感性。当医生测量你的生命体征、体重和其他众多的诊断指标时，他会将这些指标与一系列我们称之为"正常"的指标进行对比。然而，正常的范围太大了，往往无法提示单个个体疾病的早期发作。为了正确地进行诊断，我们需要一张健康全景图，即对应某个特定的人，建立"正常"值的范围，而不是对应所谓的"普通"人。

这就是手机可以发挥作用的地方。如果你使用现代智能手机和智能手表，它们就会知道你的生命体征，你锻炼了多少（或根本没有锻炼），睡眠时间，等等。最新的苹果手机会通知你心律不齐和心率的变化，它还知道你的身体质量指数。手机携带的这些功能目前仍处于起步阶段，但是很显然它在为你建立一个档案，即正常状态下你身体的各项数据，而不是仅有一个普通人群的平均值。当将这些信息添加到你的医疗记录时，体检就会有完全不同的内涵了（这个问题太深奥，在此我们先不展开讨论，但相信在未来几年里，它将会得到解决）。

如果年度体检没什么用处，那么我们该如何预测并预防疾病的发生呢？如果有些疾病会在几分钟或几小时内发生，那么每年去看一次医生又有什么用呢？这样吧，假设我们可以在你身上连接一个或多个传感器，那么给你做的诊断便不是一年一次，而是每分钟一次了。假设我们将这些信息传递到计算机，那么计算机会不断分析你的测量结果，然后与你的正常基准值进行对比。再进一步，假设你的测量值进入危险区域，计算机会提醒医疗机构或者你本人。

如果这些测量你的生命体征的传感器相当灵敏，就能在身体的任何部位受到实际影响之前检测出糖尿病、某些癌细胞或炎症。如果这些检测数据可以与你自己的历史数据、基因组和包含有几百万其他人病史的数据库相关联，那情况又会如何呢？届时，在疾病远未进展到有任何症状前，我们就可以精确、有针对性地预防和治疗了。

这些理想化的场景已经初露端倪。比如，用手机上的摄像头来协助检查喉咙；使用手机外接部件或插件设备，人们可以用应用程序（App）直接进行生物测量。这些便利都是由手机带来的。它给卫生保健领域带来了新的显微检测方法。医疗应用程序通过附着在人体上的传感器，能针对性地搜寻某些特定的疾病。其他设备像苹果手表和三星手表也能提供不少健康状况的信息。已经有上万人在体内植入了射频识别芯片，这在许多人听来似乎是难以想象的事。但仔细想想，从运动追踪器到体内植入设备，科技发展的步伐是多么惊人。

2018 年，美国有 5200 万个可穿戴设备（穿在身上且与手机相连）用户，他们通过这些设备捕获和跟踪各种信息。这是 2014 年可穿戴用户数量的两倍多。越来越多的消费者用这些可穿戴设备来追踪他们的身体状况，并改善自己的健康状况。手机正在成为一个医疗计算机服务器。不久后，你的基因信息也将被编码到手机中并接入网络以进行持续的监测和测量。还记得在非洲及在难民中使用手机建立个人身份信息的那个例子吗？

必要时，你的手机可以向你发送提醒和警告信息。最终，可穿戴设备将变得十分灵敏，能够检测和预测特定的疾病，甚至有可能不需要身体上附加任何物理设备：只要你与它在同一个房间，无线设备就可以跟踪到你的生命体征。

通过手机和传感器收集到的数据，能加强医疗机构与患者之间的交流。于是，卫生保健提供者——医生、护理师、医生助理、护士——将不再需要在检查生命体征、数据输入等基本任务上花费太多的时间。那么我们还有必要去医生的诊室吗？当然，某些疾病和手术仍然要去医院就诊，但对大多数人来说，移动医疗帮他们大大减少了看病时间。

那些没有机会接触这些先进技术的人怎么办呢？不必担心，手机已经在远程诊断方面有了重大进展，下面是一些例子。

● 墨西哥的眼科医生已经在用一两美元就能买到的简单的手机附加设备，

替偏远和贫穷村庄的患者做检查了。

● 蒂华纳的孕妇可以在家里接受超声波检查，远程医生所需要的仅仅是一个简单的手机附加设备。

● 一种可供心力衰竭的病人佩戴的创可贴大小的设备，可以在心脏病即将发作时检测到症状，这样就给患者赢得了抢救的时间，在这个过程中用一个简单的程序完全可以避免心脏病的发作。

● 一款使用手机加速计的 App，可以预示帕金森病发作时的独特手部动作。

● 只需 30s 时间，苹果手表就可以完成一次心电图检查，检测你的窦性心律。这是触发心脏收缩并将血液泵出到肺部和身体的电脉冲。[1]

目前，数字健康产业正蓬勃发展，大量资金蜂拥而入。截至 2019 年 9 月，已有 37 家数字健康"独角兽"——那些价值超过 10 亿美元的私营公司——投资者估计其价值合计达 920 亿美元。

现在已经有了用于连接到手机的低成本附加设备，可以用于采集声像，测量血糖，检查眼睛和耳朵，并将结果传送给远程的医生。移动医疗将使更多人享受到"贵宾"式的待遇，有专门的医护可以随时提供服务。今天，有许多数字健康初创公司致力于建立虚拟护理诊所，以更好地把医疗方和患者连接起来。80% 的美国医院声称已经采用了远程医疗系统。Teladoc 公司提供远程医疗和虚拟访问服务，在 2019 年的前 3 个季度有近 300 万次远程医疗访问量，目前它的全球会员数已达到 3500 万，而这还是在新型冠状病毒肺炎疫情出现之前的数据，疫情使得远程医疗进一步普及。

减少线下的就诊意味着人们从基于地点的医疗保健系统转移到基于人的医疗保健系统。美国（和其他国家）正在应对最迫在眉睫的健康挑战：人口的

---

1. 苹果手表无法检查心脏病是否发作，但是一旦你的心跳出现异常，它会发出提醒。

老龄化问题。手机的应用将有助于解决问题。如今，70～90岁老人的医药和医疗保健费用支出翻了一番——仅用在生命最后一年的费用就占美国所有医疗保健支出的7%左右。老年人的医药和保健支出也出现严重倾斜，医疗支出前5%老人的总金额占美国保健总支出的1/3以上。随着老年人口的增长，这些数字只会上升。

　　移动医疗是一种减少成本和提高护理质量的方法。手机和传感器收集的数据（与医疗机构共享）使老年人能够在家中待得更久，这将大大降低成本，提升幸福感。移动医疗还有助于慢性病管理、基本医疗筛查和药物提醒。这些用途可不是可有可无的。如果我们要管理的老年人有着更多的健康需求，那么这些用途就是绝对必要的。

　　移动医疗对发展中国家的影响可能更大。在一些发展中国家，用手机进行数字健康识别将使护理质量得到提高，护理变得更规范，数据管理也会得到改善。通过电话生物识别技术，有多家公司在创造全新的护理服务，并把之前无法交互操作的不同的数字健康平台连接起来。对发展中国家一线卫生工作者的移动医疗操作调查表明，移动电话有助于加强数据的收集和跟踪，改善医护之间的沟通，并协助做出治疗决策。手机在医疗保健中的应用不仅仅在于改善患者的体验，还使医护人员能够更有效地开展工作。

　　单靠技术不足以战胜疾病，卫生保健机构还需要一种全新的管理方法，建立新型的医患关系，以及行业和监管方式的根本变革。很显然，无线电技术将在其中发挥非常重要的作用，我们终将战胜疾病，对此，我充满信心。

＊＊＊

　　想想癌症的发病，检测是其中最难的部分。一旦知道那少数几个癌细胞的具体位置，我们就可以用激光束去摧毁它们，而不影响周围的组织。对于后者，我们基本上已经知道怎么去做，但是现代医疗设备还无法检测人体中的癌细胞的具体位置——至少目前还无法做到。技术的进步使设备的灵敏度正在迅速提高，在一两代人的时间内，可穿戴设备的灵敏度足以预测大多数疾病。这些设备所采集的数据将由未来的个人移动电话传送给各自的计算机和医生，由他们来阻止这些疾病的发生。

移动医疗领域已经有了长足的进展。手机推动人们参与临床试验，例如，苹果公司已经推出了研究套件（Research Kit）和护理套件（Care Kit），它把消费者与医学研究、试验连接在一起，同时也为消费者提供了益处。

检测疾病并向远程计算机发送疾病的描述性数据所需的很多关键技术已经存在，抑或正在研究中。例如，IBM 的沃森（Watson）这类功能强大的计算机能够紧跟医疗行业的发展，甚至已经可以做得比人类更好。虽然目前的科学水平离检测少量癌细胞具体位置的能力还有约 6 个数量级的差距，但科学家们在检测充血性心力衰竭、肥胖和糖尿病等疾病方面已取得相当大的进展。[2]

实现上述所有目标，乃至更多目标所需的无线连接技术已经存在，科技发展将推动无线连接医疗保健技术的发展，把其成本降低到所有人都能接受的水平，但是无线电技术和手机的发展并不会就此止步。移动医疗的进步将有助于创造一种类似科幻小说的物体：我称之为"Human 2.0"。

***

"很快，我们将有一种'看'得比'听'得更多的助听器。"据拉杰什说，

---

2. 如果病毒一发作就能被检测到，你能想象我们多快就能攻克新型冠状病毒吗？感染者可以立即被隔离，将传染给他人的风险降至最低。

这就是他和哈里及其团队正在开发的助听器的发展方向。它将成为一种"认知助手"，能够解读他人的面部表情的非言语信号，并将这些信号传达给佩戴者。与此同时，用户可以通过手机调整助听器的参数，并把数据发送给研究人员和临床医生以提升性能。

当手机不间断地收集数据并了解每个用户的情况时，它就不仅仅是一部手机或智能手机，也不仅仅是你口袋里的超级计算机了，它将成为人类的认知助手——一种增强型工具。

雷·库兹韦尔（Ray Kurzweil）有句预言，到 2045 年，人类和人工智能（AI）将在"奇点"中合二为一。我很钦佩雷的预测能力，但我对这条预言持怀疑态度。正如我们俩最近一次聊天时我对他说的："融合过程的一个主要挑战是人类和人工智能之间的通信带宽。人类神经系统和人工智能处理数据的速度都非常快，要达到他预测的合作水平，所需要的通信带宽远超 25 年后可以预见的范围。"

雷的回答是："有个叫库珀的家伙，他有一条定律（注：指频谱效率定律）可以解决这个问题。"他说的太感人了！但是，我担心到 2045 年我们俩是不是还健在（尽管我们都在朝这个目标努力），来了结我们的观点分歧。

人工智能要达到和人类的头脑相媲美的水平，可能还需要几代人的时间。很可能，单靠人类无法创造出这样的人工智能。我们仍在探索人类神经系统——尤其是大脑的运作。因此，如果一个优于人类大脑的"智能混合体"被创造出来，那它很可能是由人类和人工智能融合所创造的。[3] 智能手机就是创造这样一个智能混合体过程的原始开端。

再过几代人之后，由人类和人工智能增强组成的混合体将有更高的处理

3．混合体是两种物质的混合物，这两种物质是分开的，但具有任何一个物质之外的特性。

能力、抽象能力和创新能力，它将远远超出人类思维的想象范围，更别提与之相提并论了。

史蒂芬·霍金（Stephen Hawking）、比尔·盖茨（Bill Gates）和埃隆·马斯克（Elon Musk）都曾警告过，提醒人们注意机器人和人工智能对社会存在的潜在危险。这种人工智能将优于人类，但是他们没有义务容忍人性的缺点，更别提为人类服务。要挑战这些观点可能有点自以为是，但我不同意他们的观点。我相信机器人是人类进化的下一步，机器人就是我们自己！

以下是我预测的进化过程。

现在，手机制造商和售后市场开发商正试图让手机能够预测用户的需求，并作为用户的助手。三星把他们的虚拟助手称为比克斯比（Bixby），这是英国一个管家的名字。但是，无论比克斯比、Siri 或艾力克萨（Alexa），都还不算聪明。要真正被称为智能，助手需要有学习和抽象的能力，最重要的是，它得有自我进化的能力。在医疗保健领域，在这些不太聪明的助手逐渐成为"虚拟的医疗教练"的过程中，它们在慢慢变得智能化：它们不仅提供知识，还提供反馈和建议。哈里和拉杰什的助听器正是这种进化过程中的其中一步。

现代智能手机不仅有存储功能，还能获取大量的个人信息，包括联系人、通信、日历、位置、运动等诸多方面。它甚至可以分辨你是在睡觉还是醒着，你处于平静中还是压力很大，甚至知道你是独自一人还是正在与人交流。如果程序设置得当，手机甚至可以感知到你是在参与重要的商务会议，还是在参加像家庭聚餐那样的休闲活动，进而判断出你正在接触的人有多重要，然后，它会决定是直接让你接电话还是给你留言。这些示例都只是智能行为的预编程模拟。

随着时间的推移，手机将变成另一个自我，它是一个智能增强装置，它能单独行动，自主决定在收到来电时是直接打断你手中的工作，还是留言通知你刚刚收到一条重要信息。它会帮你记住事情，比你那健忘的大脑更加可靠。有朝一日，你的手机无须预编程就能找出重要信息，到那时它便真的成了你身体的一部分。你与手机的混合体（如果我们仍然这样称呼它）就是 2.0 版新人类。

Human 2.0 比任何现在的人类更高效、更有生产力，也更自信，希望它（或他或她或他们）也更加放松，没有压力。Human 2.0 不会努力去记住琐事，它会无限期地记住一切事情，为它的人类伙伴提供任何信息，因此，人类只需要做判断、抽象、创造——专注于我们的人类属性即可。

你与智能手机的混合体还只是 Human 2.0 的原始版本，你的合作伙伴会不断进化。添加了智能手表后，你的增强装置现在知道了你的脉搏和体温，并不间断地监测你的心电指标。它对你的了解远远超出了单纯持续评估健康状态这个层面，对你可谓是了如指掌，比如，就连你的心情如何它都能明察秋毫。

你的增强装置不会停留在统计胰岛素水平、血细胞计数，以及其他物理和生化指标这类测量工作上，不久，它还会测量你的脑电图信息。最初，它对脑电图只进行粗略的测量，了解你的神经系统在做什么，随着传感器的改进和对大脑研究的深入，它还会了解你的头脑和身体的更多其他信息。

当 Human 2.0 整合这些信息后，是由人类来管理信息并做出反应，还是由增强装置来处理，两者的区别将变得模糊。这两者之间将进化出一种超越语音和字符的语言；经过几代人之后，这两者将逐渐合二为一。目前还只是处于开端，经过学习的增强装置会变得越来越聪明，同时汲取越来越多的信息，它与人类之间的沟通会变得更加复杂、更加详细。在未来，人类和增强装置的人工智能会创造出自己的私人语言，就像一对一起长大的双胞胎能用其他人无法理解的独特方式交流一样。埃里克·托波尔（Eric Topol）曾经说过"当今医学界严重缺乏人与人之间的联系和同理心"，具有讽刺意味的是，增强装置将有助于解决医疗保健领域的这类问题。

最初的智能手机将发展为人工智能，可以根据 2.0 版新人类组件定制出无限种配置。在进化为增强装置的过程中，智能手机扮演了通信服务器、电源、人工智能和电池的角色。

在未来，可能将不再需要电池，毕竟人体不就是一种能量来源吗？它摄入食物、消化食物、产生能量，并以各种方式消耗能量。因此，在人工智能找到更可靠、更持久的电源之前，人体自身带有的能量就能为通信处理器和人工智能提供动力。这话听起来有点像是电影《黑客帝国》，但它其实很快就会变成现实了。

通信服务器通过改进的蜂窝网、蓝牙和其他通信方式，在人、传感器、增强装置和外部世界之间提供连接。它通过声音、手势和各种传感器将人连接到增强设备，这些传感器可以通过无线方式从人体收集信息，它们获得人体化学、神经系统和身体其他系统的指标，并提交给人工智能进行分析。

在处理这些信息时，增强设备会自主学习和扩大自身功能。它本身也在演进，通过搭载更快、更复杂的处理器和扩展内存，它的功能得到提升。随着时间的推移，几代人之后，与人类天生的传感器（视觉、听觉、嗅觉、触觉和味觉）相比，增强设备配备的传感装置更强大，因此能更加了解外部世界。它可以感知到更高分辨率和光灵敏度及更宽泛的频率范围；听觉更灵敏，听到的信号频率范围也更广泛。它与人类相比具有更敏感的环境意识。人类和人工智能结合在一起将会获取大量的新信息，这些信息可用于决策、创造、反应或纯粹的思考。

读到这里，你可能已经明白我接下来要说什么了。在增强设备的演进过程中，人工智能可能会做到：

（1）完全胜任人类的所有工作，而且会做得更出色；

（2）人类是脆弱的，生命会消逝，而增强设备是不会死亡的；

（3）人类可能被取代。

这些观点或许会让你觉得困扰，但请记住，当这一切发生时，人机合并已经完成，人与增强设备之间已经不再有区别。人类所有的有用属性都将融入增强设备，它能够像最初的人类或混合体一样思考和行动。这样生成的实体已被设计为是不朽的。

这个实体，我们姑且称之为 Human 3.0，具有人类和 Human 2.0 的所有属性。它有创造力，有道德，可以进行抽象思考，而且它的思维、计算能力和反应速度比人类或 Human 2.0 都要高出一大截。

未来世界的开端就在今天的移动医疗应用程序。医学和卫生保健从本质上讲都是关乎人类的。如果你能让人们在医学体验、疾病症状和解决方案上进行协作，那么这就是真正的未来。协作和数据收集（及反馈循环所驱动的技术改良）将导致 Human 2.0 混合体的出现。

这个发展也符合我提出的见解的逻辑，即增强设备能满足并能增加人类基本的流动性。它们能驱动个性化，同时，也受个性化驱动。它们时时刻刻能让人们保持相互联系。

霍金、盖茨和马斯克会不会被我这个推论惊到呢？ Human 3.0 肯定会在任何一个方面都优于原始的生物人类。Human 3.0，最有可能是生物学意义上的人类，但它的生物结构将由 Human 2.0 设计创造，而不是经过卵巢进化而来。它将比以往任何人类都更具有人性。

后记

　　我最近收到塞巴斯蒂安（Sabastian）的来信，他写道："我一直在想，生活的目的是什么？"

　　塞巴斯蒂安是一个早熟的 10 岁小孩，他和我通信并做我的徒弟已有 4 年时间。无论是否明确，每个人都会问自己这个问题。

　　我不知道其他人是怎么想的，但我很久以前就总结过，生活中持续的满足感来源于学习和运用所学知识来解决问题。当你面对一个谜题，想出了一个原创的办法或用不同的方法来最终解决问题，那么这就是一种荣誉感。即便事实证明已有前人想到过同样的方法，这种荣誉感也丝毫不会减弱。这种发现会给个人带来成就感。

　　然而，随着年龄的增长，我越来越意识到自己对任何事情都知之甚少。我似乎只是学到了某个学科的一些皮毛，仅仅是最基本的认知工具，将来还需要进一步地深入挖掘。我挖得越深，就越发现还有更多的东西要学。有时候，我甚至发现自己似乎一无所知，但这并不令人沮丧！这是谦卑和鼓舞人心的——如果我们永不停止学习，我们就永不停止生活。

　　这种学习包括所有类型的学习。对我来说，寻找不同的经历、热情地生活、从经历中学习，都是拥有充实生活的途径。这也是一个冒险的策略，因为它，生活里会有高峰和低谷。人生的高峰对我而言获益良多，低谷也教会了我很多。人生没有现成的规划可用，至少在刚起步时如此。事实证明，我一向都同意丹麦哲学家索伦·基尔凯加德（Soren Kierkegaard）的观点，他说："生活，只有回顾时才会懂得，只有进取时方能营造。"

　　在这里分享我的故事，帮助我剖析了自己这辈子渴求非线性、长期和独立思考的原因。这种渴求常常与我希望被人认可的强烈愿望发生冲突。我最喜欢做的事莫过于与人进行一场酣畅淋漓的辩论，但这恐怕也是我惹人厌的最快方式。我觉得这就是问题所在，如果想要有原创性，你就不能太在意是否讨人喜欢。

　　人们尊重真正的坦率和纯粹的激情。就我而言，独立思考的能力源自造梦，那些貌似不可能的事情，往往可以是自信的源泉。我花了很长时间才意识到，以前的我是在追逐其他人对成功的定义，而不是自己真正感兴趣的东西，我的兴趣就是（现在依然还是）提出各种构想。特立独行的想法，以及它所激发的信心，可以催生乐观主义和说服力。大家都需要它，因为追逐梦想的路上会遇到种种复杂的问题，我们都需要和他人一起去通力解决。

　　传播工作热情有助于激励他人去追寻梦想。如果我没有与其他人分享自己的想法和热情，那么第一台手持式便携无线电话不会出现。我知道我的梦想总有一天会变成现实，但这个过程需要众人的通力合作。我对团队、每个成员的重要性都深有感触，合作无关乎他们在组织架构图中的头衔或职位。我最早意识到这一点是在当海军士兵的时候，然后是在摩托罗拉的多年岁月里，再后来是在自己创业时，我一次又一次地感受到了团队的力量。

　　在未来的世界，科技仍将继续呈指数级高速发展，原因很简单，人类仍处于"发现"的早期阶段。人类是科技的基本要素，人类的每一项努力都是如此，这在科技领域尤甚。我们不能忽视这样一个事实，即这些进步都是为了改善人类的生存体验。

　　无线电技术仍处于起步阶段。我们还没有学会使用我们所了解的所有工具，更别提未来不可避免地会出现的更多的新工具，这些新工具将使频谱容量扩大很多个数量级。科技对协作、教育、健康等方面的影响将取决于我们开拓思维的能力。

　　知识的拓展需要冒险精神，也许，许多想法最终会被证明太离谱。我们只需不断学习，不断前行，这是我们唯一的生活方式。